Kurt Steinhaus

Streiks in der Bundesrepublik 1966-1974

Eine Untersuchung des Instituts für marxistische Studien und Forschungen (IMSF), Frankfurt am Main

Verlag
Marxistische Blätter
Frankfurt am Main 1975

© 1975 Verlag Marxistische Blätter GmbH
Frankfurt am Main, Heddernheimer Landstraße 78a
Alle Rechte vorbehalten
Druck: Fuldaer Verlagsanstalt
Umschlaggestaltung: Nikolaus Ghesquière

ISBN 3-88012-358-6
Mak 83

Inhalt

Vorbemerkung 5

1 Der Streik als Kampfmittel der Arbeiterklasse 7

2 Die Streikbewegung in der BRD: Etappen des Kampfes 11

3 Zur Entwicklung bis 1965 18

4 Die Streikbewegung 1966—1968 23
4.1 Auswirkungen der Wirtschaftskrise 1966/67 23
4.2 Die bundesweite Bewegung betrieblicher Abwehraktionen 1966—1968 27
4.3 Der Streik bei Faber & Schleicher 1966 — ein betrieblicher Abwehrkampf 33
4.4 Die Streiks in der Gummiindustrie 1967 — die Verknüpfung von Tarifbewegungen mit betrieblichen Aktionen 36
4.5 Streiks im Rahmen der Anti-Notstandsbewegung 1968 39

5 Die Septemberstreiks 1969 43
5.1 Zur ökonomischen und tarifpolitischen Ausgangslage . 43
5.2 Verlauf und Ergebnisse der Streiks 45
5.3 Aktionsformen und Kampftaktik der Streikenden . . . 57
5.4 Die aktiven Kräfte 60
5.5 Betriebliche Vertretungen und Gewerkschaften 63
5.6 Einige gewerkschaftspolitische und politische Aspekte der Septemberstreiks 66

6 Die Streikbewegung 1970 72

7	**Die Verknüpfung gewerkschaftlicher Tarifbewegungen mit betrieblichen Aktionen 1971**	81
7.1	Die Streiks in der chemischen Industrie im Sommer	83
7.2	Streik und Aussperrung in der Metallindustrie Baden-Württembergs im November/Dezember	93
8	**Kampfaktionen der Arbeiterklasse 1972**	104
8.1	Die Aktionen für die Ratifizierung der Verträge und gegen den Sturz der Regierung im April	106
8.2	Der Kampf gegen die Stillegungspläne des multinationalen AKZO-Konzerns im Frühjahr und Herbst	109
9	**Die Streikbewegung 1973**	115
9.1	Die Lohn- und Tarifbewegung bis Jahresmitte	115
9.2	Die Streiks um Teuerungszulagen im Sommer und Herbst	119
9.2.1	*Die Ausgangssituation für die Sommer-Streiks*	119
9.2.2	*Die Streiks um Teuerungszulagen in der Metallindustrie Nordrhein-Westfalens im Sommer*	121
9.2.3	*Der Nachhall der Sommer-Streiks in anderen Bereichen und Regionen*	131
9.3	Der Kampf um bessere Arbeitsbedingungen in der Metallindustrie Baden-Württembergs im Herbst	135
10	**Die Tarif- und Streikbewegungen im Frühjahr 1974**	144
10.1	Die bundesweite Streikbewegung im öffentlichen Dienst	147
10.2	Der Streik in der Metallindustrie des Unterwesergebiets	154
11	**Die Streikbewegung 1966—1974: Eine erste Bilanz**	164
11.1	Wachsende Breite der Bewegung	165
11.2	Größere Tiefe der Bewegung	168
11.3	Zunehmende Verschärfung der Auseinandersetzungen	171
11.4	Einige Schlußfolgerungen	173

Vorbemerkung

Diese Untersuchung schildert die Streikkämpfe der westdeutschen Arbeiterklasse in den Jahren 1966 bis 1974. Die Streiks dieser Periode haben ein beachtliches Kampfpotential zutage treten lassen. Sie haben bewiesen, daß die Arbeiter und Angestellten der BRD durchaus imstande sind, aktiv und erfolgreich ihre Interessen gegen das Großkapital zu verfechten.

Insbesondere seit September 1969 haben die Arbeiterklasse und die Gewerkschaften unseres Landes wertvolle Kampferfahrungen sammeln und selbst erleben können, über welche Kraft sie verfügen. Diese Kampferfahrungen und das Wissen um die eigene Stärke bilden mit den wertvollsten Besitz der Arbeiter- und Gewerkschaftsbewegung. Sie bilden eine wichtige Grundlage für eine aktive und erfolgreiche Gewerkschaftspolitik der Zukunft.

Das vorliegende Taschenbuch unternimmt den Versuch, anhand der Darstellung der seit 1966 in verschiedenen Unternehmen und Betrieben, Wirtschaftszweigen und Regionen der BRD geführten Streiks der Legende entgegenzutreten, die westdeutsche Arbeiterklasse sei in das kapitalistische System „integriert" und kampfunfähig. Es soll dazu beitragen, die in der jüngsten Vergangenheit gesammelten Kampferfahrungen möglichst vielen Arbeitern und Gewerkschaftern zugänglich zu machen.

Die folgenden Seiten stützen sich weitgehend auf bereits früher erschienene, von Autorenkollektiven verfaßte Buchpublikationen des Instituts für marxistische Studien und Forschungen (IMSF) sowie auf Aufsätze in den Zeitschriften „Marxistische Blätter" und „Das Argument". Der Verfasser dankt insbesondere Heinz Jung und Friedemann Schuster für die Zustimmung dazu, daß aus von ihnen verfaßten bzw. mitverfaßten Zeitschriftenaufsätzen längere Abschnitte weitgehend unverändert übernommen werden konnten. Entsprechende Hinweise finden sich in den Anmerkungen.

Die Untersuchung der Streikbewegung mehrerer Jahre enthält natürlich eine Fülle von Fakten. Um das Ausmaß der Anmerkungen in Grenzen zu halten, wurde darauf verzichtet, jede Einzelheit quellenmäßig zu belegen. Neben den in den Anmerkungen jeweils genannten Veröffentlichungen wurden vor allem folgende Quellen benutzt: Meldungen regionaler und überregionaler Zeitungen, Gewerkschaftsmaterialien verschiedener Art sowie die laufenden Ausgaben der Wochen- bzw. Tageszeitung „Unsere Zeit" und der Monatszeitschrift „Nachrichten". In den meisten Fällen wurden außerdem „vor Ort" Nachforschungen angestellt und Gespräche mit direkt Beteiligten geführt.

In diesem Zusammenhang eine Bitte: Im IMSF befindet sich ein Archiv über die Kämpfe der westdeutschen Arbeiterklasse im Aufbau. Gesammelt werden hier Materialien aller Art über Streiks und andere Aktionen der Arbeiter- und Gewerkschaftsbewegung der BRD wie: Stellungnahmen, Flugblätter etc. von Gewerkschaften, politischen Parteien, Streikleitungen, Unternehmern usw., Pressemeldungen, Berichte. Das Institut ist daran interessiert, gerade solches Material, das sich im Privatbesitz befindet, der marxistischen Forschung zugänglich zu machen. Interesse besteht ebenfalls an Diplom- und Magisterarbeiten etc., die sich mit dieser Thematik befassen. Wer bereit ist, entsprechendes Material — auch über die fünfziger und sechziger Jahre — zur Verfügung zu stellen, wende sich bitte an: Institut für marxistische Studien und Forschungen, 6 Frankfurt/M., Liebigstraße 6 (Tel. 0611/72 49 14).

Frankfurt am Main, Dezember 1974

Der Verfasser

1 Der Streik als Kampfmittel der Arbeiterklasse

Die Realeinkommen wie auch die Lebens- und Arbeitsbedingungen der Arbeiter und Angestellten in den kapitalistischen Ländern sind heute meist wesentlich besser als in früheren Jahrzehnten. Das ist keineswegs ein Zeichen dafür, daß der Kapitalismus und die Kapitalisten „menschlicher" geworden sind. Solche Verbesserungen wie die Einführung der 42- oder der 40-Stunden-Woche, solche Errungenschaften wie die Existenz von Pflichtversicherungen für Krankheit, Invalidität, Alter und Arbeitslosigkeit sind der Arbeiterklasse ebensowenig als freiwilliges Geschenk der Kapitalisten in den Schoß gefallen wie das gegenwärtige Lohnniveau. All dies mußte in harten Auseinandersetzungen von der Arbeiterklasse oft unter großen Opfern erkämpft werden.
Ja, selbst das Recht, den Kampf um höhere Löhne, um bessere Arbeits- und Lebensbedingungen legal und organisiert führen zu können, hat sich die Arbeiterklasse erst im Kampf gegen das Kapital und den bürgerlichen Staat erringen müssen. Auch die Organisationen selbst, auf die sich die Arbeiterklasse heute bei ihren Kämpfen stützt — wie Gewerkschaften und Arbeiterparteien —, sind das Ergebnis von harten Kämpfen der Arbeiter früherer Generationen.
Notwendigkeit und Möglichkeiten, für die Durchsetzung ihrer Forderungen zu kämpfen, ergeben sich aus der grundlegenden Stellung der Arbeiterklasse in der kapitalistischen Gesellschaft. Die Arbeiter leben vom Verkauf ihrer Arbeitskraft, sie sind auf ihn angewiesen, ein anderes Mittel zur Sicherung ihrer Existenz haben sie nicht. Aber auch der Kapitalist ist — zumindest in seiner Eigenschaft als Kapitalist — auf den Kauf dieser Arbeitskraft angewiesen, denn ihre Ausbeutung ist für ihn die einzige Quelle von Mehrwert und Profit. Das wirksamste Druckmittel und die Hauptwaffe der Arbeiter ist so die Möglichkeit, den Verkauf ihrer

Arbeitskraft zu verweigern. Die entsprechende Weigerung eines einzelnen ist freilich kein wirksames Druckmittel. Entweder stellt der betroffene Kapitalist dann einen anderen Arbeiter ein, oder er beschränkt sich darauf, die übrigen Arbeiter auszubeuten. Anders sieht es demgegenüber aus, wenn diese Weigerung kollektiv erfolgt, wenn also die Arbeiter in einer bestimmten Abteilung, in einem ganzen Betrieb, in einem Industriezweig oder sogar in einem ganzen Land kollektiv die Arbeit niederlegen. Die Erfahrung beweist auch für die BRD, daß die kollektive Arbeitsniederlegung, der Streik, das wirksamste Kampfmittel der Arbeiterklasse ist.

Streiks sind meist gegen einzelne Kapitalisten oder Kapitalistengruppen gerichtet und werden in der Regel für die Durchsetzung ökonomischer Teilforderungen geführt. Am häufigsten sind hierbei Lohnstreiks, die nach wie vor die wirksamste Waffe der Arbeiter und Angestellten sind, eine Verbesserung ihrer materiellen Situation zu erreichen oder wenigstens eine Verschlechterung zu verhindern. Diese Situation ist so alt wie der Kapitalismus selbst: Denn „wenn die Industrie prosperiert, so erhalten die Fabrikanten große Profite, ohne daß es ihnen einfällt, sie mit den Arbeitern zu teilen; während der Krise dagegen versuchen die Fabrikanten die Verluste auf die Arbeiter abzuwälzen".[1]

Der Streik ist aber auch ein wirksames Kampfmittel der Arbeiterbewegung eines Landes, um die Bourgeoisie insgesamt und die Regierung zu umfassenderen wirtschaftspolitischen und politischen Zugeständnissen bzw. Kursänderungen zu zwingen. Insbesondere zur Verteidigung und Erweiterung demokratischer Rechte, zur Abwehr reaktionärer und faschistischer Angriffe auf die Errungenschaften der werktätigen Menschen ist der Streik das am meisten Erfolg versprechende Mittel zur Mobilisierung der Kraft der Arbeiterklasse.

Ein Streik wird nur dann erfolgreich sein können, wenn er geschlossen geführt und beendet wird. Hierzu bedarf es der Organisiertheit, die am ehesten dann gewährleistet ist, wenn die Streikenden sich auf die vorhandene gewerkschaftliche Organisation innerhalb, möglichst auch außerhalb ihres Betriebes stützen können.

1 **W. I. Lenin, Über Streiks**, in: Lenin, Werke, Bd. 4, Berlin 1968, S. 309.

Am leichtesten ist diese Voraussetzung dann zu schaffen, wenn es sich um einen Streik handelt, der — etwa im Rahmen einer Tarifrunde — von der Gewerkschaft mit oder ohne Urabstimmung ausgerufen oder nachträglich von ihr „übernommen" wird. In der BRD wird jedoch die Anwendung des Kampfmittels Streik — viel weitgehender als dies in anderen kapitalistischen Ländern der Fall ist — juristisch behindert. Das Streikrecht ist hier in seiner Anwendung eng verkoppelt mit dem System der Tarifverträge, die zwischen den Organisationen der Arbeiterklasse (den Gewerkschaften) und denen der Bourgeoisie (den Arbeit-„geber"verbänden) abgeschlossen werden. Innerhalb der Laufzeit gilt für die Gewerkschaften und für die Betriebsräte die sogenannte „Friedenspflicht". Nicht jeder betriebliche Streik kann daher ohne weiteres von der Gewerkschaft übernommen werden. Die Erfahrung zeigt jedoch, daß auch solche Streiks, die von der Gewerkschaft weder organisiert noch nachträglich übernommen werden, auf betrieblicher Ebene — gestützt auf Vertrauenskörper und Betriebsrat — durchaus erfolgreich geführt werden können, ohne daß die Unternehmer eine Handhabe dafür bekommen, mit Hilfe der Arbeitsgerichte Repressalien gegen Betriebsräte, Vertrauensleute oder andere aktive Gewerkschafter zu ergreifen. Das beste Mittel, derartiges zu verhindern, ist die eindeutige Bekundung der Solidarität der Belegschaft.

In der BRD gibt es seitens des Großkapitals und des Staatsapparates vielfältige Versuche, das Streikrecht noch mehr einzuengen bzw. es sogar, da es im Grundgesetz nicht ausdrücklich aufgeführt, sondern aus dem Grundrecht der „Koalitionsfreiheit" abgeleitet wird, überhaupt in Frage zu stellen. Auch bietet die herrschende Rechtsprechung den Unternehmern die Möglichkeit, ihrerseits Arbeitskämpfe gegen die Arbeiter und Angestellten zu führen, indem sie ihnen das Recht einräumt, die Inanspruchnahme und den Kauf der Arbeitskraft der Arbeiter und Angestellten zu verweigern, das heißt, sie auszusperren. Der Kampf gegen den Willkürakt der Aussperrung — diese brutalste Äußerung des „Herr-im-Hause-Standpunktes" der Unternehmer —, vor allem aber für ein durch keinerlei juristische Fesseln eingeschränktes Streikrecht ist für die Arbeiterklasse eine äußerst wichtige Aufgabe.

Häufigkeit und Inhalte von Streikkämpfen sagen viel über die

Kampfbereitschaft und die Kampfkraft der Arbeiterklasse eines Landes aus. Sie lassen wesentliche Rückschlüsse über den Reifegrad der jeweiligen nationalen Arbeiterbewegung zu. Und sie wirken auch stark auf Bewußtsein und Haltung der Arbeiterklasse ein:

Würden die Arbeiter „in ihren tagtäglichen Zusammenstößen mit dem Kapital feige nachgeben", sagte Marx, „sie würden sich selbst unweigerlich der Fähigkeit berauben, irgendeine umfassendere Bewegung ins Werk zu setzen".[2] Und Engels schrieb über Bedeutung und Perspektiven erfolgreicher Streiks: „Leute, die so viel erdulden, um einen einzigen Bourgeois zu beugen, werden auch imstande sein, die Macht der gesamten Bourgeoisie zu brechen."[3] Diese Erkenntnisse haben ebensowenig an Richtigkeit und Aktualität verloren wie Lenins Feststellungen: „Ein Streik lehrt die Arbeiter verstehen, worin die Kraft der Unternehmer und worin die Kraft der Arbeiter liegt, er lehrt sie, nicht allein an ihren eigenen Unternehmer und nicht allein an ihre nächsten Kollegen zu denken, sondern an alle Unternehmer, an die ganze Klasse der Kapitalisten und an die ganze Klasse der Arbeiter . . . Das ist der Grund, weshalb die Sozialisten die Streiks eine ‚Schule des Krieges' nennen, eine Schule, in der die Arbeiter es lernen, Krieg zu führen gegen ihre Feinde und für die Befreiung des ganzen Volkes, für die Befreiung aller Werktätigen . . . vom Joch des Kapitals."[4]

---

[2] Karl Marx, Lohn, Preis und Profit, in: Marx/Engels, Werke, Bd. 16, Berlin 1968, S. 151 f. Einzelausgabe im Verlag Marxistische Blätter, Frankfurt am Main 1973 (4. Auflage), S. 127.
[3] Friedrich Engels, Die Lage der arbeitenden Klasse in England, in: Marx/Engels, Werke, Bd. 2, Berlin 1969, S. 442; Marx/Engels (AW 6), Bd. I, VMB, Frankfurt am Main 1970, S. 179 f.
[4] W. I. Lenin, Über Streiks, a. a. O., S. 311, 313.

2 Die Streikbewegung in der BRD: Etappen des Kampfes

Die westdeutsche Arbeiterklasse und ihre Organisationen waren nach 1945 nicht imstande, die Restauration monopolkapitalistischer Macht- und Besitzverhältnisse auf dem Territorium der heutigen BRD und die damit einhergehende Spaltung Deutschlands zu verhindern. Auch ist es den alten herrschenden Klassen im Bündnis mit den imperialistischen Westmächten und unterstützt von der rechten sozialdemokratischen Führung gelungen, den Aufbau einer geeinten revolutionären Arbeiterbewegung in ihrem Herrschaftsbereich weitgehend zu blockieren. Das kapitalistische Deutschland der vorfaschistischen Zeit war eine Hochburg der revolutionären Arbeiterbewegung, ein Zentrum der Arbeiterkämpfe gewesen. Die BRD erscheint dem Beobachter demgegenüber als ein klassischer Fall der „friedlichen Integration" der Arbeiterklasse in den Kapitalismus. Besonders anschaulich wird dies durch einen internationalen Streikvergleich illustriert.

So ergibt eine Gegenüberstellung für den Zeitraum 1919–1932, daß das Deutsche Reich in bezug auf die Streikaktivität in Westeuropa eine ausgesprochene „Spitzenstellung" einnahm:

Tabelle 1
Zahl der Streikenden und Streiktage in Westeuropa 1919–32 [5]

Jahresdurchschnitt	Streikende		Streiktage	
	in 1.000	in % DR	in 1.000	in % DR
Dt. Reich (DR)	1.095	100	11.217	100
Großbritannien	825	75	27.552	246
Frankreich	472	43	7.022	63
Italien	626	57	8.144	73

5 Errechnet anhand einer Zusammenstellung des DGB-Bundesvorstandes, Abt. Tarifpolitik, abgedr. in: Gewerkschaftsspiegel, Nr. 25/1969, S. 7 ff.

Nimmt man demgegenüber die Periode 1950—71 als Vergleichszeitraum, so zeigt sich, daß die BRD in der Streikstatistik unter den wichtigsten kapitalistischen Ländern Westeuropas das „Schlußlicht" bildet:

Tabelle 2
Zahl der Streikenden und Streiktage in Westeuropa 1950—71 [6]

Jahresdurchschnitt	Streikende		Streiktage	
	in 1.000	in % BRD	in 1.000	in % BRD
BRD	124	100	754	100
Großbritannien	1.276	1.033	4.209	558
Frankreich	1.760	1.425	3.198	424
Italien	2.849	2.307	10.271	1.362

An dem Bild, das die Tabellen 1 und 2 vermitteln, ändert sich auch dann nichts Wesentliches, wenn man die nationalen Unterschiede in der Zahl der Industriebeschäftigten in Rechnung stellt: So ergibt sich etwa aus einer von Kuczynski veröffentlichten Statistik, die die Beschäftigtenzahlen berücksichtigt, daß 1953—59 die durchschnittliche Streikaktivität in Italien, Frankreich, Großbritannien, Japan und den USA etwa zehnmal so hoch war wie in der BRD.[7]

Ein statistischer Vergleich zeigt ferner, daß die Streikaktivität in der BRD geringer ist als im Deutschen Reich — und zwar sowohl in der Periode des Kaiserreiches als auch in der Weimarer Republik:

---

6 Errechnet nach: Gewerkschafts-Spiegel, Nr. 25/1969, S. 7 ff; Statistisches Jahrbuch für die BRD; 1971, S. 45*, 1973, S. 43*.
7 Vgl. Jürgen Kuczynski, Die Geschichte der Lage der Arbeiter unter dem Kapitalismus, Bd. 7b, Berlin 1963, S. 629. Vgl. auch: Die Arbeiterbewegung in den kapitalistischen Ländern 1959—1961. Nachschlagewerk, Berlin 1963, S. 246. Hiernach gingen zwischen 1947 und 1957 in Westdeutschland 102, in England 206, in Italien 807, in Frankreich 1013 Arbeitstage je 1000 Arbeiter verloren.

Tabelle 3
Zahl der Streikenden und Streiktage in der BRD und im Deutschen Reich 1899—1971 [8]

Jahresdurchschnitt	Streikende		Streiktage	
	in 1.000	in % BRD	in 1.000	in % BRD
BRD 1950—71	124	100	754	100
Dt. Reich 1919—32	1.095	883	11.217	1.488
Dt. Reich 1899—1918	238	192	4.423	587

Seit Gründung der BRD hat sich die Streikaktivität der Arbeiterklasse freilich keineswegs gleichförmig entwickelt. Die folgende Tabelle läßt im Gegenteil große zeitliche Schwankungen erkennen:

Tabelle 4
Streiks und Aussperrungen in der BRD 1949—1974 [9]

Jahr	Streiks und Aussperrungen	Streikende und Ausgesperrte in 1.000	Streik- und Aussperrungstage in 1.000
1949	892	58	271
1950	1.344	79	380
1951	1.528	174	1.593
1952	2.569	84	446
1953	1.395	51	1.488
1954	538	116	1.587
1955	930	600	856
1956	268	25	264

8 Errechnet nach: Gewerkschafts-Spiegel, Nr. 25/1969, S. 7 ff; Statistisches Jahrbuch für die BRD, 1971, S. 45*; 1973, S. 43*.
9 Quellen: Rainer Kalbitz, Die Streikstatistik in der Bundesrepublik, in: Gewerkschaftliche Monatshefte, Nr. 8/1972, S. 495 ff; Statistisches Bundesamt, Fachserie A, Reihe 6, III. Streiks: 1969—1973, 1.—2. Vierteljahr 1974.

Jahr	Streiks und Aussperrungen	Streikende und Ausgesperrte in 1.000	Streik- und Aussperrungstage in 1.000
1957	108	45	2.388
1958	1.485	203	782
1959	55	22	62
1960	28	17	38
1961	123	22	68
1962	196	79	454
1963	739	316	1.846
1964	34	6	17
1965	27	6	50
1966	205	196	27
1967	742	60	390
1968	36	25	25
1969	86	90	249
1970	129	184	93
1971	1.181	536	4.484
1972	54	23	66
1973	723	185	563
1974*	886	249	1.041

* nur 1. Halbjahr

Diese offiziellen Zahlen sind freilich viel zu niedrig. Denn die vom Statistischen Bundesamt veröffentlichte Statistik erfaßt lediglich solche Arbeitskämpfe, die

— von den Unternehmern gemeldet wurden,
— mehr als 10 Teilnehmer haben,
— mindestens einen Tag dauern oder zu einem Arbeitsausfall von mindestens 100 Tagen führen.

Aufgrund dieser Erhebungskriterien liegen die Zahlen der genannten Statistik meist weit unterhalb der Wirklichkeit. Das tatsächliche Ausmaß der Streikaktivität der Arbeiter und Angestellten wird verschleiert.[10] Dies sei im folgenden anhand einer Ge-

---

10 Zur Fehlerhaftigkeit der offiziellen Streikstatistik vgl. etwa Kalbitz, a. a. O.

genüberstellung der Zahl der Streikenden für die Zeit ab 1966 demonstriert:

Tabelle 5
Offizielle Zahlen und tatsächliche Mindestzahlen der Streikenden 1966—73

	Offizielle Zahlen in 1.000 [11]	Tatsächliche Mindestzahlen in 1.000
1966	196	304 [12]
1967	60	100 [12]
1968	25	57 [12]
1969	90	166 [13]
1970	184	489 [14]
1971	536	655 [15]
1972	23	120 [16]
1973	185	380 [17]

11 Quellen: siehe Anm. 9.
12 Vgl. Kalbitz, a. a. O.
13 Vgl. Geschäftsbericht 1968 bis 1970 des Vorstandes der IG Metall für die BRD, Frankfurt 1971, S. 174; Die Septemberstreiks 1969, hrsg. v. Institut für marxistische Studien und Forschungen (IMSF), Köln 1970, S. 39 ff (nur Metall- und Stahlindustrie sowie Septemberstreiks).
14 Vgl. Geschäftsbericht 1968 bis 1970 . . . , a. a. O., S. 174 (nur Metall- und Stahlindustrie).
15 Zu den 505.000 Streikenden bzw. Ausgesperrten im IG-Metall-Bereich (vgl. Geschäftsbericht 1971 bis 1973 des Vorstandes der IG Metall für die BRD, Frankfurt 1974, S. 117) kommen mindestens 150.000 Streikende im Bereich der IG Chemie (vgl. Abschnitt 7.1 dieser Arbeit).
16 Zu den 23.000 „offiziellen" Streikteilnehmern wurde die Zahl derjenigen addiert, die Ende April aus Protest gegen den versuchten Regierungssturz die Arbeit niederlegten. Siehe Abschn. 8.1 dieser Arbeit.
17 Vgl. Geschäftsbericht 1971 bis 1973 . . . , a. a. O., S. 119 (nur Metall- und Stahlindustrie).

Obwohl die „offiziellen" Zahlen zweifellos viel zu niedrig sind und auch die „berichtigten" Werte die reale Bewegung nur lückenhaft widerspiegeln, so kommen doch die Relationen wohl der Wahrheit ziemlich nahe. Zeitliche Vergleiche sind daher durchaus möglich und sinnvoll. Um die zeitlichen Höhe- und Tiefpunkte des Kampfes der westdeutschen Arbeiterklasse deutlicher hervortreten zu lassen, empfiehlt es sich jedoch, die Zahlen von Tabelle 4 durch Zusammenfassung etwas „handlicher" zu gestalten:

Tabelle 6
Streiks und Aussperrungen in der BRD 1949—1974 nach Perioden[18]

Jahresdurch-schnitt	Streiks und Aussperrungen	Streikende und Ausgesperrte in 1.000	Streik- und Aussperrungstage in 1.000
1949—58	1.106	144	1.006
1959—65	172	67	362
1966—74	449	172	771

Trotz der zu niedrigen absoluten Zahlen entspricht die in der vorangegangenen Tabelle vorgenommene Aufgliederung in drei Perioden in etwa den tatsächlichen Entwicklungstendenzen: Einer Periode verhältnismäßig intensiver Arbeitskämpfe in den fünfziger Jahren (1949—58) folgte bis Mitte der sechziger Jahre (1959—65) eine Periode des sozialen „Burgfriedens", während seit Mitte der sechziger Jahre (1966—74) das erneute Hochschnellen der Streikzahlen eine Verschärfung des betrieblichen und gewerkschaftlichen Kampfes der westdeutschen Arbeiterklasse erkennen läßt.

Eine deutliche Tendenz des Aufschwungs des Kampfes der Arbeiterklasse in der jüngsten Zeit ist übrigens in den meisten entwickelten kapitalistischen Ländern festzustellen:

18 Quellen: Siehe Anm. 9.

Tabelle 7
Streiks, Streikende und Streiktage in den entwickelten kapitalistischen Ländern insgesamt 1951—70 nach Perioden[19]

Jahresdurchschnitt	Zahlen der		
	Streiks in 1.000	Streikenden in Mio.	Streiktage in Mio.
1951—60 (a)	2,6	1,7	11,2
1961—70 (b)	3,2	2,6	16,5
(b) in % (a)	120	150	150

Die Entwicklung in der BRD erweist sich gegenüber diesen Zahlen als zeitlich leicht verschoben — und sie erfolgt auch von einem niedrigeren Ausgangsniveau aus. Es bleibt jedoch eine wichtige Tatsache, daß die BRD den Aufwärtstrend mit den anderen kapitalistischen Ländern teilt.

19 Errechnet nach: Proletariat der BRD. Reproduktion — Organisation — Aktion, Berlin 1974, S. 485.

3 Zur Entwicklung bis 1965

Die Kommunisten der Bundesrepublik haben niemals die Resignation derer geteilt, die der westdeutschen Arbeiterbewegung eine kämpferische, revolutionäre Potenz abgesprochen haben. Ohne die Rückschläge nach 1945 zu übersehen, haben sie stets daran festgehalten, daß die Gesetzmäßigkeiten der gesellschaftlichen Entwicklung auch für unser Land Geltung haben. Nicht zuletzt aus der Kenntnis der konkreten Klassenkämpfe der Gegenwart konnten sie die berechtigte Zuversicht schöpfen, daß es der Arbeiterklasse der BRD keineswegs an Kraft und Kampffähigkeit mangelte. Denn entgegen weitverbreiteter Legenden hat auch sie eine beachtliche Kampftradition. Mehrfach hat sie unter Beweis gestellt, daß sie imstande ist, aktiv und erfolgreich ihre Interessen gegen das Profitstreben des Monopolkapitals zu verteidigen.

Die fünfziger und sechziger Jahre haben machtvolle Streiks und Demonstrationen der westdeutschen Arbeiter und Angestellten gesehen. Neben bitteren Niederlagen stehen auch eindrucksvolle Erfolge, die in harten Kämpfen errungen wurden.

Die Streikbewegung der Periode ab 1966 hat so — wenn auch teilweise unter anderen Bedingungen und in anderen Formen — an die davor liegenden anderthalb Jahrzehnte angeknüpft. Die großen Streikkämpfe von 1956/57 und 1963 wurden gegen den gleichen Gegner geführt wie die von 1966 bis 1974.

Es ist daher sicherlich nützlich, die Gesamtperiode einschließlich der Jahre vor 1966 im Blickfeld zu behalten und auch diese Kämpfe zu skizzieren. Dies gilt besonders deshalb, weil auch jene Periode wichtige Lehren vermittelt.

Die erste Lehre lautet, daß eine kampfentschlossene Arbeiter- und Gewerkschaftsbewegung sowohl wichtige sozialökonomische Verbesserungen durchsetzen als auch neue demokratische Rechte erringen kann. Ebenso verdeutlicht ein Rückblick in die unmittelbare Vergangenheit, daß demgegenüber jede Konzession an sozialpartnerschaftliche und antikommunistische Positionen notwendigerweise zu einer Schwächung der Kampfkraft der Arbeiter- und Gewerkschaftsbewegung führt und auf sozialökonomischem wie auf politischem Gebiet den reaktionären Bestrebungen des Großkapitals zum Schaden der Arbeiter und Angestellten Tür und Tor öffnet.

Die größten Streiks der westdeutschen Arbeiterklasse fallen in die Periode vor Gründung der BRD, vor allem in das Jahr 1948. In diesem Jahr streikten insgesamt über 13 Millionen Arbeiter, am 12. 11. im Rahmen eines Generalstreiks allein über neun Millionen. Diese breite Bewegung ging weit über den betrieblichen Rahmen hinaus, sie trug z. T. ausgesprochen politischen Charakter, war vor allem Reaktion auf die wirtschaftliche Notlage der Nachkriegszeit, auf die einseitige Abwälzung der Kriegsfolgelasten und der Kosten des wirtschaftlichen Wiederaufbaus auf die Schultern der arbeitenden Menschen.[20]

Mehrere Faktoren dämmten diese Bewegung in den folgenden Jahren ein: Mit Hilfe umfassender Kredite aus den USA (vor allem im Rahmen des sog. Marshallplans) erfolgte in der BRD ein schneller Wirtschaftsaufschwung, der die herrschende Klasse zu beträchtlichen sozialökonomischen Zugeständnissen an die Arbeiterklasse (Löhne, Sozialleistungen) befähigte. Diesen materiellen Zugeständnissen kam die doppelte Funktion zu, die westdeutsche Arbeiterklasse sowohl von Kampfaktionen gegen Unternehmer und Staat als auch davon abzuhalten, die sich gleichzeitig herausbildende sozialistische Gesellschaftsordnung der DDR als die bessere Alternative für sich selbst zu erkennen. Diese Entwicklung wiederum war eine wesentliche Grundlage für die erneute Reaktivierung des Antikommunismus, wobei eine nahtlose Anknüpfung an das Erbe der faschistischen Periode möglich war, die auch in der Arbeiterklasse tiefe Spuren hinterlassen hatte. Beeindruckt durch die günstige ökonomische Entwicklung und desorientiert durch die intensive antikommunistische Propaganda, geriet die

---

20 Zu diesem Abschnitt vgl. Die Arbeiterbewegung in den kapitalistischen Ländern 1959—1961, a. a. O.; Die westdeutschen Gewerkschaften und das staatsmonopolistische Herrschaftssystem 1945—1966, Berlin 1968.

Arbeiterklasse zunehmend unter den Einfluß der rechten sozialdemokratischen Führung, die sich mit dem Monopolkapital verbündet hatte. Die KPD wurde schließlich in die Illegalität getrieben.

Aber trotz dieser negativen Gesamttendenz der historischen Entwicklung waren die fünfziger Jahre keineswegs nur eine Aneinanderreihung kampfloser Niederlagen der Arbeiterklasse. Einen besonders klaren Beweis dafür, daß eine kampfbereite und -entschlossene Gewerkschaftsbewegung — wenn sie ihre Macht voll in die Waagschale wirft — auch im parlamentarischen Raum ihren Willen zur Geltung bringen kann, liefert die Auseinandersetzung um das Montan-Mitbestimmungsgesetz. 1950/51 sprachen sich bei Urabstimmungen die IG Metall mit 96 Prozent und die IG Bergbau und Energie mit 93 Prozent dafür aus, ihre Vorstellungen in der Mitbestimmungsfrage notfalls auch durch Streiks durchzusetzen. Unter diesem Druck nahm der Bundestag im April 1951 trotz allen Widerstandes der Schwerindustrie ein Montan-Mitbestimmungsgesetz an, das in wesentlichen Punkten den Forderungen der Gewerkschaften entsprach.

Die Periode 1950—1952 war durch zahlreiche Lohnstreiks, aber auch durch politische Streiks und Demonstrationen gegen das reaktionäre Betriebsverfassungsgesetz, gegen die Remilitarisierung und den Generalvertrag gekennzeichnet. Begünstigt durch die Hochkonjunktur und die Verschärfung des kalten Krieges (Koreakrieg), festigten jedoch das Großkaiptal und seine Regierung Adenauer zusehens ihre Positionen. Das Zurückweichen des Großteils der Gewerkschaftsführung vor der antikommunistischen Hetze lähmte die Gewerkschaften. Trotz machtvoller Streiks und Demonstrationen der Arbeiterklasse unterzeichnete Adenauer am 26./27. 5. 1952 den Generalvertrag (Ratifizierung im März 1953), nahm der Bundestag im Juli das reaktionäre Betriebsverfassungsgesetz an (endgültige Verabschiedung am 11. 10. 1952).

Wie sehr sich das Großkapital durch diese Entwicklung gestärkt fühlte, zeigte Anfang Januar 1955 eine Äußerung von Hermann Reusch, einem namhaften Vertreter der Montanindustrie. Er bezeichnete das Montan-Mitbestimmungsgesetz von 1952 als Ergebnis einer „brutalen Erpressung" der Regierung durch den DGB. Die Reaktion der Arbeiterklasse war eindeutig und zeigte erneut, welches Kampfpotential hier — größtenteils ungenutzt — existierte: Zwei ganztägige Proteststreiks von 30.000 Metallarbeitern in Oberhausen und schließlich von 800.000 Hütten- und Bergarbeitern im ganzen Ruhrgebiet waren eine sehr deutliche Warnung vor dem Versuch, das Montan-Mitbestimmungsgesetz den Wünschen des Großkapitals entsprechend zu ändern.

Der folgende Monat sah große Demonstrationen gegen die Pariser Verträge und im Saargebiet einen Generalstreik gegen die Unterdrückungspolitik der Separatistenregierung Hofmann — schließlich aber auch die Ratifizierung der Pariser Verträge. Auch gegen die Annahme des Gesetzes über die allgemeine Wehrpflicht im Juli 1956 durch den Bundestag wurde die Waffe des Streiks nicht eingesetzt.

Der längste Streik, den es in Deutschland seit 1905 gegeben hatte, wurde in der Periode vom 24. 10. 1956 bis 15. 2. 1957 geführt. Fast vier Monate lang streikten 34.000 schleswig-holsteinische Metallarbeiter aus 38 Betrieben für Lohnfortzahlung im Krankheitsfall, längeren Urlaub und Urlaubsgeld, für das Recht auf ungehinderte gewerkschaftliche Betätigung. Dieser Streik, der mit einem Kompromiß endete, hatte noch ein gerichtliches Nachspiel: <u>Im Oktober 1958 verurteilte das Bundesarbeitsgericht — seit jeher ein eindeutiges Instrument des Großkapitals — die IG Metall zu 37 Millionen DM Schadenersatz.</u> Später kam es nach langwierigen Verhandlungen in dieser Frage zwischen IG Metall und Arbeitgeberverband zu einem Kompromiß.

Die Streikbewegung der Jahre 1957 und 1958 verfolgte nicht nur sozialökonomische Ziele. Die Belegschaft von VW in Wolfsburg und Howaldt in Kiel führten umfassende Warnstreiks gegen Privatisierungsprojekte der Bundesregierung durch. Weitere Streiks — vor allem im März und April 1958 — richteten sich gegen den Plan zur atomaren Bewaffnung der Bundeswehr. Bereits im Oktober 1958 stellte jedoch die DGB-Führung, die sich noch im März 1958 dem Arbeitsausschuß „Kampf dem Atomtod" angeschlossen hatte, den Kampf gegen die atomare Bewaffnung der Bundeswehr weitgehend ein.

Nicht zuletzt auf die demoralisierende Wirkung dieser Entscheidung, die eine der schwersten Niederlagen der Arbeiterbewegung der BRD besiegelte, dürfte das seit 1959 zu beobachtende Abflauen der Streikaktivität zurückzuführen sein. Die Jahre 1959 bis

1961 waren durch eine verhältnismäßig geringe Aktivität der Arbeiterklasse gekennzeichnet.

Die Jahre 1962—1963 brachten demgegenüber einen kurzen Aufschwung. Erwähnenswert ist die erstmalige Anwendung einer neuen Aktionsform innerhalb des öffentlichen Dienstes, mit dem das Streikverbot für Beamte unterlaufen wurde. Die Durchführung eines strikten „Dienstes nach Vorschrift" bei der Post im Juli 1962 („Aktion Igel" der Deutschen Postgewerkschaft) und bei der Bahn im August 1962 („Aktion Adler" der Gewerkschaft der Eisenbahner Deutschlands) demonstrierte die Kampffähigkeit auch dieser Gruppen der Arbeiterklasse. Eine umfassende Streikbewegung entwickelte sich gleichzeitig in der Metallindustrie. Schon 1962 fanden als Antwort auf die Kündigung der Metalltarife durch die Unternehmer (November 1961) zahlreiche Demonstrationen und Streiks süddeutscher Metallarbeiter statt. Im Frühjahr 1963 spitzte sich dann die Entwicklung zu: Nach vorangegangenen Warnstreiks legten in Baden-Württemberg 140.000 Metallarbeiter die Arbeit nieder, 400.000 weitere wurden ausgesperrt. Der Streik dauerte insgesamt vom 29. 4. bis zum 13. 5. 1963.

Nach Beendigung dieses langwierigen und harten Arbeitskampfes in Baden-Württemberg trat an der „Streikfront" in der BRD wieder Ruhe ein. Die Jahre 1964 und 1965 blieben so gut wie streikfrei.

4 Die Streikbewegung 1966-1968

4.1 Auswirkungen der Wirtschaftskrise 1966/67

Die Jahre 1959—1965 waren eine Periode geringer Streikaktivität gewesen. In dieser Zeit blieb der Streik der baden-württembergischen Metallarbeiter 1963 die einzige größere Kampfaktion der westdeutschen Arbeiterklasse, die offiziell von den Gewerkschaften getragen wurde. Im übrigen waren die Gewerkschaftsführungen jeder offenen Konfrontation mit dem Großkapital und dem bürgerlichen Staat ausgewichen. Die Wirtschaftskrise 1966/67 traf sie weitgehend unvorbereitet. Und die sozialdemokratische Regierungsbeteiligung im Rahmen der „Großen Koalition" seit Ende 1966 lähmte sie zusätzlich.[21]

Der zwar zyklisch verlaufende, aber doch langanhaltende Wirtschaftsaufschwung in der Nachkriegsperiode bildete eine wesentliche Grundlage des Vordringens integrationistischer Strömungen im DGB und hatte bis tief in die Arbeiterklasse hinein zur Verbreitung sozialpartnerschaftlicher Illusionen über den Kapitalismus geführt. Die seit Ende der fünfziger Jahre offenbar werdenden Strukturkrisen in Teilbereichen der Industrie (Bergbau, Stahlindustrie, Textilindustrie u. a.) schleppten sich ohne einschneidende soziale Erschütterungen dahin, weil Umsetzungsmöglichkeiten für die Arbeiter und Angestellten vorhanden waren. Erst die Krise von 1966/67 wurde für die Entwicklung des Bewußtseins in der Arbeiterklasse zu einem Einschnitt. Sie erschütterte die tiefsitzenden Illusionen über „Wirtschaftswunder" und „Sozialpartnerschaft", weil die Tatsachen allzu offensichtlich den propagandistischen Leitbildern widersprachen. Die Notwendigkeit der kol-

---

21 Dieser Abschnitt stützt sich auf: Heinz Jung, Friedemann Schuster, Kurt Steinhaus, Kampfaktionen der westdeutschen Arbeiterklasse 1966—1970, in: Das Argument, Nr. 62/1970, S. 873 ff.

lektiven Aktion wurde für die Arbeiterklasse wieder zur unabdingbaren Notwendigkeit, wenn sie ihre erreichten Reallöhne nicht der Profitmaximierung der Konzerne opfern wollte.

Dieser Wandel in der Bewußtseinssituation der westdeutschen Arbeiterklasse kam verstärkt in der zweiten Hälfte des Jahres 1967 zur Geltung — in erster Linie in Defensivaktionen gegen die Politik der Lohn- und Sozialdemontage durch die Unternehmer. Es hatten sich mittlerweile in der Arbeiterklasse Kräfte entwikkelt, die in der Lage waren, erfolgreich Kämpfe auf betrieblicher Ebene zu führen. Die Rezession setzte bereits im zweiten Halbjahr 1966 ein. Um die Jahreswende gingen viele Betriebe zu Massenentlassungen und „Zwangsferien" über. Im Frühjahr 1967 gab es dann vor allem in der Automobilindustrie in größerem Ausmaß Kurzarbeit. Der erneute zyklische Konjunkturaufschwung kam erst im Laufe des Jahres 1968 voll zum Tragen:

Tabelle 8
Wirtschaftsentwicklung in der BRD 1965—1968[22]

	Veränderungen gegenüber dem Vorjahr in %			
	1965	1966	1967	1968
Bruttosozialprodukt	+5,6	+2,9	+0,2	+ 7,3
Industrieproduktion	+5,6	+1,4	−2,7	+11,6
Industriebeschäftigung	+1,9	−0,9	−6,5	+ 0,7
Produktionsergebnis je Arbeiterstunde	+5,4	+4,8	+8,1	+ 8,6

Die Statistik zeigt, daß der deutliche Produktions- und Beschäftigungsrückgang 1967 von einem steilen Anstieg der Arbeitsproduktivität begleitet war. Die Ausbeutung der Arbeiter nahm also während und im Gefolge der Krise stark zu. Besonders schwerwiegend war die Zunahme der Arbeitslosigkeit, die erst nach 1968 wieder auf den Stand vor der Rezession zurückging:

[22] Quellen: Statistisches Jahrbuch für die BRD 1969, S. 218; 1974, S. 230, S. 508.

Tabelle 9
Arbeitslosigkeit und Kurzarbeit in der BRD 1965—1968[23]

	1965	1966	1967	1968
Arbeitslose in 1.000 (Jahresdurchschnitt)	147	161	459	323
Arbeitslose in 1.000 (Januar)	286	269	621	673
Arbeitslosenquote in % (Jahresdurchschnitt)	0,7	0,7	2,1	1,5
Arbeitslosenquote in % (Januar)	1,3	1,2	2,9	3,2
Kurzarbeiter in 1.000 (Jahresdurchschnitt)	1	16	143	10
Kurzarbeiter in 1.000 (Januar)	2	8	240	34

Gerade in der Metallindustrie waren die Auswirkungen der Rezession sehr stark zu spüren. Zwischen August 1966 und März 1967 ging beispielsweise die Zahl der Metallarbeiter um 7,8 Prozent zurück. Die offizielle Arbeitslosenquote im Metallbereich erreichte 3,1 Prozent; bei Einbeziehung der aufgrund der Rezession in ihre Heimatländer zurückgekehrten ausländischen Metallarbeiter hätte sie 6 Prozent betragen. Von Kurzarbeit waren im Februar offiziell 7,7 Prozent der Metallarbeiter betroffen, in Wirklichkeit waren es über 15 Prozent.[24]

Zum erstenmal in der Geschichte der BRD kam es schließlich auch zu einem Absinken der Nettolohn- und Gehaltssumme in der Industrie. Die Verschiebung der Verteilung des Volkseinkommens zuungunsten der Arbeiterklasse war das logische Resultat dieser Entwicklung.

23 Quellen: Wirtschaft und Statistik, Nr. 3/1970, S. 145*; Monatsberichte der Deutschen Bundesbank, Nr. 3/1970, S. 61*; Amtliche Nachrichten der Bundesanstalt für Arbeit, Nr. 3/1970, S. 194.
24 Vgl. Weißbuch zur Unternehmermoral bzw. 2. Weißbuch zur Unternehmermoral, hrsg. v. Vorstand der IG Metall (Juni bzw. Oktober 1967).

Schon 1966 hatten Unternehmer und Regierung einen Rezessionskurs gesteuert, um durch die „Entspannung" des Arbeitsmarktes günstige Voraussetzungen für den Angriff auf Löhne und Sozialleistungen zu schaffen. Das starke Ansteigen der Arbeitsproduktivität in der Industrie 1967, 1968 und auch noch 1969 war in erster Linie das Ergebnis einer bewußten Politik der verschärften Ausbeutung. Und das Emporschnellen der statistisch ausgewiesenen Nettogewinne zeigt, in welch gewaltigem Ausmaß die Unternehmer von der Krise profitiert hatten. Gegenüber dem gleichen Zeitraum des Vorjahres stiegen die Nettogewinne im

— ersten Halbjahr 1968 um 19,4 Prozent,
— zweiten Halbjahr 1968 um 20,8 Prozent.[25]

Gegen den konzentrierten Angriff auf den Lebensstandard der Arbeiter und Angestellten entfaltete sich Ende 1966, verstärkt 1967 in den Betrieben der Widerstand. Diese betrieblichen Defensivaktionen waren typisch für den Kampf der Arbeiterklasse im hier behandelten Zeitraum. (Hierzu siehe Abschnitt 4.2.) Der im Herbst 1967 von der IG Chemie geführte Gummiarbeiterstreik blieb das einzige Beispiel für die bewußte Verknüpfung betrieblicher Kämpfe mit einer gewerkschaftlichen Tarifbewegung. Dieser Streik, in den 25.000 Arbeiter und Angestellte einbezogen waren, ist ein weiterer Hinweis auf die seinerzeit in der westdeutschen Arbeiterklasse vorhandene Kampfbereitschaft. (Hierzu siehe Abschnitt 4.4.) Der mit Hartnäckigkeit geführte Streik der nordrheinwestfälischen Fliesenleger und die Streiks in der niedersächsischen Hohlglasindustrie weisen in die gleiche Richtung.

Obwohl es in jener Periode den Anschein hatte, als hätte vor allem der Vorstand der IG Metall die Lehren aus der Krise gezogen, zeigte sich in der Folgezeit, daß alle notwendigen Erkenntnisse der Bindung an die Führung der SPD und die SPD-Minister in der „Großen Koalition" geopfert wurden. Die Gewerkschaftsführungen scheuten in der Regel die Mobilisierung ihrer Mitglieder, offensichtlich um die „Große Koalition" und die Konzeption des Wirtschaftsministers Schiller (damals SPD, heute CDU) nicht zu belasten. Der Übergang zur staatsmonopolistischen Einkommensregulierung durch „Konzertierte Aktion", Jahreswirtschaftsberichte, Sachverständigengutachten — d. h. faktisch durch staat-

25 Wirtschaft und Statistik, Nr. 9/1970, S. 450.

liche Lohnleitlinien — bestimmte die Haltung der Gewerkschaftsführungen mehr als die Interessen ihrer Mitglieder.

Das Ergebnis waren meist völlig unzureichende Tarifabschlüsse. Dies betraf insbesondere die Metallindustrie. Obwohl sich durch den Konjunkturaufschwung inzwischen die Kampfbedingungen der Arbeiterklasse wesentlich verbessert hatten, ließ sich die IG Metall auf einen Tarifvertrag mit 18 Monaten Laufzeit und Lohnerhöhungen von 4 Prozent ab 1. 4. 1968 und weiteren 3 Prozent ab 1. 1. 1969 ein.

Der eilige Abschluß dieses unzureichenden Tarifvertrages für die metallverarbeitende Industrie fiel mit dem Höhepunkt der Bewegung gegen die Notstandsgesetze im Mai 1968 (hierzu siehe Abschnitt 4.5) zusammen. Die folgende Einschätzung der „Frankfurter Allgemeinen Zeitung" läßt die Genugtuung der Großbourgeoisie deutlich erkennen: „In einer Zeit, in der es politisch gärt, wurde damit ein Beispiel gesetzt, daß der soziale Fortschritt in diesem Lande eine Folge von Klugheit und politischem Weitblick ist, niemals aber das Ergebnis hysterischer, von Sachkenntnis ungetrübter Revolutionsklüngelei."[26] In der Tat hätte der zeitliche Zusammenfall einer kämpferischen Lohnbewegung mit den Antinotstandsaktionen, die wesentlich von Funktionären der IG Metall und von Belegschaften der Metallindustrie mitgetragen worden waren, eine beträchtliche Verstärkung der Oppositionsbewegung und eine Politisierung der Industriearbeiterschaft nach sich ziehen können.

4.2 Die bundesweite Bewegung betrieblicher Abwehraktionen 1966—1968

Allein in der Metallindustrie kam es zwischen Frühjahr 1967 und Frühjahr 1968 zu über 200 betrieblichen Abwehrstreiks, mit denen eine ganze Palette von Maßnahmen der Unternehmer zur Minderung des Lebensstandards der Arbeiterklasse beantwortet wurden.[27] Aus Angaben der IG Metall ergibt sich eine durchschnittliche Streikdauer von drei Stunden, wobei die Bandbreite von 15

---

26 Frankfurter Allgemeine Zeitung (FAZ), 31. 5. 1968.
27 Dieser Abschnitt entspricht weitgehend: Heinz Jung, Die betrieblichen Abwehraktionen der Belegschaften 1967/68, in: Marxistische Blätter, Nr. 4/1968, S. 14 ff.

Minuten bis zu 32 Stunden reichte.[28] Das Ausmaß der Bewegung kann jedoch nicht allein an der Zahl der Streiks gemessen werden. Häufig dienten auch Unterschriftensammlungen, lebhafte Betriebsversammlungen, Protestveranstaltungen, Demonstrationen außerhalb der Arbeitszeit usw. zur Durchsetzung der betrieblichen Forderungen.

Die betrieblichen Streiks, die sich auf den Bereich der IG Metall konzentrierten, hatten vorwiegend defensiven Charakter. Sie waren die Antwort der Belegschaften auf eine umfassende sozialreaktionäre Offensive der Unternehmer auf den Lebensstandard der Arbeiterklasse. Sie richteten sich vor allem gegen Stillegungen, Kurzarbeit und Entlassungen, gegen Akkordkürzungen und Rationalisierungsmaßnahmen, gegen den Abbau übertariflicher Lohnbestandteile und Sozialleistungen (zum Jahresende vorwiegend gegen Kürzungen oder Streichungen von Weihnachtsgratifikationen und Jahresprämien), gegen die Verschärfung von Antreibermaßnahmen (insbesondere gegenüber kranken Kollegen), gegen Versuche der Betriebsleitungen, die Tätigkeit von Betriebsräten und Vertrauensleuten einzuschränken. Daneben kam es in einer Reihe von Betrieben vor den und während der gewerkschaftlichen Lohnrunden zu Aktionen um mit Tariffragen zusammenhängende Probleme wie Einstufungen, Eingruppierungen usw.

Schon die ersten betrieblichen Kämpfe ließen die Besonderheit jener Streikbewegung erkennen. Dies zeigt etwa ein Vergleich des Streiks bei Faber & Schleicher (Offenbach) im November 1966 und bei Hanomag (Hannover) im April/Mai 1967: Beide Betriebe waren durch die Krise nur wenig betroffen. Verschärfte Spannungen ergaben sich durch neue Zeitaufnahmen und Akkordkürzungen, durch die Änderung der Fertigungsverfahren und der Arbeitsorganisation. Hier wie dort richtete sich der Angriff der Unternehmensleitungen auf die übertariflichen Lohnbestandteile und Sozialleistungen. Hier wie dort handelte es sich um Betriebe mit einer hohen Qualifikationsstruktur der Arbeiterschaft, mit Spitzenstellungen in der regionalen Lohnskala und mit traditionell hohem gewerkschaftlichen Organisationsgrad. Hier wie dort waren die qualifizierten Facharbeiter, deren Vertreter auch den entscheidenden Einfluß in den Betriebsräten und Vertrauenskörpern

---

28 Vgl. Geschäftsbericht 1965 bis 1967 des Vorstandes der IG Metall für die BRD, Frankfurt a. Main 1968, S. 132 f.

ausübten, der Kern des Widerstandes. Die Aktionen fanden Rückhalt bei den örtlichen Gewerkschaftsorganisationen. Höhepunkte der Streiks waren Demonstrationen der Belegschaften vor den Verwaltungsgebäuden. (Hierzu siehe Abschnitt 4.3.)

Von besonderer — über den lokalen Rahmen hinausgehender — Bedeutung waren die Protestdemonstrationen und betrieblichen Aktionen der Bergarbeiter an der Ruhr im Mai und Oktober 1967. Gegen die fortlaufenden Stillegungen von Kohlengruben (der HOAG in Oberhausen und der Schachtanlagen „Hansa" und „Pluto" in Dortmund-Huckarde) wurden hier nicht nur soziale und ökonomische Forderungen artikuliert. In den Losungen („Kühn und Schiller — Zechenkiller"), in der Mitführung von roten Fahnen und dem Gesang der „Internationale" während der Demonstrationen zeigten sich Ansätze eines politischen Bewußtseins der Arbeiterklasse, das von der bürgerlichen Propaganda bereits seit langem totgesagt worden war.

Ähnliche Aktionen gab es auch in anderen Orten, allerdings in kleinerem Rahmen. So demonstrierten am 23. 9. 1967 die Arbeiter der Battenfeld-Maschinenfabrik durch die Orte Gummersbach, Meinertzhagen und Gierungshausen zur Villa des Fabrikbesitzers und protestierten gegen die beabsichtigte Stillegung des Betriebes. Am 26. 5. 1967 hatten schon 1.500 Arbeiter der Klöckner-Hütte in Hagen-Haspe, im Juni die Arbeiter der Bleich KG (Neuss) gestreikt. Anfang Oktober traten dann die Arbeiter der Flottmann-Werke (Herne) gegen die Schließung der Gießerei in den Streik und forderten einen Sozialplan für die Umstellung. In der Hamburger Stahlbaufirma Jansen & Schütt demonstrierten die Arbeiter am 13. 12. 1967 gegen Entlassungen. Sie dekorierten einen Tannenbaum mit Entlassungsbriefen und forderten höhere Abfindungssummen.

Schon 1967 hatten die Arbeiter der Dortmunder Brückenbaufirma Rheinstahl-Union erfolgreich gegen Entlassungen gestreikt. Als die Direktion am 21. 2. 1968 erneut Entlassungen ankündigte, setzten sich 1.500 Arbeiter zu einem Marsch vor das Verwaltungsgebäude in Bewegung. Damit zwangen sie die Firmenleitung zur Wiederaufnahme der Verhandlungen mit dem Betriebsrat, wodurch die Entlassungslisten wenigstens reduziert werden konnten.

Einer der härtesten Konflikte um Akkordfragen entwickelte sich schon im März 1967 in der Gute-Hoffnungs-Hütte (Oberhausen). Gegen Akkordkürzungen zogen 500 Arbeiter vor das Verwaltungsgebäude und erzwangen eine erneute Überprüfung. Die IG Metall organisierte Lehrgänge über Akkordfragen, besonders über Bestimmungen bei Zeitneuaufnahmen, zu denen sich 600 Arbeiter meldeten. Am 2. 11. kam es zu einer weiteren Aktion, an der sich 3.000 Arbeiter aus allen Abteilungen beteiligten. Die Arbeiter protestierten hiermit gegen neue Vorgabezeitermittlungen für Akkordarbeiter, sie lehnten neue Zeitaufnahmen ab und forderten eine Zulage für unbeeinflußbare Maschinenzeiten. Nach einem Zug vor das Direktionsgebäude lenkte die Firmenleitung ein. Zeitaufnahmen bei Arbeiten mit mehr als 10 Prozent Maschinenzeiten sollten in Zukunft unterbleiben.

Im Zweigwerk Kirchheim/Teck der AEG kürzte die Betriebsleitung im März 1967 die Akkorde von sieben Arbeiterinnen an einer Taktstraße um bis zu 30 Prozent. Einige der Frauen erlitten Nervenzusammenbrüche, worauf die Belegschaft in große Erregung geriet. Die Arbeiter verlangten eine außerordentliche Betriebsversammlung und zogen in die Kantine. Die Angestellten hängten aus dem Verwaltungsgebäude Schilder heraus: „Wir sind solidarisch!" Erst danach bequemte sich die Direktion zu Verhandlungen mit dem Betriebsrat. Aus ähnlichen Gründen kam es im Juni/Juli zu Aktionen in Osterode, Heidenheim und Hagen sowie bei Daimler-Benz in Mannheim. Am 18. 9. 1967 begann im Werk Mühlheim-Saarn der AEG ein dreitägiger Streik gegen Akkordkürzungen von 20 Prozent. Die Arbeiter dreier weiterer Mühlheimer Betriebe führten Solidaritätsstreiks durch.

Einer der häufigsten Konfliktursachen war der Angriff der Unternehmer auf übertarifliche Löhne und Sozialleistungen. Dabei ist festzustellen, daß sich derartige soziale Demontagen meist nicht nur auf eine Maßnahme oder einen Gegenstand beschränkten, sondern kombiniert und umfassend in Angriff genommen wurden, wobei mitunter die elementarsten arbeitsrechtlichen Regelungen verletzt wurden. Vielfach gelang es den Belegschaften, derartige Frontalangriffe abzuwehren und wenigstens einen Teil der gegen sie gerichteten Maßnahmen rückgängig zu machen.

Im Januar 1967 traten die Arbeiter der Herforder Firma Streubert & Lohmann nach der Frühstückspause in einen Sitzstreik, nachdem am Morgen am schwarzen Brett eine Senkung der Zulagen um 5 Prozent und der Wegfall der Zwischenlohngruppen bekanntgegeben worden waren. Erfolg: Der Abbau der Zulagen wurde auf 3 Prozent beschränkt, die Zwischenlohngruppen blieben bestehen. Im gleichen Betrieb gab es im Februar 1968 einen weiteren Streik gegen Akkordüberprüfungen. Bis zum Juli 1967 kam es in Firmen wie Heidenreich & Harbeck (Hamburg), Kugelfischer (München), RHETA (Mannheim) aus ähnlichen Gründen zu Arbeitsniederlegungen. Gegen die „Neuregelung" der Arbeitszeit streikten am 14. 7. 1967 die Arbeiter der Firma Martin & Pagenstecher (Köln) und gegen den Wegfall der bezahlten Waschzeit am 30. 9. die Arbeiter der Mannheimer Landmaschinenfabrik John Deere-Lanz.

Am 18. 9. 1967 legten 700 Arbeiter der MAG in Geislingen aus Protest gegen eine Kürzung der Herbstbeihilfen um 20 Prozent die Arbeit nieder. Ihre Kollegen im Zweigwerk Wiesloch/Heidelberg schlossen sich der Aktion an. Gegen die Kürzung bzw. Streichung des Weihnachtsgeldes kam es zu Demonstrationen und Streiks: in der Stahlgießerei Risch (Bergisch-Gladbach), in den drei Werken der Conti-Gummi (Hannover), bei den Gußstahlwerken C. Bönnhoff (Wetter/Ruhr), im Werk Hückeswagen der Firma Klingenberg, bei der Firma A. Engels (Velbert), bei Rheinstahl-Wanheim (Duisburg), bei Wallram-Hartmetall (Essen), bei John Deere-Lanz (Mannheim), bei der Gesellschaft für selbsttätige Temperaturregelung (Bochum). Wichtig ist der Fall eines Bielefelder Betriebes, in dem 1967 Kürzungen der Sozialleistungen und Löhne um 10 Prozent mit Hinweis auf die schlechte Wirtschaftslage erfolgt waren. Im Frühjahr 1968 hatte sich die Lage der Firma offensichtlich gebessert, und im März 1968 setzte die Belegschaft ihre Ansprüche auf Rücknahme der Kürzungen mit Hilfe eines Streiks durch.

Häufig war das rücksichtslose Vorgehen gegen einzelne Kollegen der Tropfen, der das Faß zum Überlaufen brachte. So wurde in der Landmaschinenfabrik W. Kemper (Stadtlohn) ein Aushang über den Krankenstand am 25. 7. Anlaß eines Streiks, der sich gleichzeitig gegen die Rückgängigmachung der Freistellung eines Betriebsrates richtete. In der Keksfabrik Bahlsen (Barsinghausen) streikte die Belegschaft gegen die Mißhandlung einer Kollegin und gegen Prämienkürzungen. Die Hauptmethode der Unternehmer zum Abbau von in Betriebsvereinbarungen festgelegten

Regelungen war die Ausgabe von Änderungskündigungen. Um diese Frage kam es zu verschiedenen Streiks, so in der Firma Breitenbach (Siegen) im April 1967 und bei der Hilger AG (Rheinbrohl) im Oktober und November des gleichen Jahres.

Vielfach richteten sich die Angriffe der Unternehmer direkt gegen die ihnen unbequemen Betriebsräte und die Rechte der Belegschaften. In mehreren Fällen stellten sich die Arbeiter mit Streiks hinter ihre Betriebsräte, so im April 1967 bei Grau-Bremse (Heidelberg) und im Oktober 1967 bei der Werkzeugmaschinenfabrik Opphold (Oberkochen).

Im März 1968 begann vor allem in Nordrhein-Westfalen eine betriebliche Streikwelle gegen Verletzungen der Rahmentarifverträge, vor allem bei Eingruppierungsfragen. Diese Aktionen wurden offensichtlich von den Verwaltungsstellen der IG Metall gefördert. Eine der massivsten Aktionen fand bei Klöckner-Humboldt-Deutz in Köln statt. Schon am 8. 9. 1967 hatten in diesem Konzern 7000 Arbeiter mit einer machtvollen Demonstration vor dem Verwaltungsgebäude die Direktion zu der Zusicherung gezwungen, bis zum 1. 1. 1969 keine Lohn- oder Sozialeinschränkungen durchzuführen. Im Frühjahr 1968 versuchte die Konzernspitze diese Zusage zu brechen. Nach intensiven Diskussionen in den Werkhallen zogen daraufhin die Arbeiter am 28. 3. wiederum vor das Verwaltungsgebäude. Und die 2000 Arbeiter des Zweigwerkes in Köln-Kalk organisierten am Nachmittag einen Demonstrationszug durch die Stadt zum Hauptwerk und vereinigten sich dort mit ihren Kollegen. Hierdurch wurde die Konzernleitung gezwungen, mit dem Betriebsrat zu verhandeln und den Forderungen der Arbeiter zu entsprechen. Zu weiteren derartigen Streiks kam es u. a. bei Dorrenberg & Söhne (Rüderroth), bei der H. Wilhelmi KG (Mülheim), bei den Draht- und Kabelwerken (Duisburg), bei der Isselburger Hütte (Bocholt), bei den Leo Gottwald Werken (Hattingen), bei C. H. Zikesch (Wesel), bei BKS (Velbert) und bei der WEDAG (Bochum).

Abschließend kann festgestellt werden, daß sich die betrieblichen Streiks in der zweiten Jahreshälfte 1967, als der Krisentiefpunkt überwunden war, die Unternehmer aber mit ihren gegen die Arbeiter und Angestellten gerichteten Maßnahmen fortfuhren, häuften. Eine positive Rolle bei der Organisierung und Stärkung des Widerstandsgeistes der Belegschaften spielten vielfach die örtlichen Gewerkschaften. Die zentralen Gewerkschaftsführungen verpaßten jedoch die Gelegenheit, die Aktionen der Arbeiter in den Betrieben mit den laufenden Tarifbewegungen zu verknüpfen.

4.3 Der Streik bei Faber & Schleicher — ein betrieblicher Abwehrkampf

Einer der ersten Abwehrstreiks der Rezessionsperiode wurde im November 1966 von der Belegschaft der Firma Faber & Schleicher (FS) in Offenbach durchgeführt. Dieser Streik hat zahlreiche charakteristische Merkmale, die auch für viele andere betriebliche Abwehraktionen typisch waren. Er soll im folgenden gleichsam als ein „exemplarischer Fall" geschildert werden.[29]

Das Unternehmen besteht aus drei verschiedenen — räumlich voneinander getrennten — Werken. Es gehört zu den größten Produzenten von Druckmaschinen in der Welt. Die 3000 Beschäftigten, darunter 700 Angestellte, sind zu 90 Prozent in der IG Metall organisiert. Die Lage der Firma war von der damaligen Rezession kaum berührt. Die Auftragsdecke reichte Ende 1966 noch bis 1968.

FS nimmt sowohl in bezug auf die Lohnhöhe als auch auf die Sozialleistungen eine regionale Spitzenstellung ein. Die übertarifliche Bezahlung der Akkordarbeiter ist durch eine Betriebsvereinbarung geregelt, für die Verrechnung gilt zuzüglich dem tariflichen Akkordfaktor ein sogenannter FS-Faktor von 5,4 Punkten. Diese Regelung ist auch das Richtmaß zur übertariflichen Bezahlung der Stundenlöhner und der Angestellten. Eine für die Arbeiter wichtige Abmachung betrifft die Jahresprämie, die mit dem Weihnachtsgeld zusammenfällt. Sie berechnet sich nach einem jährlich neu festgelegten Prozentsatz des Jahresbruttolohnes. Hinzu kommen Zuschläge, die nach Betriebszugehörigkeit, Familienstand und Kinderzahl gestaffelt sind. Es wird eine Schichtzulage von 20 Pfennig je Stunde gezahlt, Schichtpausen werden ebenso bezahlt wie die Badezeiten der Gießereiarbeiter. Es gibt für Arbeiter keine Stechuhren.

---

[29] Dieser Abschnitt stützt sich auf: Heinz Jung, Analyse des Abwehrkampfes einer Betriebsbelegschaft, in: Marxistische Blätter, Nr. 1/1967, S. 57 ff.

Am 3. 11. 1966 wurde der Betriebsrat durch die Direktion von einem „Sparprogramm" in Kenntnis gesetzt, das fast alle Sozialleistungen betraf. Entscheidend war jedoch der Wegfall des FS-Faktors. Für den einzelnen Arbeiter wären allein hierdurch finanzielle Einbußen von monatlich bis zu 200 Mark entstanden. Gleichzeitig wurde für den Fall der Nichtannahme des „Sparprogramms" mit dem Wegfall der Prämie gedroht. Der Betriebsrat lehnte die Forderungen ab. Diese Nachrichten verbreiteten sich schnell im Betrieb. Zwar waren vorwiegend Akkordarbeiter betroffen, jedoch mußten auch Stundenlöhner und Angestellte mit Recht befürchten, daß auch sie nicht verschont werden würden. Die Unruhe unter der Belegschaft verstärkte sich daher zunehmend.

Am 9. 11. um 10 Uhr wurden im Werk II, wo die Mehrzahl der Arbeiter — auch gerade der qualifizierten Facharbeiter — tätig ist, die Maschinen abgestellt. Die Arbeiter versammelten sich auf dem Hof und in der Werkhalle. Zu Beginn erfolgte dies noch unsicher und zögernd. Die Betriebsleiter waren noch imstande, diesen und jenen Arbeiter durch direkte Aufforderung am Arbeitsplatz zu halten. Das wurde jedoch unmöglich, je mehr der Streik um sich griff und damit das Selbstbewußtsein der Belegschaft gestärkt wurde. Als bekannt wurde, daß um 13 Uhr in Werk I, dem Sitz der Verwaltung, Verhandlungen zwischen Betriebsrat und Direktion über die Streikforderungen beginnen sollten, entstand die Parole: „Wir marschieren mit." Und tatsächlich setzte sich ein Demonstrationszug mit nahezu allen Arbeitern (ca. 1000) gegen 12.30 Uhr in Bewegung. Der Zug passierte die Hauptstraßen der Innenstadt und wurde ohne Zwischenfälle durchgeführt. Die Arbeiter in Werk I hatten inzwischen ebenfalls die Arbeit niedergelegt, Werk III folgte am Nachmittag. Die Arbeiter hatten sich auf dem Hof von Werk I versammelt. Der kaufmännische Direktor Thiels und der Personalchef Prill forderten sie mit der Drohung zur Arbeitsaufnahme auf, daß man andernfalls die Verhandlungen abbrechen müsse. Die Streikenden reagierten mit Sprechchören, in denen sie ihre Ablehnung bekundeten. Die Spätschicht schloß sich ebenfalls dem Streik an. Die Forderungen konzentrierten sich nun immer mehr auf die Entlassungen von Prill und Thiels, die als die Urheber der arbeiterfeindlichen Maßnahmen betrachtet wurden.

Am Freitag, dem 11. 11., schloß sich der größte Teil der Angestellten dem Streik an. Die Meister verhielten sich den Arbeitern gegenüber loyal. Inzwischen war der technische Direktor Piecha aus dem Urlaub zurückbeordert worden. Anstelle von Thiels trat er jetzt bei den Verhandlungen in den Vordergrund. Gleichzeitig wurde Prill beurlaubt. Die Direktion nahm das Sparprogramm zurück und erklärte sich bereit, den Großteil der Ausfallzeit zu bezahlen. Sie zeigte aber keine Neigung, im Fall Thiels Konsequenzen zu ziehen.

Jetzt trat der Streik in seine kritische Phase. Der Betriebsrat geriet zwischen zwei Feuer: Eine Fortsetzung des Streiks hätte das Ergebnis gefährdet und der Direktion eine Gegenoffensive ermöglicht. Nach den Zugeständnissen der Direktion, die den Forderungen der Streikenden weitgehend entsprachen, war als einziger offener Punkt der Fall Thiels geblieben. Ein Großteil der Belegschaft bestand jedoch nach wie vor auf seiner Entlassung, und die Spätschicht in Werk II beschloß daher die Fortsetzung des Streiks für den Montag. Gleichzeitig ließ die Direktion per Eilboten allen Betriebsangehörigen ein Schreiben zustellen, das ultimativ zur Arbeitsaufnahme am Montagmorgen auf der Grundlage des Kompromisses vom Freitag aufforderte.

Um ein Auseinanderfallen der Streikfront zu verhindern und eine einheitliche Haltung der Belegschaft sicherzustellen, hielten die Vertrauensleute (sie waren im Streik die entscheidenden Mittler zwischen Belegschaft und Betriebsrat, eine offizielle „Streikleitung" gab es nicht) mit Gewerkschaftsvertretern am Wochenende eine Beratung ab. Es wurde beschlossen, den Streik auf der Grundlage des Kompromisses vom Freitag zu beenden. Am Montagmorgen gab es vor Werk II bei der Frühschicht hierüber noch Diskussionen. Diese Schicht begann jedoch später geschlossen die Arbeit, ebenso die Normalschicht.

Die Belegschaft konnte den Streik abbrechen, nachdem ihre materiellen Forderungen größtenteils und ihre personellen Forderungen teilweise erfüllt waren. Im großen und ganzen war also der alte Zustand wiederhergestellt. Wie die nachher getroffene Prämienvereinbarung zeigte, kam es jedoch hier zu beträchtlichen Kürzungen. Insgesamt stärkte der erfolgreiche Streik die Position der Belegschaft sowie ihrer betrieblichen und gewerkschaftlichen Vertretungen.

4.4 Die Streiks in der Gummiindustrie 1967 — die Verknüpfung von Tarifbewegungen mit betrieblichen Aktionen

Der Kampf der Gummiarbeiter in Niedersachsen und vor allem in Hessen 1967 sprengte den Rahmen der in dieser Periode üblichen betrieblichen Abwehraktionen. Er ist eine der wenigen Beispiele für die Verknüpfung derartiger Aktionen mit laufenden gewerkschaftlichen Tarifbewegungen.[30]

In der Gummiindustrie der BRD, deren Kern die Reifenproduktion ist, waren 1966 ca. 106 000 Arbeiter und Angestellte beschäftigt. Beschäftigung und Produktion entwickelten sich 1966/67 rückläufig. Es kam zu Produktionseinschränkungen, Zwangsferien, Kurzarbeit und Entlassungen, es wurden Rationalisierungsmaßnahmen und Akkordkürzungen durchgeführt. Die Tarifbewegung begann mit dem Auslaufen der Tarifverträge am 30. 4. 1967 in Niedersachsen (30 000 Beschäftigte) und Hessen (25 000 Beschäftigte).

In Niedersachsen fanden zwischen Anfang Juli und Mitte Oktober mehrere ergebnislose Tarif- und Schlichtungsverhandlungen statt. Am 24. 10. erteilte der Hauptvorstand der IG Chemie die Genehmigung zur Urabstimmung über Kampfmaßnahmen für Betriebe mit insgesamt 17 000 Beschäftigten im Tarifbezirk für den 27. 10. Am 24. 10. traten auch schon die Beschäftigten der Hansens Gummi- und Verpackungswerke in Hannover gegen die beabsichtigte Einschränkung des Weihnachtsgeldes und gegen Akkordkürzungen, die für die Arbeiter Einbußen bis zu 80 Mark monatlich gebracht hätten, für sechs Stunden in den Streik. Die Gewerkschaft zog die Urabstimmung für diesen Betrieb auf den gleichen Tag vor. Hier wie in den anderen Betrieben brachten die Abstimmungen mehr als 97 Prozent Ja-Stimmen für Kampfmaßnahmen.

Auf Grund dieser Entwicklung kam es dann am 3. 11. zu einer Einigung auf der Basis der gewerkschaftlichen Forderungen:

— Beibehaltung der betrieblichen Jahresprämien von 1966 auch für 1967 und stufenweise Steigerung von 1968 bis 1971;

— bei Abgruppierungen infolge von Umsetzungen Verlängerung

---

30 Dieser Abschnitt stützt sich auf: Heinz Jung, Der hessische Gummiarbeiterstreik und der Kampf der Gummiarbeiter Fuldas, in: Marxistische Blätter, Nr. 1/1968, S. 32 ff.

der entsprechenden Kündigungsfristen auf vier Monate sowie Beibehaltung des alten Lohns für sechs Monate bei Beschäftigten im Alter von 50 Jahren bei 20jähriger Betriebszugehörigkeit; Abstandszahlungen in Höhe von 2—6 Monatslöhnen bei Kündigungen infolge von Freisetzungen; nach 25jähriger Betriebszugehörigkeit und Erreichung des 60. Lebensjahres Kündigungsschutz; Fortdauer des alten Lohntarifs, der über dem hessischen lag, bis zum 30. 4. 1968.

In einer zweiten Urabstimmung stimmten 72 Prozent für die Annahme dieses Ergebnisses.

Die Tarifbewegung in Niedersachsen beeinflußte auch die Entwicklung in Hessen. Die Unternehmer waren hier zunächst nur zu einer Verlängerung des ausgelaufenen Vertrages bereit. Schließlich offerierten sie Lohnerhöhungen von 4,8 Prozent für Zeitlöhner und von 2,3 Prozent für Akkordlöhner. Gleichzeitig waren sie bereit, Teile des niedersächsischen Vertrages zu übernehmen. Die IG Chemie sah diese Angebote als nicht ausreichend an. Am 5. 11. wurde daher beim Hauptvorstand der Antrag auf Urabstimmung gestellt, dem am 6. 11. für den 10. 11. stattgegeben wurde. Der allgemeine Streik begann am Montag, dem 13. 11.

Die Streikbewegung in Hessen hatte jedoch schon früher begonnen — und zwar bei den Gummiwerken Fulda (GF), die zum Goodyear-Konzern gehören und wo im Herbst 1967 1300 Arbeiter und 400 Angestellte beschäftigt waren. Um die Jahreswende 1966/67 wurden hier Zwangsferien verordnet, im Frühjahr mehrere Wochen Kurzarbeit und zusätzliche Entlassungen. Parallel setzte eine Rationalisierungswelle ein. Es kam zu Akkordkürzungen zwischen 10 und 20 Prozent, die monatliche Verdienstminderungen von 100 bis 200 Mark mit sich brachten. Wie auch in anderen Betrieben wurde in den GF das Auslaufen des Tarifvertrages zum Anlaß neuer Akkordaufnahmen genommen.

Im Herbst 1967 war wieder eine wachsende Kapazitätsauslastung zu verzeichnen. Der unverändert fortgesetzten Politik der Sozialdemontage seitens der Direktion fehlte nun jede glaubhafte Grundlage. Im Reifenbau kam es daher am 27., 28. und 30. 10. zu befristeten Aktionen gegen Akkordkürzungen. Und am 7. 11. — also einen Tag nach der Festlegung der Urabstimmung — gelangte die Nachtschicht der GF um 4.30 Uhr schließlich zu der Übereinkunft, die Arbeit niederzulegen. Die Frühschicht schloß sich dieser Aktion an, und bis zum Mittag versammelten sich vor den Werkstoren bis zu 1000 Arbeiter und Angestellte. Mit dem Zusammenfallen der Forderungen nach einem neuen Tarifvertrag und nach Zurücknahme der Akkordkürzungen verschmolz zugleich der betriebliche Streik mit der gewerkschaftlichen Tarifbewegung.

Noch am gleichen Tag wurde für die GF die Urabstimmung auf den 8. 11. vorverlegt, die dann 97 Prozent Ja-Stimmen erbrachte. Auch „übernahm" die IG Chemie sofort den Streik der GF-Belegschaft.

Am 10. 11. fand die Urabstimmung in den anderen Schwerpunktbetrieben statt. Sie erbrachte 93 Prozent Ja-Stimmen. Der Gewerkschaftsvorstand beschloß daraufhin für Montag, den 13. 11., den Streikbeginn bei Dunlop (Hanau), Veith-Pirelli (Sandbach) und Metzeler (Neustadt). Am 15. 11. wurde Conti (Korbach) in den Streik einbezogen, so daß an diesem Tag 15 000 Arbeiter und Angestellte im Streik standen.

Infolge massiver Provokationen der Direktion von Dunlop entwickelte sich hier der Streik mit voller Härte. Mit Streikbrechern besetzte Busse sowie Personenwagen mit Direktionsangehörigen fuhren in die Menge der Streikposten, die die Werkseingänge blockierten. Die Firmenleitung drohte den ausländischen Arbeitern mit der Kündigung der werkseigenen Wohnheime. Sie versuchte, Deutsche und Ausländer gegeneinander auszuspielen, und forderte den Einsatz von Polizei zum Schutz der Streikbrecher. Es kam zu Schlägereien, nachdem Streikposten durch Autos verletzt worden waren. Die Erbitterung der Arbeiter gegen die Direktion und die Streikbrecher (nach Angaben der Direktion arbeiteten 6 Prozent der Belegschaft) wuchs. CDU und NPD forderten den Schutz der Streikbrecher — u. a. auch in Form gleichlautender Anträge im hessischen Landtag.

Nach langen Verhandlungen kam es schließlich am 18. 11. zu einer Einigung. Neben der Übernahme der niedersächsischen Regelungen ergaben sich hieraus Erhöhungen der Akkordlöhne um 4 Prozent, der Zeitlöhne um 5 Prozent und der Angestelltengehälter um 3 Prozent bei Verrechnungsmöglichkeit auf nichtleistungsgebundene übertarifliche Lohnbestandteile. Die Laufzeit reichte bis zum 30. 4. 1968. Die Arbeiter der GF erreichten darüber hinaus, daß die Akkordsätze vom April 1967 wieder in Kraft traten sowie daß die Beschwerden gegen die Neufestsetzung von Akkorden überprüft wurden. Ferner verzichtete die Direktion ausdrücklich auf Repressalien gegen Streikteilnehmer.

Die Urabstimmung über dieses Ergebnis erbrachte im hessischen Durchschnitt 91 Prozent Ja-Stimmen. Mit der Frühschicht wurde am 21. 11. die Arbeit wiederaufgenommen. Die Gummiarbeiter hatten einen 14tägigen Streik mit ihrer Gewerkschaft erfolgreich bestanden. Für die GF bleibt noch nachzutragen, daß aus dem Streik ein gewählter gewerkschaftlicher Vertrauenskörper hervorging und daß sich der gewerkschaftliche Organisationsgrad der Arbeiter von 78 auf 96 Prozent erhöhte.

4.5 Streiks im Rahmen der Anti-Notstandsbewegung 1968

Im Mai 1968 kam es in der Bundesrepublik nach einer Pause von 10 Jahren erstmals wieder zu politischen Streiks: Der Kampf gegen die Notstandsgesetze erreichte seinen Höhepunkt. Zwar konnte die Verabschiedung dieser antidemokratischen — vor allem gegen die Arbeiterklasse gerichteten — Gesetze nicht verhindert werden. Bemerkenswert bleibt jedoch die Tatsache, daß der politisch aktive Kern der westdeutschen Arbeiterklasse trotz fehlender Unterstützung durch die Gewerkschaftsführungen den Kampf zur Verteidigung demokratischer Rechte aufnahm und hierzu auch das Kampfmittel des Streiks einsetzte.[31]

Jahrelang war in den Gewerkschaften die Diskussion über die Notstandsgesetze geführt worden. In dieser Zeit gab es kaum eine örtliche Mitgliederversammlung oder Delegiertenkonferenz des DGB und der einzelnen DGB-Gewerkschaften, in welcher nicht zu den Notstandsgesetzen Stellung genommen wurde. Keine dieser Konferenzen und Versammlungen betrachtete die geplanten Notstandsgesetze als „notwendig zum Schutz der Demokratie". Vereinzelt auftretende Gewerkschaftsführer und SPD-Politiker, die die Linie des Parteivorstandes der SPD vertraten und den Notstandsgesetzen, „falls sie sich nicht gegen die Gewerkschaften richten", das Wort redeten, fanden keine Zustimmung unter der Masse der gewerkschaftlich organisierten Arbeiter und An-

---

[31] Dieser Abschnitt stützt sich auf: Jung, Schuster, Steinhaus, a. a. O., S. 900 ff.

gestellten. Die Bundeskongresse der Mehrzahl der DGB-Gewerkschaften verabschiedeten Beschlüsse, in denen die ablehnende Haltung gegenüber den Notstandsgesetzen zum Ausdruck kam.

Konkrete Kampfbeschlüsse jedoch wurden nicht gefaßt. Weder der DGB-Bundesvorstand noch die Vorstände der Einzelgewerkschaften waren bereit, das Mittel des politischen Streiks anzuwenden. Sie folgten der gleichen unheilvollen Argumentation, mit der schon die Rechtsopportunisten in der Arbeiterbewegung vor 1933 es dem Faschismus ermöglicht hatten, „legal" und „rechtsstaatlich" die Macht an sich zu reißen. Am 19. 5. 1968 — also vier Tage nach der zweiten und sechs Tage vor der dritten Lesung der Notstandsgesetze — lehnte eine außerordentliche Sitzung des Bundesvorstandes des DGB einen Streik zur Verhinderung der Notstandsgesetze ausdrücklich mit der Begründung ab, es sei ein „Verstoß gegen die Grundsätze der parlamentarischen Demokratie, gegen einen mit großer Mehrheit gefaßten Beschluß des Bundestages zum Streik aufzurufen". Allen Landesbezirken und Kreisen wurde das Recht abgesprochen, „Proteststreiks zu veranlassen".[32]

Das war ein schwerer Schlag für die Anti-Notstandsbewegung, die freilich trotzdem den Kampf fortsetzte. Anknüpfend an den gegebenen Bewußtseinsstand der Arbeiterklasse orientierten die progressiven Kräfte sich sowohl auf den außerparlamentarischen Kampf als auch auf eine Beeinflussung der Bundestagsabgeordneten. Vor der Verabschiedung der Notstandsgesetze wurden in Betrieben und Gewerkschaftsorganisationen Hunderte von Briefen an die sozialdemokratischen Bundestagsabgeordneten mit der Aufforderung gerichtet, gegen die Notstandsgesetze zu stimmen. Vereinzelt kam es zu Demonstrationen vor Wohnungen von SPD-Bundestagsabgeordneten, wobei diese mit den Forderungen der Notstandsgegner konfrontiert wurden.

Dort, wo es kommunistischen Arbeiterkadern gemeinsam mit klassenbewußten linken Sozialdemokraten gelang, das Ausmaß der Bedrohung durch die Notstandsgesetze einer größeren Anzahl von Arbeitern und Angestellten bewußt zu machen, traten am Tag der 2. Lesung Betriebsbelegschaften in den Streik. In größerem Ausmaß geschah dies in Frankfurt:

---

32 Zit. n.: Dokumentation der Zeit, Nr. 411/1968, S. 12.

Großen Einfluß auf die Entwicklung in den Frankfurter Betrieben und Gewerkschaften übte die starke außerparlamentarische Bewegung und der von ihr am 11. 5. 1968 organisierte Sternmarsch nach Bonn aus. An dieser Aktion, die vor der 2. Lesung der Notstandsgesetze stattfand, beteiligten sich auch zahlreiche Gewerkschaftler und Arbeiter eines Frankfurter Maschinenbaubetriebes, in dem auf Betreiben eines kommunistischen Betriebsrates zuvor eine Belegschaftsversammlung stattgefunden hatte, deren einziger Tagesordnungspunkt „Kampf gegen die Notstandsgesetze" lautete.

Nach der Demonstration in Bonn berichteten die Teilnehmer den Kollegen im Betrieb. Die Vertrauensleute kamen zusammen und beschlossen, am nächsten Morgen, d. h. am Tag der 2. Lesung der Notstandsgesetze, in den Streik zu treten. Die Belegschaft unterstützte diesen Beschluß und nahm am nächsten Tag nach der Frühstückspause die Arbeit nicht wieder auf. Die Arbeiter verließen den Betrieb und formierten sich auf der Straße zusammen mit ankommenden Studenten zu einem Demonstrationszug. Gemeinsam zogen sie mit Transparenten zu benachbarten Betrieben.

Insgesamt streikten an diesem Tag in Frankfurt 12 000 Arbeiter und Angestellte. Sie trugen entscheidend dazu bei, daß gegen die 3. Lesung dann der DGB-Kreisvorstand trotz der ablehnenden Haltung des DGB-Bundesvorstandes zu einer Protestkundgebung aufrief. Das Ergebnis war, daß am 27. 5. 1968 rund 20 000 Arbeiter und Angestellte ihre Betriebe verließen und an einer Protestkundgebung teilnahmen, auf der der DGB-Landesvorsitzende, ein Vertreter des Sozialistischen Deutschen Studentenbundes und ein kommunistischer Betriebsratsvorsitzender sprachen.

Am gleichen und am folgenden Tag kam es auch in anderen Teilen der Bundesrepublik zu Streiks sowie zu Demonstrationen und Kundgebungen mit starker Beteiligung von Arbeitern und Gewerkschaftern: In Mannheim streikten und demonstrierten ca. 10 000 Arbeiter; 2000 Arbeiter des Bochumer Vereins und der Bochumer Stahlwerke gingen auf die Straße; in Köln wurde bei Felten & Guillaume, bei den Chemischen Werken in Köln-Kalk, bei Ford sowie in mehreren Druckereien gestreikt; zu Arbeitsniederlegungen kam es ferner u. a. auch in München (Waggonfabrik Rathgeber, BMW, Agfa-Gevaert, Rockwell), in Heidenheim (Voith), in Nürnberg (Zipp-Werke), in Hattingen (Henrichshütte), in Hagen, Münster, Rheinhausen, Düsseldorf, Duisburg, Gelsenkirchen.

Daß sich keine umfassende Streikbewegung zur Verhinderung der Notstandsgesetzgebung entwickelte, ist vor allem auf die negative Haltung der Gewerkschaftsführungen zurückzuführen, die damit eine schwere Verantwortung auf sich geladen haben. Bekanntlich fanden sich aufgrund der Aktivität der Anti-Notstandsbewegung mehr als 100 Bundestagsabgeordnete, die die Notstandsverfassung in der zur Abstimmung vorliegenden Form ablehnten. Für das Zustandekommen einer Sperrminorität im Bundestag fehlten die Stimmen von etwas mehr als 60 Abgeordneten. Diese Zahlen zeigen, daß eine Verhinderung der Notstandsgesetze sogar auf parlamentarischem Wege durchaus im Bereich des Möglichen gelegen hätte, falls die gesamte Kraft der Gewerkschaften in die Waagschale geworfen worden wäre.

5 Die Septemberstreiks 1969

5.1 Ökonomische und tarifpolitische Ausgangslage

Die Streikbewegung des September 1969[33] muß vor dem Hintergrund der Wirtschaftsentwicklung der vorangegangenen drei Jahre gesehen werden. Nach der Rezession von 1966/67 begann in der BRD erneut eine Periode schnellen ökonomischen Wachstums. Ein zeitlicher Vergleich läßt das Ausmaß des Konjunkturaufschwungs klar erkennen:

Tabelle 10
Konjunkturentwicklung in der BRD 1967—69[34]

Halbjahr	Veränderung gegenüber dem Vorjahr in %	
	Bruttosozialprodukt	Industrieproduktion
1./1967	−2,2	− 6,2
1./1968	+6,0	+10,5
1./1969	+8,5	+15,1

Die Überwindung der Krise war im wesentlichen auf Kosten der Arbeiterklasse erfolgt. Das Großkapital hatte die entstehende industrielle Reservearmee geschickt als sozial-ökonomisches Druckmittel zur Disziplinierung der Arbeiter und Angestellten eingesetzt. <u>Das ist besonders daraus ersichtlich, daß 1967 sinkende Industriebeschäftigung (−6,5 %) mit steigender industrieller Arbeitsproduktivität (+8,1 %) zusammenfiel.</u>

Der konjunkturelle Aufschwung ab 1968 hatte keineswegs zur

---

33 Zu Abschnitt 5 und 6 vgl. Jung, Schuster, Steinhaus, a. a. O., S. 878 ff; Die Septemberstreiks, a. a. O.
34 Quellen: Wirtschaft und Statistik, Nr. 8/1968, S. 392; Nr. 8/1970, S. 412; Nr. 9/1970, S. 445.

Folge, daß die Arbeiterklasse ihre materiellen Verluste des Vorjahres wieder aufholte. Die folgenden Zahlen zeigen, daß Profite und Löhne eine entgegengesetzte Entwicklung nahmen und daß der Anteil der Arbeiterklasse am Nationaleinkommen abnahm, der der Kapitalisten jedoch anstieg:

Tabelle 11
Einkommensentwicklung in der BRD 1967—69 [35]

Halbjahr	Veränderung gegenüber dem Vorjahr in % Nettoeinkommen aus	
	unselbständiger Arbeit	Unternehmertätigkeit und Vermögen
2./1967	−1,0	+2,1
1./1968	+3,0	+19,4
2./1968	+8,0	+20,5
1./1969	+9,6	+9,9

Mitte 1969 war so kaum zu übersehen, daß die Großbourgeoisie eine außerordentlich erfolgreiche Offensive auf die materiellen Errungenschaften der Werktätigen durchgeführt hatte. Besonders ausgeprägt war dies in der Stahlindustrie und im Steinkohlenbergbau:

Tabelle 12
Beschäftigung und Umsatz in Stahlindustrie und Steinkohlenbergbau der BRD 1968—69 [36]

	Veränderung gegenüber dem Vorjahr in %			
	Stahlindustrie		Steinkohlenbergbau	
	Mai 1968	Mai 1969	Mai 1968	Mai 1969
Beschäftigung	− 2,0	+ 1,1	−11,2	− 5,3
Umsatz	+20,2	+14,1	+ 9,7	+ 6,0
Umsatz pro Beschäftigten	+22,7	+12,9	+23,5	+11,9

35 Quelle: Wirtschaft und Statistik, Nr. 9/1969, S. 449 f.
36 Quelle: Die Septemberstreiks, a. a. O., S. 18, S. 22.

Diese Produktions- und Produktivitätsanstiege wurden überwiegend durch Intensivierung und Extensivierung der Ausbeutung, d. h. durch Steigerung der Arbeitsgeschwindigkeit, Verlängerung des durchschnittlichen Arbeitstages usw., erreicht.

Die Lohn- und Tarifpolitik der Gewerkschaften war dieser Entwicklung nicht angemessen. In der Stahlindustrie war am 1. 6. 1968 ein Tarifvertrag in Kraft getreten, der bis zum 30. 11. 1969 lief und eine Lohnerhöhung von durchschnittlich 6 Prozent gebracht hatte. Im Steinkohlenbergbau hatte der Tarifvertrag, der vom 1. 7. 1968 bis zum 31. 12. 1969 lief, eine Lohnerhöhung von 5,5 Prozent festgelegt. Rechnet man hier die Ergebnisse auch des vorigen Tarifvertrages hinzu, so ergibt sich für einen Zeitraum von 43 Monaten eine jährliche Tariflohnerhöhung von weniger als 3 Prozent.

Angesichts dieser Situation kam den Tarifverhandlungen der IG Metall mit den Arbeitgeberverbänden der metallverarbeitenden Industrie im Juli 1969 besondere Bedeutung zu, da die hier durchgesetzten Tarifabschlüsse traditionell Leitfunktionen auch für andere Bereiche haben. Das im August erzielte Tarifabkommen sah eine Erhöhung der Tariflöhne um 8 Prozent ab 1. 9. 1969 vor. Für das Jahr 1969 ergab sich — berücksichtigt man die Ergebnisse des damit abgelaufenen Vertrages für die ersten acht Monate — eine Lohnerhöhung von 5,75 Prozent. Dies lag noch unterhalb dessen, was von seiten der Regierung als „Leitlinie" propagiert worden war. Die den Gewerkschaften nahestehende „Bank für Gemeinwirtschaft" hatte Lohnerhöhungen von 15 bis 17 Prozent als „normal" erklärt.

Die tarifpolitische Inaktivität der Gewerkschaftsführung rief innerhalb der Betriebe große Unzufriedenheit hervor. Besonders in der Stahlindustrie und im Steinkohlenbergbau begann sich die Ansicht durchzusetzen, daß die Eigeninitiative der Arbeiterklasse erforderlich sei, um das weitere Auseinanderklaffen der Lohn- und Profitentwicklung zu verhindern.

5.2 Verlauf und Ergebnisse der Streiks

Avantgarde der Streikbewegung war die Belegschaft des Dortmunder Stahlkonzerns Hoesch, des nach Thyssen zweitgrößten

Stahlproduzenten der BRD mit ca. 15 Prozent Marktanteil bei Rohstahl 1968. Die Zahl der Beschäftigten betrug 27 000. Bei Hoesch existierte eine verhältnismäßig starke Betriebsgruppe der DKP. Ihre Betriebszeitung „Heiße Eisen" spielte während des Streiks für die Mobilisierung und Information der Belegschaft eine wesentliche Rolle.

Der damalige Hoesch-Konzern war aus der Fusion von Hoesch und der Dortmund-Hörder-Hütten-Union hervorgegangen. Nach dieser Fusion gab es in den drei Dortmunder Werken Westfalenhütte, Phönix und Union große Lohndifferenzen, die bei gleicher Arbeit bis zu 50 Pfennig pro Stunde betrugen. Die Unternehmensleitung verschleppte die Angleichung der Löhne und lehnte zugleich mit Hinweis auf die bevorstehende Lohnangleichung außertarifliche Lohnerhöhungen ab. Gleichzeitig wurde fortwährend die Arbeitsintensität gesteigert und nicht einmal für die erschwerten Arbeitsbedingungen der sommerlichen Hitzeperiode ein materieller Ausgleich gewährt. Andererseits wies die Direktion in aller Offenheit triumphierend auf die wachsenden Produktionsziffern und Profite hin.

Bereits im Sommer war es zu kleineren Arbeitsniederlegungen in einzelnen Abteilungen gekommen, so u. a. im Walzwerk I, wo die Streikenden eine Erhöhung der Stundenlöhne um 50 Pfennig forderten. Aus derartigen Bewegungen in einzelnen Abteilungen kristallisierte sich dann relativ schnell — koordiniert durch Betriebsrat und Vertrauenskörper — eine einheitliche Forderung nach 20 Pfennig mehr Lohn für alle Beschäftigten von Hoesch heraus.

Am Morgen des 2. 9. teilte dann der Betriebsrat der Westfalenhütte dem Vertrauenskörper mit, daß die Direktion die Forderung nach 20 Pfennig innerbetrieblicher Zulage abgelehnt und statt dessen lediglich 15 Pfennig angeboten habe. Die Betriebsräte der beiden anderen Werke, Union und Phönix, hätten dieses Angebot bereits angenommen. Jetzt mobilisierten die Vertrauensleute in ihren Abteilungen die Arbeiter, und schon um 9 Uhr war die Schicht-Belegschaft vollständig vor dem Gebäude der Hauptverwaltung versammelt. Auf Plakaten und mit Sprechchören forderten die Arbeiter jetzt eine Erhöhung der Stundenlöhne um 30 Pfennig. Die Arbeiter verfügten zu diesem Zeitpunkt bereits über eine eigene „Kommandozentrale" — nämlich über ein Fahrzeug der Werksfeuerwehr, aus dessen Reifen die Luft herausgelassen worden war und dessen Lautsprecher von Betriebsräten und Arbeitern zur Begründung der Lohnforderungen benutzt wurde.

Bereits gegen Mittag akzeptierte die Direktion die ursprüngliche Forderung von 20 Pfennig Lohnerhöhung. Der Betriebsrat der Westfalenhütte stand jedoch geschlossen hinter der 30-Pfennig-Forderung der Arbeiter. Schon nachmittags hatte der Streik auf Phönix übergegriffen, nach kurzer Zeit wurde jedoch hier die Arbeit wiederaufgenommen. In der Westfalenhütte ruhte die Arbeit weiterhin, ständig war der Großteil der Belegschaft auf dem Betriebsgelände anwesend, selbst nachts blieb eine Gruppe von mehreren hundert Hoesch-Arbeitern im Betrieb.

Am Morgen des 3. 9. beschlossen dann die Arbeiter von Phönix und Union, die inzwischen auch die Arbeit niedergelegt hatten, geschlossen zum Sitz der Hauptverwaltung in der Westfalenhütte zu demonstrieren. Die Arbeiter der Westfalenhütte marschierten daraufhin ihren Kollegen entgegen. In der Innenstadt trafen die verschiedenen Demonstrationszüge zusammen. 10 000 Stahlarbeiter in Arbeitskleidung bekundeten durch ihren gemeinsamen Marsch die Stärke und Solidarität der Belegschaften der drei Hoesch-Werke. Das Ergebnis dieser Demonstration ließ nicht lange auf sich warten. Schon gegen Mittag konnten die drei Betriebsratsvorsitzenden als Ergebnis ihrer Verhandlungen mit der Konzernleitung bekanntgeben, daß diese die 30-Pfennig-Forderung akzeptiert habe und bereit sei, die Streikzeit voll zu bezahlen.

Der Streik war außerordentlich diszipliniert und geschlossen verlaufen. Das hinderte aber die bürgerliche Presse keineswegs daran, genau das Gegenteil in die Welt zu setzen. So wurde behauptet, in einem Walzwerk hätten „zwei (!) Mann die gesamte übrige Belegschaft dieser Anlage mit der Androhung von Schlägen so lange terrorisiert ... bis sich auch diese an der Demonstration beteiligte". Auch hätte angeblich eine Gruppe von Streikenden die Villa des Vorstandsvorsitzenden Harders stürmen und niederbrennen („Nun stecken wir seine Villa an!") wollen, sei jedoch durch die mit einer Pistole bewaffnete Frau von Harders daran gehindert worden.[37] Der damalige Präsident des Arbeitgeberver-

---

[37] FAZ, 9. 9. 1969.

bandes (BDI), Fritz Berg, der dieses Schauermärchen, das von vorne bis hinten erlogen war, für voll nahm, dokumentierte durch seinen Kommentar die ganze Brutalität und Menschenverachtung seiner Klasse: „Die hätte doch ruhig schießen sollen, einen totschießen, dann herrschte wenigstens wieder Ordnung."[38]

Der bedeutende Kampferfolg der Hoesch-Arbeiter bildete die „Initialzündung" für eine umfassende Streikbewegung, die in den nächsten Tagen auch andere Branchen und Regionen erfaßte. Von den Streiks waren vor allem die Stahlindustrie, der Steinkohlenbergbau und die Metallindustrie betroffen. Regionale Schwerpunkte waren das Ruhrgebiet und das Saarland.

Noch am 3. 9. sprang der Funke auf andere Betriebe der eisenschaffenden Industrie im Ruhrgebiet über. Gestreikt wurde hier u. a. in der Rheinstahl-Gießerei Meiderich in Duisburg vom 3. bis 8. 9. (1300 Streikende), in der Rheinstahl-Friedrich-Wilhelm-Hütte in Mühlheim vom 4. bis 5. 9. (2900 Streikende), bei den Mannesmann-Hüttenwerken in Duisburg vom 5. bis 6. 9. (12 000 Streikende), beim Rheinstahl-Hüttenwerk Schalker Verein in Gelsenkirchen vom 5. bis 9. 9. (3300 Streikende), beim Rheinstahl Gußstahlwerk in Gelsenkirchen vom 8. bis 9. 9. (1800 Streikende).

In diesen Tagen hatte sich aber die Streikbewegung bereits über das Ruhrgebiet hinaus ausgebreitet. Am 4. 9. traten die Arbeiter der Neunkircher Eisenwerke im Saarland in den Streik, am Tag darauf folgten die Arbeiter der Klöckner-Hütte in Bremen, und am 8. 9. legten auch die Arbeiter der Maxhütte in der Oberpfalz die Arbeit nieder.

Die 10 000 Arbeiter und Angestellten der Neunkircher Eisenwerke arbeiten in zwei räumlich voneinander getrennten Betrieben in Neunkirchen und Homberg. Auch bei den Neunkircher Eisenwerken war es in den 60er Jahren zu einer ständigen Steigerung der Arbeitsintensität und Arbeitsproduktivität gekommen. Insbesondere war hiervon das Werk Neunkirchen betroffen, wo sich zwischen 1960 und 1968 die Leistung pro Stunde um 49,4 Prozent erhöht hatte, während die Zahl der Beschäftigten um 20,8 Prozent gesunken war. Allein zwischen 1967 und 1968 hatte sich die Pro-Kopf-Leistung um 15,7 Prozent erhöht, während sich die Lohnsumme gleichzeitig um 3,7 Prozent verringerte. Schon

---

38 Der Spiegel, 22. 9. 1969.

einige Wochen vor den Septemberstreiks hatten 200 Kranfahrer im Werk Neunkirchen auf Anhieb durch eine Protestaktion eine effektive Stundenlohnerhöhung in der Größenordnung von 20 bis 30 Pfennig durchgesetzt. Das auslösende Moment für den Streik bei den Neunkircher Eisenwerken bildeten — wie bei Hoesch — innerbetriebliche Lohndifferenzen. Bereits am 3. 9. entwickelte sich im Walzwerk Süd, das sich lohnmäßig gegenüber den anderen Betriebsabteilungen im Rückstand befand, eine Forderung nach Erhöhung der Stundenlöhne um 50 Pfennig. Am 4. 9. legten dann die Walzwerker die Arbeit nieder und demonstrierten vor dem Verwaltungsgebäude für ihre Forderung. Die anderen Betriebsabteilungen schlossen sich nach und nach an. Abends stand das Neunkircher Werk vollständig still. Am Tag darauf organisierten die Streikenden zwei Demonstrationen — zunächst durch die Stadt, anschließend durch das Werk. Gleichzeitig griff der Streik auch auf das Werk Homberg über.

An diesem Tag schaltete sich dann die Bezirksleitung der IG Metall in den Arbeitskampf ein und handelte mit der Unternehmensleitung eine Lohnerhöhung von 8 Prozent (d. h. etwa 30 Pfennig) ab 1. 9. in Vorgriff auf die Tarifverhandlungen aus. Dieses Verhandlungsergebnis wurde allerdings lediglich von der Belegschaft des Werkes Homberg akzeptiert, wo die Arbeit wiederaufgenommen wurde. Die Neunkircher Belegschaft hingegen lehnte das Ergebnis ab und erreichte eine Wiederaufnahme der Verhandlungen. Das neue Verhandlungsergebnis vom 8. 9. entsprach den Forderungen der Streikenden: Zu den 30 Pfennig trat eine weitere übertarifliche Zulage von 20 Pfennig. Dieses Ergebnis wurde von der Belegschaft akzeptiert, woraufhin der Streik auch in Neunkirchen geschlossen beendet wurde.

Auch in Neunkirchen war ein Großteil der Streikenden ständig im Betrieb anwesend. Diese Tatsache bildete übrigens auch die Voraussetzung dafür, daß der Versuch der Werksleitung, mit Hilfe eines technischen Tricks einen Abbruch des Streiks zu erzwingen, scheiterte: Als die Direktion die Streikenden mit dem Argument, bei den Hochöfen bestünde Explosionsgefahr, unter Druck zu setzen versuchte, wurde die entsprechende Betriebsabteilung sofort besetzt. Die Hochöfen wurden leergefahren, die Mischer gefüllt. Die gefüllten Mischer gaben nun umgekehrt den Arbeitern ein wirksames Druckmittel in die Hand, das während des

Streiks auch ständig sorgfältig bewacht wurde. Hierdurch wurde jeder Versuch, die Mischer zu leeren, verhindert.

Eine sehr positive Rolle beim Streik in den Neunkircher Eisenwerken spielte die DKP-Betriebszeitung „Der Abstich". Insbesondere gaben die im „Abstich" aufgeführten Daten über die ökonomische Entwicklung des Konzerns, der Stahlindustrie und der Volkswirtschaft insgesamt den Streikenden wesentliche Argumente an die Hand, mit denen sie ihre Aktion begründen konnten.

Die Bremer Hütte mit etwa 6000 Beschäftigten ist das Kernstück des Klöckner-Konzerns. Weitere vom Streik betroffene Zweigwerke waren das Stahlwerk in Osnabrück, die Georgsmarienhütte und die Hagen-Hasper-Hütte. Gerade in den Bremer Hüttenwerken des Klöckner-Konzerns war es insbesondere in der Rezessionsperiode zu einer ausgeprägten Intensivierung der Arbeit und zu Lohnminderungen gekommen. Auch existierten negative Lohndifferenzen zu anderen Zweigbetrieben des Konzerns sowie zu den metallverarbeitenden Betrieben im Bremer Raum (Werften). Kompliziert wurde die Situation in Bremen durch starke Spannungen innerhalb des Betriebsrates einerseits und zwischen Teilen des Betriebsrates und der Bremer Gewerkschaftsführung andererseits. Der Betriebsratsvorsitzende Schütter war aufgrund des Stattfindens von betrieblichen Aktionen gegen die Verabschiedung der Notstandsgesetze im Mai 1968 entlassen worden und durfte den Betrieb nicht mehr betreten.

Der Streik in Bremen begann am 5. 9. vormittags im Kaltwalzwerk. Die Beschäftigten dieser Abteilung legten die Arbeit nieder und veranstalteten eine Demonstration durch das ganze Werk, der sich dann die anderen Abteilungen anschlossen. Der Betriebsrat — Vorsitzender war der Kommunist Heinz Röpke — stellte die Forderung nach einer übertariflichen betrieblichen Zulage von 70 Pfennig pro Stunde. Die Konzernleitung unterbreitete zunächst ein Angebot von 25 Pfennig, das sie später auf 30 und dann auf 40 Pfennig erhöhte. Hiervon sollten jedoch, wie sich später herausstellte, bei einer Tariferhöhung von über 8 Prozent 30 Pfennig angerechnet werden. Dieses Angebot wurde von Betriebsrat und Belegschaft abgelehnt. Im Verlauf des Nachmittags wurden von den Arbeitern alle Warmanlagen ordnungsgemäß abgefahren. Am Abend des gleichen Tages ließ jedoch die Betriebsleitung den Mischer im LD-Werk auffüllen. Dies geschah offensichtlich in der Absicht, die Belegschaft zu provozieren und den Streik zu untergraben, denn mit dem Inbetriebhalten des Mischers war die Inganghaltung anderer Anlagen verbunden. Die Arbeiter blockierten jedoch (auch am folgenden Wochenende, am 6./7. 9.) den Zugang zum Mischer. Die Direktion begann nun diese Blockade des Mischers als Beschädigung und Vernichtung von Produktionsmitteln in der Öffentlichkeit darzustellen, um die Belegschaft zu isolieren. Obwohl der Mischer intakt blieb, wurde behauptet, er sei bereits unbrauchbar geworden.

Am 11. 9. war der kritische Punkt des Streiks erreicht. Die öffentlichen Erklärungen sowohl der Betriebsleitung als auch der IG Metall, die Arbeiter gefährdeten ihre Arbeitsplätze (insbesondere durch die Blockade des Mischers), hinterließen auch in der Belegschaft ihre Eindrücke. Nach einigem Hin und Her wurde am 11. 9. spätabends der Mischer entleert, und am folgenden Tag erbrachte schließlich eine geheime Abstimmung unter der Belegschaft eine Mehrheit von 52 Prozent für die Wiederaufnahme. Die Arbeitsaufnahme erfolgte auf Grundlage eines Angebots der Direktion nach einer Lohnerhöhung von 20 Pfennig pro Stunde.

In den Streik bei Klöckner waren auch das Stahlwerk Osnabrück vom 5. bis 13. 9. mit etwa 3200 Streikenden und die Georgsmarienhütte (5. 9., 3000 Streikende, und 9. 9., 160 Streikende) sowie die Hagen-Hasper-Hütte mit einem Kurzstreik einbezogen.

Die Maxhütte in der Oberpfalz besteht aus sieben verschiedenen Werken. Von den rund 9000 Beschäftigten sind jeweils etwas über 3000 Beschäftigte in den beiden Hauptwerken Rosenberg und Haidhof beschäftigt. Die in der Maxhütte gezahlten Löhne gehören zu den höchsten in dieser nur wenig industrialisierten Region. Innerhalb der westdeutschen Stahlindustrie liegen sie jedoch weit unter dem Durchschnitt. Aufgrund dieser niedrigen Löhne erzielt der Flick-Konzern mit der Maxhütte außerordentlich hohe Profite. Zum Zeitpunkt der Streiks betrug der gültige Ecklohn lediglich 3,70 DM. Die effektiven Monatslöhne einschließlich aller Zulagen bewegten sich in der Größenordnung von 650 bis 730 DM netto.

Nachdem schon am Samstag, dem 6. 9., im Werk Haidhof eine Gruppe von Vertrauensleuten dem Betriebsrat die Forderung der Belegschaft nach einer Lohnerhöhung von 50 Pfennig überbracht hatte, legten schließlich am Montag, dem 8. 9., nach und nach die Arbeiter der verschiedenen Abteilungen des Werkes Haidhof die Arbeit nieder. Kurz darauf schloß sich auch das Werk Rosenberg dem Ausstand an. In diesem Werk entwickelte sich jetzt ebenfalls die Forderung nach 50 Pfennig mehr Lohn ab 1. 9. In Erwartung eines positiven Verhandlungsergebnisses war die Mehrheit der Belegschaft hier nach der Zusage von Verhandlungen allerdings bereit, den Streik abzubrechen. Im Werk Haidhof wurde der Streik jedoch fortgesetzt. Es streikte die gesamte Belegschaft, Arbeiter wie Angestellte. Es wurden keine Streikposten aufgestellt, und es gab auch keine Streikleitung. Die Leitung des Kampfes lag faktisch beim Betriebsrat.

Die Streikenden befanden sich ständig auf dem Werksgelände. Auch die Nachtschichten hielten sich pünktlich an die üblichen Arbeitszeiten. Die Anwesenheit der Belegschaft im Werk, die ständige Durchsage von Streiknachrichten aus dem Ruhrgebiet sowie die häufigen Betriebsversammlungen waren wesentliche Voraussetzungen dafür, daß ständig ein bestimmter Informations- und Mobilisierungsgrad aufrechterhalten werden konnte.

Die Unternehmensleitung wurde schließlich gezwungen, von ihrer Taktik, die Verhandlungen zu verzögern, abzugehen und den Forderungen der Arbeiter nachzugeben. Die Arbeiter aller Betriebe der Maxhütte erhielten ab 1. 9. eine Lohnerhöhung von 50 Pfennig pro Stunde.

Am 6. 9. hatte der Streik der Stahlarbeiter auch auf den Steinkohlenbergbau übergegriffen. An diesem Tag legten die Bergarbeiter des Saarreviers die Arbeit nieder.

Der Steinkohlenbergbau im Saarland wird durch die Saarbergwerke AG betrieben, deren Kapital zu 26 Prozent dem Saarland und zu 74 Prozent dem Bund gehören. Im Sommer 1969 waren insgesamt sechs Gruben in Betrieb mit 28 000 Beschäftigten, davon rund 16 000 Untertagearbeiter, 8000 Übertagearbeiter und 4000 Angestellte.

Die saarländischen Gruben: Reden, Camphausen, Luisenthal, Göttelborn, Warndt und Ensdorf sind jeweils mehrere Kilometer voneinander entfernt und befinden sich größtenteils außerhalb größerer Ortschaften. Die Wohnorte der Bergarbeiter an der Saar sind noch weiter gestreut. Dieser Tatbestand kompliziert das

Kommunikationssystem unter den saarländischen Bergarbeitern beträchtlich. Als gleichsam natürliches Zentrum des Streiks entwickelte sich im Laufe der Zeit die Landeshauptstadt Saarbrücken, die zu den Wohn- und Arbeitsorten der Bergleute relativ zentral liegt und außerdem Sitz der Landesregierung und der Konzernverwaltung ist.

Die durchschnittlichen Hauer-Löhne lagen je nach Familienstand bei 620 bis 740 DM netto. An der Saar sind die Tariflöhne der Bergleute zugleich Höchstlöhne, während sie an der Ruhr Mindestlöhne sind, zu denen in den meisten Fällen noch Zulagen traten. Der Tariflohn der Hauer pro Schicht lag an der Saar um rund 6 DM niedriger als im Ruhrgebiet.

Am Samstag, dem 6. 9. — zu einem Zeitpunkt also, an dem in den Neunkircher Eisenwerken noch gestreikt wurde —, beschloß der Großteil der Bergleute der Mittagsschicht der Grube Luisenthal nicht mehr einzufahren. Auch am Sonntag fuhr hier nur ein Teil der Belegschaft ein. Und trotz einer Flugblattaktion der Bezirksleitung der IG Bergbau, bei der aufgefordert wurde, den Streik zu beenden, weitete sich dieser am Montag, dem 8. 9., auch auf die anderen fünf Gruben aus. Am Nachmittag wurde bereits die erste Bergarbeiterdemonstration nach Saarbrücken durchgeführt. Diese Demonstration wurde am Tag darauf von 10 000 Bergleuten wiederholt. Zu diesem Zeitpunkt kristallisierte sich als Hauptforderung die Gleichstellung der Saarbergarbeiter mit den Ruhrbergleuten und den Stahlarbeitern heraus.

Der Streik der Saarbergleute wurde sehr stark dadurch erschwert, daß die IG Bergbau, anstatt sich für die Erfüllung der Forderungen der streikenden Bergarbeiter einzusetzen, den Streik als Ergebnis „kommunistischer Drahtziehereri" darstellte und die Bergleute zur Wiederaufnahme der Arbeit aufrief. Aufgrund dieser Entwicklung kam es zu einem Abbröckeln des Streiks. Die materiellen Ergebnisse blieben dennoch beachtlich. Ab 1. 9. 1969 wurde eine Sonderzulage von 3,04 DM vereinbart. Und zur Anpassung der Löhne des Saarbergbaus an die des Ruhrbergbaus wurde eine weitere Sonderzulage festgelegt. Hinzutraten weitere Zulagen für bestimmte Beschäftigungsgruppen zwischen 1 DM und 2 DM pro Schicht.

Am 9. 9. wurden auch die Ruhrbergarbeiter in den Streik einbezogen. Auf fünf Dortmunder Zechen der Ruhrkohle-AG („Fürst Hardenberg", „Minister Stein", „Germania", „Zollern I" und „Hansa") mit ca. 9000 Beschäftigten wurde die Arbeit niedergelegt. Zu diesem Zeitpunkt liefen bereits die Tarifverhandlungen zwischen der Unternehmensleitung und der IG Bergbau. Mit ihrer Aktion wollten die Bergleute nicht zuletzt den Gang dieser Verhandlungen beeinflussen.

Am 10. 9. wurde das Ergebnis der neuen Tarifverhandlungen bekanntgegeben. Die Mehrzahl der Bergleute war jedoch mit dem erzielten Ergebnis — im wesentlichen 3,50 DM mehr pro Schicht — unzufrieden. Der Streik weitete sich daher zunächst noch aus. Es kam zu Demonstrationen, u. a. auch zum DGB-Haus, wo die Streikenden ihrer Unzufriedenheit mit ihrer Gewerkschaftsführung Ausdruck gaben. Zur Durchsetzung eines besseren Ergebnisses reichte jedoch die Kraft nicht aus. Am 12. 9. wurde die Arbeit wiederaufgenommen.

Noch stärker als an der Saar tat sich die Führung der IG BE bei dem Streik der Ruhrbergleute durch die Verbreitung antikommunistischer Hysterie hervor. Es wurde nicht nur von kommunistischer „Wühlarbeit" und „Drahtzieherei" gesprochen, sondern sogar die Behauptung verbreitet, die DKP habe anonyme telefonische Bombendrohungen („Gleich fliegt die Kokerei in die Luft") verbreitet, obwohl der anonyme Anrufer — ein Betrunkener, der mit der DKP absolut nichts zu tun hatte — der Gewerkschaftsführung namentlich bekannt war.

Auch die metallverarbeitende Industrie der BRD war — wenn auch in geringerem Ausmaß als die Stahlindustrie und der Steinkohlenbergbau — in die Bewegung der Septemberstreiks einbezogen. Es streikten u. a. in Nordrhein-Westfalen am 9. 9. ca. 1500 Beschäftigte der Krupp-Industriebau und Maschinenfabriken in Essen, vom 5. bis 8. 9. etwa 800 Arbeiter der Krupp-Widia-Fabrik ebenfalls in Essen, 2400 Arbeiter bei den Hella-Werken in Lippstadt vom 16. bis 18. 9., 1000 Beschäftigte des AEG-Reparaturwerks in Mühlheim am 5. 9. für zwei Stunden und etwa 700 Beschäftigte der zum Thyssen-Konzern gehörenden Drahtwerke Westfälische Union in Hamm vom 8. bis 9. 9. Auch in Baden-Württemberg wurde in einigen metallverarbeitenden Betrieben die Arbeit niedergelegt, so in den Heidelberger Druckmaschinenwerken (1000 Streikende am 5. 9.), bei den Nähmaschinenwerken

Pfaff in Karlsruhe (2000 Streikende am 8. 9.) und bei den Hercules-Werken in Nürnberg (1000 Streikende am 15. 9.).
Der wichtigste Streik in der metallverarbeitenden Industrie fand jedoch in Schleswig-Holstein statt. Dieser Streik bei den Howaldt-Werken-Deutsche Werft AG in Kiel, an dem etwa 7000 Arbeiter und Angestellte teilnahmen und der vom 9. bis 10. 9. dauerte, war zugleich der längste Streik des September 1969.
1968 hatte die bundeseigene Howaldt-Werft in Kiel und Hamburg mit der Deutschen Werft in Hamburg (Gutehoffnungshütte) zur Howaldt-Werke-Deutsche Werft AG fusioniert. Innerhalb dieses Konzerns bestand ein beträchtliches Lohngefälle zuungunsten Kiels. 1968 machte es etwa 38 Pfennig pro Stunde beim Effektivlohn aus. Bezeichnend für die Lohnpolitik der Unternehmensleitung war, daß Kieler Monteure, die zeitweise in Hamburg arbeiteten, ebenso den niedrigeren Kieler Lohn erhielten wie Hamburger Monteure, die in Kiel arbeiteten. Der Kieler Betrieb besteht aus den beiden Werken Gaarden und Dietrichsdorf.
Der Streik begann am 9. 9. im Werk Gaarden. Nach der Mittagspause versammelten sich hier die Arbeiter vor dem Verwaltungsgebäude und begannen über die Notwendigkeit einer Lohnangleichung an Hamburg zu diskutieren. Im Laufe des Tages entwickelte sich hieraus ein Streik, an dem sich schließlich fast drei Viertel der Gaardener Belegschaft beteiligten. Am folgenden Tag wurde auch in Dietrichsdorf die Arbeit niedergelegt. In zwei großen Demonstrationen durch Kiel bekundeten die Werftarbeiter ihre Entschlossenheit, ihre Forderungen durchzusetzen. Die Hauptforderung war die Angleichung der Kieler Löhne an die Hamburger Löhne ohne Anrechnung auf zukünftige Tarifabschlüsse, ferner die Bezahlung der Streikzeit. Am 19. 9. wurde der Streik beendet, nachdem die Unternehmensleitung neben der Bezahlung von vier Streiktagen folgende Lohnerhöhungen zugesichert hatte: 8 Pfennig akkordfähige Zulage auf den Ecklohn rückwirkend ab 1. 9. 1969, weitere 4 Pfennig ab 1. 1. 1970.
Der Betriebsrat nahm gegenüber dem Streik eine ausgesprochen negative Haltung ein. Unangefochtener Sprecher der streikenden Werftarbeiter wurde der Kommunist Helmut Schlüter, der der Belegschaft bereits seit längerer Zeit durch sein aktives und engagiertes Auftreten während der Betriebsversammlungen bekannt war. Als das Springer-Blatt „Die Welt" „nach den Hintermännern

des wilden Streiks" suchte, identifizierte sie Schlüter als einen Mann „aus der Zone".[39] Diese und andere Versuche, mit Hilfe antikommunistischer Märchen die Streikfront aufzuspalten, scheiterten jedoch.

Die DKP-Betriebszeitung „Werft Echo", von der jeden Tag mindestens eine neue Nummer erschien, trug wesentlich zur Geschlossenheit und zur kämpferischen Orientierung der Belegschaft bei. Sie entwickelte sich im Verlauf des Streikkampfes zu einem wirklichen Organ der gesamten Belegschaft.

Kiel bildete den einzigen Fall in den Septemberstreiks, wo es zu einer aktiven Zusammenarbeit zwischen streikenden Arbeitern und Studenten kam. Der AStA der Kieler Universität unterstützte die Werftarbeiter dadurch, daß er ihnen ihr Büro zur Verfügung stellte. Als das Rektorat später dem AStA mit juristischen Konsequenzen drohte, weil er finanzielle Mittel der Universität für die Unterstützung des Streiks eingesetzt habe, schrieben die Streiksprecher einen Brief an den Rektor, in dem es u. a. hieß: „Das Rektorat sollte wissen, daß wir unsere Freunde von der Universität nicht im Stich lassen, wenn sie in Bedrängnis geraten. Sollten sich aus dieser Solidarität des AStA Schwierigkeiten ergeben, so können unsere Freunde in der Universität mit unserer vollen Unterstützung rechnen."[40] Von juristischen Schritten gegen den AStA war daraufhin nichts mehr zu hören.

Der Streik hatte noch ein Nachspiel: Da die Unternehmensleitung unter Bruch ihrer Zusagen zwei Arbeiter wegen ihrer Teilnahme am Streik entließ, legte die Belegschaft am 29. 9. und am 30. 9. nochmals für kurze Zeit die Arbeit nieder. Diese solidarische Aktion erzwang dann auch die Zurücknahme der Entlassungen.

Neben den Bereichen Stahl, Kohle und Metallverarbeitung erfaßte die Streikbewegung noch den öffentlichen Dienst. Hier legten die Beschäftigten verschiedener städtischer Betriebe mit dem Schwerpunkt Stadtreinigung und Müllabfuhr die Arbeit nieder, insbesondere um die Tarifverhandlungen der ÖTV zu unterstützen. Gestreikt wurde u. a. in Dortmund, Duisburg, Herne, Kaiserslautern, Köln, Mannheim, Mühlheim/Ruhr, Nürnberg, Offenbach, Wanne-Eickel, Witten und Kiel.

39 Die Welt, 12. 9. 1969.
40 Zit. n.: Die Septemberstreiks, a. a. O., S. 197.

Insgesamt betrugen während der Septemberstreiks 1969 die Mindestzahlen der
— bestreikten Betriebe 69
— Streikenden 140 000
— Streiktage 532 000.[41]

Ihren Höhepunkt hatte die Bewegung am 9. 9., als sich in 29 Betrieben über 65 000 Arbeiter im Ausstand befanden.

In der Mehrzahl der Fälle konnten die Streikenden bedeutende Lohnerhöhungen durchsetzen. Zugleich leiteten sie eine umfassende Tarifbewegung ein. Faßt man die Ergebnisse der Streiks und die durch sie erzwungenen vorgezogenen Tarifverhandlungen in der Stahlindustrie zusammen, so ergibt sich neben einer Lohnerhöhung von 11 Prozent eine betriebliche außertarifliche Zulage von 20 bis 30 Pfennig. Derartige materielle Ergebnisse waren bis dahin in der BRD durch Tarifverhandlungen noch niemals erreicht worden. Hinzu kommt, daß im Gefolge der Septemberstreiks auch in Bereichen wie der chemischen Industrie, dem öffentlichen Dienst, dem Transport- und Verkehrswesen die Revision laufender Tarifverträge durchgesetzt wurde, was für Millionen von nicht am Streik beteiligten Arbeitern und Angestellten ebenfalls wesentlich höhere Einkommen bedeutete.

5.3 Aktionsformen und Kampftaktik der Streikenden

Die Septemberstreiks 1969 wurden nicht von der Gewerkschaft getragen, für die Bourgeoisie waren es „illegale" und „wilde" Streiks. Ihr herausragendes Merkmal bildete die Anwesenheit der Streikenden in den Betrieben. Fast alle einzelnen Streiks nahmen

---

41 Eine Untersuchung des Soziologischen Forschungsinstituts (SOFI), Göttingen: Am Beispiel der Septemberstreiks — Anfang der Rekonstruktionsperiode der Arbeiterklasse, Frankfurt 1971 (i. folg. zit. als: SOFI) beziffert in Anlehnung an Materialien der Bundesanstalt für Arbeit die Zahl der vollständig ausgefallenen Arbeitstage mit 230 000 (vgl. S. 7); diese Zahl ist nicht nachprüfbar, da eine Aufgliederung nach Betrieben fehlt. Die IMSF-Studie (532 000 Streiktage) legt demgegenüber die Mindestzahl der Tage zugrunde, an denen gestreikt wurde, wobei auch Kurzstreiks als volle Streiktage zählen (vgl. Die Septemberstreiks 1969, a. a. O., S. 38 ff.). Diese Angaben entsprechen auch genau den Angaben der IG Metall (vgl. Geschäftsbericht 1968 bis 1970 des Vorstandes der IG Metall für die BRD, Frankfurt 1971, S. 171 ff.).

die Form der faktischen Betriebsbesetzung an. Die Tendenz, nach Haus zu gehen bzw. gar nicht erst im Betrieb zu erscheinen, war wenig ausgeprägt. Die Streikenden trugen in der Regel Arbeitszeug und stempelten wie gewöhnlich ihre Karten.

Breite und Geschlossenheit der Kampffront machten Streikposten weitgehend überflüssig. Es gab kaum Streikbrecher, und auch die Staatsmacht ließ es nicht auf Konfrontationen ankommen. Die Betriebe brauchten so allenfalls gegen Außenstehende und Provokateure abgeschirmt zu werden.

Allein durch ihre äußere Form unterschieden sich also die Septemberstreiks wesentlich von früheren Arbeitskämpfen in der BRD. Die Kampfform der faktischen Betriebsbesetzung ergab sich vor allem daraus, daß es sich nicht um von den Gewerkschaften offiziell organisierte, sondern um direkt von den Belegschaften ausgehende Streiks handelte. Dafür, daß weder Streikgelder gezahlt wurden noch sonst der organisatorische Apparat der Gewerkschaften dem Kampf eine Stütze bot, konnte nur der ständige und geschlossene Einsatz der Arbeiter selbst einen Ausgleich bieten.

Dies ist offensichtlich von Anfang an in den meisten bestreikten Betrieben erkannt worden. Die ständige Manifestation der Solidarität bewirkte zunächst eine wirksame psychologische Abschirmung der Arbeiter gegen eine feindliche Umwelt. Die Kommunikation mit ihren Arbeitskollegen immunisierte sie weitgehend gegen den Einfluß der bürgerlichen Massenmedien, die große Anstrengungen unternahmen, um einen Abbruch des Streiks zu erreichen. Angesichts der Breite der Bewegung und angesichts der Nähe der Bundestagswahlen mußten die Massenmedien wie auch die politischen Parteien freilich taktisch manövrieren. Die verschiedenen nebeneinander herlaufenden Taktiken (Verbreitung von Hetzgeschichten, verbale Anerkennung einzelner Forderungen, „prinzipielle" Anerkennung der Forderungen, aber generelle Ablehnung „wilder" Streiks als Kampfmittel der Arbeiterklasse) ergänzten einander und bezweckten zumeist das gleiche: Abbruch des Kampfes. Was von der „prinzipiellen" Anerkennung der Forderungen zu halten ist, ergibt sich daraus, daß diese eben bei einem Abbruch des Kampfes nicht mehr zu realisieren gewesen wären. Angesichts der bevorstehenden Wahl erklärten selbstverständlich auch Bundestagskandidaten der CDU/CSU (z. B. in Kiel und in der Oberpfalz) die Forderungen der Arbeiter für berechtigt.

Die Anwesenheit der streikenden Arbeiter in ihren Betrieben bedeutete, daß das normale betriebliche Kommunikationssystem intakt blieb. Deshalb reichten auch informelle Streikleitungen mit teilweise starker Fluktuation aus, um die Geschlossenheit der Forderungen und der Aktionen sicherzustellen.

Bei einem Streik „vor den Toren" wäre vor allem unter der Bedingung einer längeren Streikdauer eine klar formalisierte Streikleitung unentbehrlich gewesen. Jedoch bedingte eine derart informelle Streikstruktur auch wesentliche organisatorische Schwächen, die sich etwa darin äußerten, daß es den Streikenden — trotz breiter Zustimmung der arbeitenden Bevölkerung — kaum gelang, praktische Solidaritätsaktionen von außerhalb der eigenen Betriebe in die Wege zu leiten.

Bei der Mehrzahl der Streiks wurden von den Streikenden Demonstrationen innerhalb und auch außerhalb der Betriebe durchgeführt. Sie sollten zum einen der Bevölkerung und dem Klassengegner die Kampfbereitschaft und Geschlossenheit der Arbeiter vor Augen halten, zum zweiten auch den Streikenden selbst die eigene Stärke bewußt machen.

In zwei Stahlwerken (Neunkircher Eisenwerke und Klöckner-Hütte Bremen) versuchten die Kapitalisten bestimmte Produktionsmittel (Mischer) als Kampfmittel gegen die Streikenden einzusetzen. In beiden Fällen vereitelten die Arbeiter den Versuch, mit technischen Tricks eine Inganghaltung des Produktionsprozesses zu erzwingen. Sie besetzten die auf Anordnung der Unternehmensleitungen gefüllten Mischer und wandelten diese so in eigene Druckmittel um. Die Unternehmer wiederum ließen durch gezielte Falschmeldungen in der Presse die Besetzung der vollen Mischer als Beschädigung von Produktionsmitteln darstellen, um so die Bevölkerung gegen die Streikenden aufzuhetzen.

Die Einbeziehung gleichgelagerter Betriebe auch innerhalb eines Konzerns scheiterte oft an mangelnder Verbindung sowie an unterschiedlichen gewerkschaftspolitischen, betrieblichen und personellen Voraussetzungen. Offenkundig existiert jedoch eine Solidarität der Belegschaft auf Konzernebene. Bei den streikenden

Stahlarbeitern in Norddeutschland erwies sich, daß die direkte Kontaktaufnahme während des Streiks immerhin einen gewissen Ersatz der fehlenden Kommunikation auf Konzernebene vor dem Streik darstellte.

Im übrigen zeigten die Septemberstreiks, daß funktionsfähige informelle Informationskanäle zwischen den verschiedenen Betrieben vor allem des gleichen Konzernbereichs nicht kurzfristig zu improvisieren waren — schon gar nicht während eines Streiks, wenn ohnehin alle aktiven Kräfte voll angespannt sind. Die offiziellen Verbindungen über Konzern-Betriebsräte usw. erwiesen sich im Konfliktfall meist als blockiert.

5.4 Die aktiven Kräfte

In der Stahlindustrie und im Bergbau sind die Arbeiter zu 80 bis 95 Prozent in der IG Metall bzw. IG Bergbau und Energie organisiert. Auch die Angestellten weisen hohe gewerkschaftliche Organisationsquoten auf.

In den bestreikten Betrieben wurden die Streiks in der Regel von der Arbeiterschaft geschlossen getragen. In Einzelfällen waren auch die Angestellten an den Streiks beteiligt. Dies geschah in größerem Umfang dort, wo sie von vornherein in die Streikforderungen einbezogen waren (z. B. bei den Stahlwerken in Bremen). Bei einigen Streiks, die — im Gefolge der Ausstände in der Stahlindustrie und im Bergbau — in der metallverarbeitenden Industrie stattfanden, waren Angestelltengruppen als treibende Kräfte hervorgetreten. Der Tendenz nach war hier ein stärkeres Engagement der technischen Angestellten festzustellen.

Insgesamt waren die Septemberstreiks jedoch vorwiegend Arbeiterstreiks. Erneut wies die Wirklichkeit die Industriearbeiterschaft als den kämpferischen Kern der Arbeiterklasse aus. Jedoch zeigte sich, daß die Annäherung der objektiven Lage von Arbeitern und Angestellten, bei einer entsprechenden Orientierung der bewußtesten Kräfte, eine breitere Einbeziehung der Angestellten in soziale und ökonomische Kämpfe ermöglichte. In einigen Betrieben zeichneten sich Arbeiterinnen und ausländische Arbeiter durch besondere Aktivität aus. Innerhalb der Arbeiterschaft waren hochqualifizierte Facharbeitergruppen die tragenden und aktivsten Kräfte.

Bei mehreren Streiks übernahmen Beschäftigte des innerbetrieblichen Reparatur- und Transportwesens (z. B. Kranfahrer) eine auslösende Rolle. Für die „Initiativfunktion" von Reparaturarbeitern kann deren lohnmäßige Benachteiligung gegenüber den Produktionsarbeitern von Bedeutung sein. Zwar sind Reparaturarbeiter in der Regel eher überdurchschnittlich qualifiziert und bezahlt. Gerade in Perioden der Hochkonjunktur fallen jedoch ihre Zeitlöhne hinter die Akkordlöhne der Produktionsarbeiter zurück. Im übrigen hängt jedoch die besondere Aktivität von Beschäftigten des innerbetrieblichen Reparatur- und Transportwesens bei Streiks auch damit zusammen, daß beide Gruppen

— erstens einen relativ guten Überblick über die betriebliche Situation haben (Kontakte zu Kollegen in mehreren Abteilungen, Kenntnis der dortigen Verhältnisse), da sie weniger als die meisten Produktionsarbeiter an ihren Arbeitsplatz gebunden sind;

— zweitens an den Schlüssel- und Knotenpunkten des Produktionsprozesses sitzen;

— und somit drittens sowohl für die Übermittlung von Nachrichten usw. innerhalb des Betriebes geeignet als auch zur Stillegung solcher Betriebsteile (z. B. Transportsysteme) fähig sind, von deren Funktionieren der gesamte Betrieb abhängig ist.

Generationsunterschiede hatten keine wesentliche Bedeutung. Die durch die Studenten- und Lehrlingsbewegung graduell stärker politisierte junge Generation trat noch nicht besonders hervor.

Die entscheidende Rolle spielte die mittlere Generation, die auch im Arbeitsprozeß und in den Vertretungsorganen der Belegschaften die Schlüsselpositionen einnimmt.

Sucht man die aktivsten und organisierenden Gruppen, die Streikkader, so ergibt sich, daß sich diese vorwiegend aus den aktiven Gewerkschaftsmitgliedern im Betrieb, d. h. aus progressiven Vertrauensleuten, Betriebsräten usw. rekrutierten. Die ideologische Einstellung dieser Gruppen ist durch den Gegensatz von Unternehmerinteressen — Belegschaftsinteressen bestimmt und auf die Wahrnehmung des Klassengegensatzes auf betrieblicher, sozialökonomischer Ebene orientiert. Dieser Gegensatz und die Haltung zu ihm waren auch die Scheidelinie innerhalb der Betriebsräte. Unmittelbar politische Differenzierungen spielten demgegenüber eine untergeordnete Rolle.

Für einige der jungen Betriebsgruppen der Deutschen Kommunistischen Partei waren die Septemberstreiks eine echte Bewährungsprobe. Diese erste große Streikbewegung seit Konstituierung der DKP bewies, daß die Existenz einer legalen Kommunistischen Partei auch für die Arbeiterklasse der BRD von wesentlicher Bedeutung ist. Als einzige Partei unterstützte die DKP uneingeschränkt die Forderungen der Streikenden. Und die kommunistischen Betriebsgruppen trugen in mehreren Fällen durch konkrete Unterstützungsmaßnahmen zum Erfolg der Streikkämpfe bei. Trotz der damaligen zahlenmäßigen Schwäche ihrer Betriebsgruppen erwies sich die DKP in den Betrieben als reale Kraft. Aufgrund der richtigen politischen Orientierung und ihrer Einsatzbereitschaft profilierten sich die Kommunisten als entschiedene Vertreter von Arbeiterinteressen.

In der Mehrzahl der Einzelstreiks wurde der Kampf von einer Aktionseinheit sozialdemokratischer, kommunistischer und parteiloser Arbeiter getragen. Die Basis dieser Aktionseinheit bildete die Verfolgung der konkreten situationsbedingten Belegschaftsinteressen, wobei alle politischen Probleme, zu denen divergierende Auffassungen bestanden (Bundestagswahl, prinzipielle Einschätzung des westdeutschen Gesellschaftssystems usw.), aus der Diskussion ausgeklammert blieben. Zu betonen ist, daß Parteizugehörigkeit und politische Grundhaltung weder für die Masse der Arbeiter noch für deren aktivste Kräfte im Vordergrund standen. Sie beurteilten ihre Sprecher vor allem nach ihrem Auftreten in den konkreten betrieblichen Auseinandersetzungen mit den Unternehmensleitungen.

Dies war zugleich die Voraussetzung dafür, daß die Versuche der herrschenden Klasse, während des Streiks kommunistische Streiksprecher durch antikommunistische Hetze von den Arbeitern zu isolieren, scheiterten. Die Kommunisten wurden von ihren Kollegen akzeptiert und konnten in mehreren Fällen eine führende Rolle spielen, weil sie als konsequenteste Vertreter der Arbeiterinteressen bekannt waren und daher auch als geeignet angesehen wurden, mit ihrer Erfahrung und ihrem Engagement als Sprecher der Arbeiter aufzutreten.

Eines der wichtigsten Kampfmittel der Streikenden waren die — nahezu ausschließlich von der DKP herausgegebenen — Betriebszeitungen. In der Mehrzahl der bestreikten Betriebe bildeten sie das einzige von einem Klassenstandpunkt ausgehende Publikationsorgan. Besonders in Dortmund, im Saargebiet und in Kiel trugen die kommunistischen Betriebszeitungen zur Aufrechterhaltung der Streikfront bei und spielten auch bei der Auslösung des Streiks eine informierende und mobilisierende Rolle, da sie die kampfbereiten Arbeiter im entscheidenden Augenblick mit den sozialökonomischen Tatsachen bekannt machten und ihnen damit Argumentationshilfen zur Verfügung stellten.

5.5 Betriebliche Vertretungen und Gewerkschaften

Als wichtigste Organe der Belegschaften in den Betrieben erwiesen sich auch im September 1969 die Betriebsräte und die gewerkschaftlichen Vertrauensleutekörper. Von Bedeutung war dabei das reaktionäre Betriebsverfassungsgesetz von 1952, das Betriebsräten verbietet, während der Laufzeit von Tarifverträgen Arbeitskämpfe zu führen und sie zur „vertrauensvollen Zusammenarbeit" im kapitalistischen Betriebsinteresse mit den Unternehmern verpflichtet. In der Montanindustrie gilt darüber hinaus das Montanmitbestimmungsgesetz, das eine Parität für Gewerkschafts- und Belegschaftsvertreter in den Aufsichtsräten sowie die Berufung eines Arbeitsdirektors vorsieht, der nicht gegen die Stimmen der Gewerkschafts- und Belegschaftsvertreter bestellt werden kann. Dieses Gesetz wurde unter dem Druck der organisierten Arbeiterschaft verabschiedet. In der Folgezeit hat das Großkapital seine Regelungen dahingehend auszunutzen versucht, Klassenkonflikte im Betrieb zu verhindern und zu kanalisieren. Rechte Kreise der Gewerkschaften haben diese Form der Mitbestimmung, mit der in der Tat kein Einbruch in die Macht- und Profitsphäre des Großkapitals erfolgt ist, als Vorbild einer Partnerschaft von Unternehmern und Arbeitern gepriesen.

Während der Septemberstreiks 1969 zeigte sich, daß die Arbeitsdirektoren nicht auf seiten der streikenden Belegschaften standen. Auch die Aufsichtsratsvertreter traten nicht nennenswert im Interesse der Belegschaften hervor.

Sie waren aber auch nicht in der Lage, die Streiks zu verhindern, was ihnen seitens der Unternehmer zum Vorwurf gemacht wurde. Damit war das praktische Scheitern einer sozialpartnerschaftlichen Konzeption der Mitbestimmung offenkundig, nicht jedoch der Mitbestimmung, wie sie von den progressiven Kräften in den Gewerkschaften verstanden und angestrebt wird. Es wurde die Notwendigkeit deutlich, die Mitbestimmungsinstitutionen von den sozialpartnerschaftlichen Klauseln und Fesseln zu lösen und die Belegschafts- und Gewerkschaftsvertreter den Belegschaften gegenüber eindeutig rechenschaftspflichtig zu machen.[42]

Die Betriebsräte sind im Bewußtsein der Belegschaften die wichtigsten Organe zur Vertretung ihrer betrieblichen Interessen. Das ihnen durch das Betriebsverfassungsgesetz auferlegte Verbot einer Beteiligung an betrieblichen Streiks brachte sie gerade im September 1969 oft in eine grundsätzliche Konfliktsituation. Jedoch zeigten die Septemberstreiks auch, daß die Betriebsräte in der Praxis Methoden entwickelt haben, die juristischen Fesseln zu umgehen. In der Mehrzahl der Fälle wurden sie als geschlossenes Gremium oder ihre Mehrheitsgruppe zu faktischen Führungsorganen der Streiks. Infolge des besonderen Charakters dieser Streiks kam es nur in wenigen Fällen zur Bildung offizieller Streikleitungen. Vielmehr traten neben den Betriebsräten, wenn diese nicht die faktische Führung des Streiks übernahmen, informelle Leitungsgruppen hervor.

Häufig waren die Betriebsräte als Gremien in sich gespalten. War der Druck von progressiven Gruppen innerhalb der Betriebsräte bzw. von informellen oder formellen Streikleitungen stark genug, dann nahmen sie als geschlossenes Gremium die Forderungen der Belegschaft gegenüber dem Unternehmen wahr. Die Streiks konnten so meist erfolgreich zum Abschluß gebracht werden.

Die gewerkschaftlichen Vertrauensleute und die Vertrauensleutekörper sind gewerkschaftliche Funktionäre und Organe. In den Septemberstreiks waren sie infolge der meist wenig begünstigenden Haltung der überbetrieblichen Gewerkschaftsleitungen als kollektive Gremien weitgehend ausgeschaltet. Gewerkschaftsleitungen argumentierten häufig, die Vertrauensleute seien an die „Tarifvertragstreue" und die „Friedenspflicht" gebunden. Als Personen orientierten sich die Vertrauensleute jedoch in erster Linie an den Interessen ihrer Kollegen und nahmen eine aktive Haltung ein.

42 Hierzu siehe: Mitbestimmung als Kampfaufgabe, hrsg. v. IMSF, Köln 1972.

Die Haltung der örtlichen und zentralen Gewerkschaftsleitungen war nicht einheitlich. In der Vorphase bekräftigten die lokalen Leitungen meist die Forderungen der betrieblichen Vertretungen. Von der Wucht der Streikwelle wurden sie jedoch überrascht.

Die Streiks bestärkten innerhalb der IG Metall jene Kräfte in ihrer Haltung, die schon vorher auf eine Revision der laufenden Tarifverträge gedrängt und den 8-Prozent-Abschluß für die metallverarbeitende Industrie scharf kritisiert hatten.

Von den hauptsächlich betroffenen Gewerkschaftszentralen nahm die IG Bergbau unter ihrem damaligen Vorsitzenden Arendt, der dann nach den Wahlen Bundesminister in der SPD/FDP-Regierung wurde, eine ausgesprochen streikfeindliche Haltung ein. Im Saarland und vor allem im Ruhrgebiet versuchte die IGBE mit massiven antikommunistischen Verleumdungen die streikenden Arbeiter einzuschüchtern. Sie stellte sich praktisch auf den Standpunkt der Unternehmer, was bei anderen DGB-Gewerkschaften z. T. heftige Kritik hervorrief.

Die Führung der IG Metall reagierte differenzierter. Sie erkannte die Streikforderungen als berechtigt an, war jedoch bemüht, die Bewegung schnell unter Kontrolle zu bringen. Im Stahlbereich wurden die Streiks mit dem Abschluß der Tarifverhandlungen beendet. In der Metallindustrie kam es noch in der Folgezeit zu einer Vielzahl von Aktionen. In einzelnen Fällen haben Führer der IG Metall nicht darauf verzichtet, mit antikommunistischen Argumenten aufzutreten. Wie für die politischen Parteien, so war auch für die Gewerkschaftsführungen die Verleumdung der Kommunisten eine weitgehend untaugliche Waffe. Sie hat die Solidarisierung einzelner Belegschaften, deren Sprecher als Kommunisten bekannt waren, mit diesen nicht verhindert, sondern eher noch verstärkt. Darüber hinaus war es offenkundig, daß die DKP in der Praxis bemüht war, emotional aufbrechende antigewerkschaftliche Stimmungen, die dann massiv auftraten, wenn sich Gewerkschaftsfunktionäre gegen die Streiks aussprachen, gegen den wirklichen Gegner, die Konzernherren, zu lenken. Die Kommunisten betonten: „Die Gewerkschaften sind wir. Wir brauchen starke Gewerkschaften. Es liegt an uns, daß sie unsere Gewerkschaften sind!"

5.6 Einige gewerkschaftspolitische und politische Aspekte der Septemberstreiks

Noch während der Septemberstreiks wurden die Gewerkschaftsführungen in der großbürgerlichen Presse heftig getadelt, daß sie nicht imstande gewesen seien, den Ausbruch der Streikkämpfe vorauszusehen und zu verhindern. Nicht nur zwischen den Zeilen war die Furcht zu lesen vor einer Niederlage der sozialpartnerschaftlichen Strömung in der Arbeiterbewegung. Diese Furcht wurde jedoch — wenigstens teilweise — kompensiert durch die Hoffnung, daß die Septemberstreiks vielleicht ja auch zur Schwächung der Gewerkschaftsbewegung überhaupt führen würden.

Der vereinzelt in einigen bestreikten Betrieben ertönende Ruf „Schmeißt das Buch hin" fand jedoch nirgendwo nennenswerte Resonanz. Es gab kaum Gewerkschaftsaustritte. Und nachträgliche Befragungen bestätigten, daß auch dort, wo die Gewerkschaften keine sehr rühmliche Rolle spielten, die Belegschaften dies zwar erkannten, hieraus jedoch keineswegs den Schluß zogen, daß die Gewerkschaften etwa „überflüssig" seien. Diese Reaktion war bereits dadurch gewährleistet, daß die Streikkämpfe in erster Linie von aktiven Gewerkschaftern organisiert und geführt worden waren.

Diejenigen, die sich als Resultat der Septemberstreiks eine Schwächung der Gewerkschaften erhofften, hatten die Arbeiterklasse unterschätzt. Die Arbeiter kennen die Bedeutung ihrer Gewerkschaften, Vertrauenskörper und Betriebsräte für die Verteidigung und Durchsetzung ihrer Interessen zu gut, um sie etwa zugunsten einer „Selbstorganisation der Belegschaften im engeren Sinne" oder einer „Selbsttätigkeit des einzelnen" — was immer das sein mag — aufzugeben. Im September 1969 haben sich in der Tat „keine Ansätze für eine grundlegende Abkehr von den traditionellen Arbeiterorganisationen" gezeigt, die „starke Bindung der Arbeiter an die herkömmlichen Formen der Interessenvertretung" lockerte sich nicht.[43] Was sich im Verlauf des Herbstes 1969 zu lockern begann, war jedoch die Bindung an jene Gewerkschaftsführungen, die die Aufgabe ihrer Organisationen lediglich mehr darin sehen, das kapitalistische Ausbeutungssystem möglichst reibungslos intakt zu halten. Und diese unübersehbare Schlappe der sozialpart-

---

43 Vgl. SOFI, S. 11, 143, 163.

nerschaftlichen und integrationistischen Richtung innerhalb der Gewerkschaften ist ein Politikum.

Bei den Streiks im September 1969 ging es um sozialökonomische Fragen — in allererster Linie um die Durchsetzung von Lohnerhöhungen, wobei sowohl das generelle Zurückbleiben der Löhne hinter den Unternehmerprofiten und den Preisen wie auch die Existenz zahlreicher Lohndifferenzen mobilisierend wirkten.[44] Politische Forderungen spielten demgegenüber nirgendwo eine Rolle. Für das Bewußtsein der Masse der Streikenden war sogar eine deutliche Allergie gegenüber politischen Forderungen wie auch besonders gegenüber Wahlpropaganda charakteristisch. Dies betraf alle politischen Richtungen. Mit Wahlpropaganda vermischte Streikunterstützung seitens lokaler SPD-Gremien fand ebenso Ablehnung wie Streikflugblätter der DKP, die zur Wahl des Wahlbündnisses „Aktion Demokratischer Fortschritt" (ADF) aufforderten.

Man muß diesen Zustand in Rechnung stellen und darf nicht jene Vermittlungsglieder übersehen, über die sich im konkreten Fall jeweils der Übergang vom ökonomischen zum politischen Bewußtsein vollzieht. Diese Momente ergeben sich aus der Bewegung selbst. Die Septemberstreiks haben gezeigt, daß die Grenzen zwischen elementar-ökonomischen und politischen Bewußtseinselementen durchaus fließend sind. Dort, wo die Meinungsmanipulation offenkundig wurde, verbrannten Arbeiter die reaktionäre Springer-Zeitung „Bild". Dort, wo die neofaschistische NPD von dem größeren Teil der Arbeiter als offen streikfeindlich erkannt wurde, wurden ihre Plakate abgerissen — wie von den Stahlarbeitern in Dortmund.

Latent ist offensichtlich auch bei den Arbeitern ein stark ausgeprägtes Mißtrauen gegenüber den Absichten der herrschenden Klassen und des Staatsapparates vorhanden. Dort, wo dieses Mißtrauen Anhaltspunkte fand, kam es zu explosiven Situationen — etwa als in einem bestreikten süddeutschen Stahlwerk die Meldung umlief, die Unternehmer hätten Militär angefordert, oder

---

44 In dieser Reihenfolge handelt es sich hier offensichtlich um die beiden mit Abstand wichtigsten Streikmotive. Vgl. auch Institut für angewandte Sozialwissenschaft (INFAS), Bad Godesberg, Spontane Arbeitsniederlegungen im September 1969. Zwischenbericht (i. folg. zit. als: INFAS), Übers. 10, 11; SOFI, Tab. B 31.

als im Ruhrgebiet in einem Fall das Gerücht auftauchte, Bereitschaftspolizei sei aufmarschiert.

Es mag für viele überraschend sein, wenn Industriearbeiter in der BRD es für möglich halten, daß ein Unternehmer zur Abwehr von Lohnforderungen auf das Militär zurückgreifen kann. Und dies ist immerhin ein Indiz dafür, daß auch die politischen Illusionen der westdeutschen Arbeiterklasse über das staatsmonopolistische Herrschaftssystem weniger tief sitzen, als viele meinen.

Ein anderer wichtiger Punkt war die zunehmend zwiespältige Einstellung großer Teile der Arbeiterklasse zu allem, was irgendwie mit Sozialismus zu tun hat. „APO", „rote Fahne", „Kommunistische Partei" usw. waren während der Septemberstreiks offensichtlich für die Mehrheit zunächst einmal negative Reizworte. In der Praxis erwies sich jedoch der Antikommunismus — wie weit verbreitet und wie tief verwurzelt er auch immer noch sein mochte — nicht mehr als geschlossenes System. So gingen beispielsweise sehr oft außerordentlich positive Einschätzungen der kommunistischen Kollegen im Betrieb, ihres Auftretens als Interessenvertreter der Belegschaften, ihrer Betriebszeitungen als Organe der Belegschaften usw. einerseits einher mit ebenso negativen Einschätzungen der Gesamtpolitik der DKP, des Marxismus als Ideologie usw. andererseits. Gerade die Septemberstreiks 1969 enthalten hierfür zahlreiche Beispiele.

Ein Vergleich mit dem vergangenen Jahrzehnt zeigt jedoch, daß die „teilweise" und „unpolitische" Anerkennung der Kommunisten auf betrieblicher Ebene stark zugenommen hatte. Und diese Anerkennung beruhte auf direkter Praxis und Erfahrung, während dies bei den umfangreichen Restbeständen antikommunistischer Ideologie nicht der Fall war.

Die folgende Zusammenstellung besonders kraß auseinanderklaffender Befragungsergebnisse aus bestreikten Betrieben spiegelt einen Bewußtseinsstand wider, der auch heute noch für zahlreiche Großbetriebe typisch sein dürfte. Zunächst die Ergebnisse der Befragung in einem Stahlwerk des Ruhrgebietes, das im September 1969 bestreikt worden war:

Tabelle 13
Einschätzung von DKP und SPD durch Stahlarbeiter im Ruhrgebiet[45]

Ja-Antworten der Befragten in Prozent	DKP	SPD
Sehr aktive Betriebsgruppen der:	42	12
Belange der Arbeiter in der Gesellschaft werden am besten vertreten durch:	2	72

Es paßt durchaus in das Bild dieser Tabelle, wenn drei Viertel bis neun Zehntel der von dem gleichen wissenschaftlichen Institut befragten Industriearbeiter rote Fahnen negativ mit „Politik", „Sozialismus" usw. assoziierten.[46] Die folgende Tabelle, die die Ergebnisse von Befragungen in einem Stahlwerk und zwei Kohlegruben des Saarlandes zusammenfaßt, liegt in etwa auf der gleichen Linie:

Tabelle 14
Einschätzung von DKP und SPD durch Stahl- und Bergarbeiter im Saarland[47]

Ja-Antworten der Befragten in Prozent

	Kommunisten	Sozialdemokraten
Als Redner traten während des Streiks auf und wurden positiv eingeschätzt:	18,0	1,7
Am besten gefällt als politische Partei:	DKP, ADF, DFU 1,3	SPD 60,7

45 Quelle: SOFI, Tab. B 21, B 34.
46 Vgl. ebd., Tab. B 33.
47 Quelle: INFAS, Übers. 16, 26. Aus insgesamt befragten acht Gruppen wurde aus den Prozentsätzen der drei Gruppen mit den krassesten Unterschieden jeweils das arithmetische Mittel gebildet.

Die vorangegangenen Tabellen geben die Einstellung einiger hundert westdeutscher Arbeiter im Jahre 1969 wieder — nach den vorliegenden Erfahrungen dürfte sie jedoch für viele industrielle Großbetriebe auch heute noch typisch sein: Die meisten Industriearbeiter erkennen die Kommunisten als konsequente Verfechter ihrer sozialökonomischen Interessen an, was sie in keiner Weise davon abhält, bei politischen Wahlen der SPD ihre Stimme zu geben, auch wenn die sozialdemokratischen Minister die Geschäfte des Großkapitals besorgen.

Interessant ist auch das Ergebnis der Befragung nach der generellen Bereitschaft zum politischen Streik. Auf Wunsch wurde als Beispiel Streik gegen die Notstandsgesetze genannt. Hier gab es in den bestreikten Betrieben 33 Prozent, bei den nichtbestreikten Betrieben 27 Prozent Ja-Stimmen.[48]

Die Septemberstreiks und die damit in Gang gekommene Tarifbewegung erzwangen Lohn- und Gehaltserhöhungen von einer bisher in der BRD nicht gekannten Höhe. Wie erwähnt, profitierten hiervon auch zahlreiche nicht am Streik beteiligte Betriebe und Branchen. Die Streiks sind so von der westdeutschen Arbeiterklasse mehrheitlich positiv bewertet worden. Diese sicherlich nicht überraschende Tatsache ist später durch Befragungen noch erhärtet worden, wobei Ergebnisse von Befragungen in bestreikten Betrieben durchaus mit den nachprüfbaren materiellen Streikergebnissen übereinstimmen. Befragungen in nicht bestreikten Betrieben zeigen darüber hinaus, daß die anderenorts errungenen Erfolge auch als eigene Erfolge begriffen wurden. Auch bestätigen die durchgeführten Befragungen die These, daß die Septemberstreiks die Kampfbereitschaft der Arbeiterklasse erhöht haben. Zugleich zeigen sie den unschätzbaren Wert eigener, direkter Kampferfahrungen: Während eine Einschätzung der Streiks als „erfolgreich", „gut" u. dgl. offensichtlich auch bei s. Z. nicht beteiligten Belegschaften vorherrscht, ist die zum Ausdruck gebrachte Streikbereitschaft in den bestreikten Betrieben wesentlich höher als in den nicht bestreikten.

Im folgenden Ergebnisse einer Umfrage in zwei bestreikten Betrieben (Streikteilnehmer) und drei nicht bestreikten Betrieben (Streikinformierte):

48 Vgl. SOFI, Tab. B 20.

Tabelle 15
Einstellung zum Streik in bestreikten und nicht bestreikten Betrieben [49]

Ja-Antworten der Befragten in Prozent

	Streikteilnehmer	Streikinformierte
Streik war erfolgreich	69	72
Forderungen jetzt leichter durchzusetzen	26	18
Arbeiter haben Mut bekommen	68	54
Zukünftige persönliche Teilnahme an spontanen Streiks	81	49
dto., auch gegen den Willen „der Gewerkschaften"	73	57

Auch bei dieser Tabelle besteht trotz der (aufgrund der geringen Repräsentativität und der Möglichkeit von Verzerrung durch nicht typische Besonderheiten unter den fünf betroffenen Betrieben) unvermeidlichen Unsicherheitsfaktoren wenig Wahrscheinlichkeit, daß sie den grundlegenden Tatbestand, um den es geht, verzerrt wiedergibt. Sie bestätigt die Überzeugungskraft des Beispiels und besonders die der praktischen Eigenerfahrung.

49 Quelle: SOFI, Tab. B 44, B 47, B 49, B 55, B 56.

6 Die Streikbewegung 1970

Aufgrund der Erfolge der Septemberstreiks 1969 erhöhte sich die Kampfbereitschaft der westdeutschen Arbeiterklasse. In den Betrieben und Gewerkschaften kam es zu einer gewissen Zurückdrängung sozialpartnerschaftlicher Positionen. Die Hoffnungen der herrschenden Klasse, daß die Septemberstreiks 1969 ein einmaliges, zufälliges Ereignis gewesen waren und daß 1970 ein „streikfreies" Jahr wurde, erfüllten sich nicht.

Dies erwies sich bereits lange vor dem Beginn der Tarifbewegung in der Metallindustrie im Herbst 1970. Für den Zeitraum Oktober 1969 bis Juli 1970 ergibt sich eine Mindestzahl von 225 betrieblichen Streiks, davon 175 im Bereich der IG Metall.[50] Eine Übersicht der IG Metall über die Monate Januar bis August 1970 weist für die Metallindustrie

— 150 Streiks
— 42.000 Streikteilnehmer
— 24.000 ausgefallene Arbeitstage aus.[51]

Hieraus ergeben sich im Durchschnitt pro Streik
— 280 Streikteilnehmer
— knapp fünf Stunden Streikdauer.

Diese Zahlen unterstreichen, was auch die Detailübersichten zeigen: Es handelte sich hier um eine relativ breit gestreute Bewegung, in der die Arbeiterklasse für die Verteidigung und Verbesserung ihres Lebensstandards und ihrer Arbeitsbedingungen kämpfte. Bei dieser — in den Zeitraum vor Beginn der Tarifrunde fallenden — Streikbewegung überwogen Warn- und Kurz-

[50] Vgl. Gewerkschafts-Spiegel, Nr. 1/1970, S. Dok. 1 ff.; Nr. 17/1970, S. Dok. 29 ff.
[51] Vgl. Geschäftsbericht 1968 bis 1970 ..., a. a. O., S. 173 f.

streiks einzelner Betriebsabteilungen. Vollstreiks ganzer Betriebe waren selten.

Die Streikmotive betrafen überwiegend Fragen des Lohns, außerdem Probleme der betrieblichen Sozialleistungen, Eingruppierungsfragen und verschiedene aktuelle Konflikte zwischen Betriebsräten und Unternehmensleitungen. Einige Streiks (z. B. gegen die Gefahr der Beseitigung der Montanmitbestimmung sowie gegen das Gesetz über die Lohnsteuervorauszahlung) gingen über den sozialökonomisch-betrieblichen Rahmen hinaus. Die Mehrzahl der Streiks war erfolgreich.

Das gestiegene Selbstbewußtsein der Industriearbeiter, das in dieser — für die BRD seit langem unbekannten — Häufung von Streiks zum Ausdruck kam, war zugleich ein deutlicher Hinweis auf die Rückendeckung, die eine offensive Tarifpolitik der Gewerkschaften im Herbst finden würde. Dieser Ansicht war offensichtlich auch der „Gesamtverband metallindustrieller Arbeitgeberverbände" („Gesamtmetall"), der im Juli 1970 neue „Richtlinien für das Verhalten der Firmen bei wilden Streiks" herausgab.

Die Tarif- und Streikbewegung entwickelte sich schwerpunktmäßig in der Metallindustrie. Die IG Metall hatte sich diesmal für regionale Tarifverhandlungen entschieden. Im Sommer gab sie als Ergebnis eigener Berechnungen bekannt, daß 1969 gegenüber 1968 in der Metallindustrie die

— Nettogewinne um 30 Prozent
— Nettolöhne und -gehälter um 9 Prozent

gestiegen waren.[52] Zusätzlich wurden die Realeinkommen der Arbeiterklasse noch durch die parallele Preislawine und das sozialreaktionäre Gesetz über die Lohnsteuervorauszahlung gemindert. Hiermit waren die grundlegenden Orientierungsdaten für die Tarifbewegung im Herbst gesetzt.

Stärker als in den Vorjahren unter dem Druck der betrieblichen und örtlichen gewerkschaftlichen Gremien, zogen die regionalen Tarifkommissionen aus der Kampfbereitschaft der Arbeiter und aus der ökonomischen Entwicklung die richtigen Schlüsse. Ende August 1970 kristallisierte sich — gestützt auf zahlreiche Resolutionen aus den Betrieben — einheitlich im gesamten Bundesge-

---

52 Vgl. Gewerkschafts-Spiegel, Nr. 17/1970, S. 40 f.

biet eine Forderung nach 15 Prozent Lohnerhöhung heraus. Das Gegenangebot der Unternehmer von 7 Prozent wurde überall als das empfunden und bezeichnet, was es war — als eine Provokation.

Die Antwort der Belegschaften ließ nicht lange auf sich warten: Nachdem auch im Sommer die Kette der (meist kleineren) betrieblichen Streiks nicht abgerissen war, trat allein in der letzten Septemberwoche rund eine Viertelmillion Metallarbeiter in Warnstreiks. Diese Streiks, deren Dauer zwischen einigen Stunden und zwei Tagen lag, bildeten eine wertvolle Unterstützung für die Tarifkommissionen, die in Verhandlungen mit den Unternehmerverbänden getreten waren. Bestreikt wurden u. a. solche Großbetriebe wie Klöckner-Humboldt-Deutz (Köln), Ford (Köln), Opel (Bochum und Rüsselsheim), Daimler-Benz (Mannheim und Sindelfingen).

Die einheitliche Front der Arbeiter wurde jedoch durchbrochen — und zwar in Hessen, wo die Tarifkommission nach einer Mammutsitzung am 27. 9., einem Sonntag (!), eine Tariflohnerhöhung von nur 10 Prozent akzeptierte. Besonders die Arbeiter in Nordrhein-Westfalen und Baden-Württemberg erkannten die Gefahr, die von diesem hessischen „Modellfall" ausging. Die Warnstreiks gingen weiter, die Zahl der Streikenden erreichte bis Monatsende etwa 400 000. Bis dahin hatten allerdings schon zwei weitere Tarifbezirke (Niedersachsen und Rheinland-Pfalz) ebenfalls nur zu 10 Prozent abgeschlossen.

Gleichwohl zog sich der Lohnkampf in anderen Bezirken bis in den November hin. Zentren weiterer Streiks waren wiederum Baden-Württemberg und Nordrhein-Westfalen sowie Bremen. Nach dem Scheitern der (entsprechend den zwischen Unternehmerverbänden und Gewerkschaften in den fünfziger Jahren abgeschlossenen Verträgen vorgeschriebenen) Schlichtungsverfahren in den Tarifbereichen Nordrhein-Westfalen und Nordwürttemberg-Nordbaden versuchte sich der Staatsapparat über zusätzliche „politische Schlichter" einzuschalten:

In Nordrhein-Westfalen geschah dies noch vor der Urabstimmung. Die hierbei von dem Sozialminister Figgen (SPD) durchgesetzte Lohnerhöhung von 11 Prozent wurde zwar anschließend in einer Urabstimmung (29. 10.) von über 51 Prozent der Gewerkschaftsmitglieder abgelehnt, während lediglich 33,5 Prozent zustimmten.

Dies reichte jedoch für einen Streik nicht aus, da hierfür 75 Prozent Nein-Stimmen erforderlich gewesen wären. Eindeutige Mehrheiten für den Streik ergaben sich in denjenigen Großbetrieben, in denen die gewerkschaftliche und politische Aktivität während der gesamten Tarifrunde sowie während der Vorbereitungszeit besonders hoch gewesen war. So stimmten bei Ford in Köln über 92 Prozent, bei Opel in Bochum über 83 Prozent gegen das Ergebnis der politischen Schlichtung.

In Nordwürttemberg-Nordbaden erschien der politische Schlichter (CDU-Ministerpräsident Filbinger) erst auf der Bühne, als die Urabstimmung (27. 10.) 92 Prozent für die Durchsetzung der 15-Prozent-Forderung erbracht hatte. Filbinger gelang es eine Woche später, einen Abschluß von 12,5 Prozent durchzusetzen. In Südwürttemberg-Hohenzollern brachte die Urabstimmung (6. 11.) eine Streikmehrheit von 90 Prozent, woraufhin die Unternehmer eine 13,5prozentige Lohnerhöhung zugestanden.

Die im Herbst 1970 in der Metallindustrie erzielten Lohnerhöhungen bewegten sich zwischen 10 Prozent und 13,5 Prozent. Hinzu traten noch Vorweganhebungen der tariflichen Ecklöhne, die jedoch vollständig auf übertarifliche Lohnbestandteile aufgerechnet wurden, Erhöhungen der Leistungszulagen und anderes mehr. Gemessen an früheren Tarifbewegungen sind diese Ergebnisse durchaus beachtenswert. Ebensowenig darf jedoch übersehen werden, daß von der ursprünglichen 15-Prozent-Forderung ohne Notwendigkeit abgegangen wurde. Angesichts der zahllosen Warnstreiks, angesichts der Resolutionen, die in den Betrieben verabschiedet wurden, angesichts der Urabstimmungsergebnisse konnte an dem Willen der Belegschaften, die 15 Prozent im Kampf durchzusetzen, kaum ein Zweifel bestehen. Das Eingehen der Gewerkschafts- und Bezirksvorstände sowie der Tarifkommissionen auf die Angebote der Unternehmerverbände bzw. auf die politischen Schlichter unterminierte die ursprünglichen Forderungen der Mitglieder.

Vergleicht man die Streikbewegung des Herbstes 1970 mit den Septemberstreiks des Vorjahres, so schälen sich eine Reihe von Unterschieden heraus, die insgesamt für eine gewachsene Kampfbereitschaft und -fähigkeit der westdeutschen Arbeiterklasse sprechen:

Zunächst einmal sind der größere Umfang und die längere Dauer der Bewegung hervorzuheben. Im IG-Metall-Bereich streikte rd. eine halbe Million Arbeiter und Angestellte aus ca. 250 Betrieben; die Streiks zogen sich über sechs Wochen hin. Auch war die bessere Organisation der Lohnkämpfe unübersehbar. Dies war sowohl auf den stärkeren Rückhalt durch die Gewerkschaften als auch darauf zurückzuführen, daß die Kampferfahrungen und -erfolge des Vorjahres sich auswirkten. Die Herbststreiks 1970 waren — anders als die Septemberstreiks 1969 — kein einmaliger spontaner „Ausbruch", sondern der Höhe- und Schlußpunkt einer ganzen Kette von örtlich und zeitlich begrenzten Konflikten, die das ganze Jahr über nicht abgerissen war. Hier zeigt sich der bedeutende Einfluß der Lehren der Septemberstreiks 1969.

Diese Lehren sind allerdings nicht überall gleichmäßig gezogen worden. So war die Haltung der Gewerkschaftsführungen zwar deutlich positiver als im Vorjahr. Immer noch war jedoch die Furcht, den Konflikt wirklich auszutragen, vorherrschend — obwohl an der Kampfbereitschaft der Belegschaften kein Zweifel sein konnte.

In einem von Otto Brenner autorisierten Papier über die Septemberstreiks 1969 vom 9. 7. 1970 hieß es u. a.: „Sollte es zutreffen, daß die Septemberstreiks und kleinere sporadische Streikbewegungen eine neu entstehende aktive Kampfbereitschaft breiterer Arbeitnehmerschichten ankündigen, so wäre das in der Tat richtungweisend und müßte bei der Ausarbeitung der Gewerkschaftspolitik berücksichtigt werden." Ferner enthielt das Papier die bemerkenswerte Feststellung: „Ein Tarifvertrag ist nichts anderes als die rechtliche Fixierung eines bestimmten Kräfteverhältnisses von Unternehmern und Gewerkschaften in einer gegebenen Zeiteinheit."[53]

Diese Einsichten hätten im Herbst 1970 auch der eindeutige Ausgangspunkt sein müssen, um die deutlich genug bekundete Kampfbereitschaft der Arbeiter in die Waagschale zu werfen. Nur so hätten die neuen Tarifverträge das gegebene Kräfteverhältnis zwischen Kapital und Arbeit wirklich widerspiegeln können. Freilich hätte eine derartige Orientierung der Gewerkschaften auch die Abkehr von der „Konzertierten Aktion" einschließen müssen —

---

[53] Gewerkschafts-Spiegel, Nr. 15/1970, S. 28 ff.

ein Problem, das in dem Brenner-Papier nicht einmal erwähnt wurde.

Die Akzeptierung der (gesetzlich oder vertraglich nirgendwo fixierten) politischen Schlichter in Baden-Württemberg und Nordrhein-Westfalen war besonders deshalb gefährlich, weil sich hier eine gewohnheitsrechtliche Norm zu entwickeln begann, die die Fesseln der reaktionären Arbeitsgesetzgebung und -rechtsprechung noch verstärkt. Im Endeffekt bahnte sich hier genau jene Gefahr an, die Otto Brenner selbst noch im Juli 1970 zu Recht herausstrich, „die Einmischung des Gesetzgebers unter dem Vorwand von Regelungen analog zum Parteiengesetz".[53a]

Der hessische 10-Prozent-Abschluß ließ sogar die Tendenz erkennen, jede Kampfmaßnahme überhaupt zu unterdrücken. Dieses Ergebnis wurde in einer nächtlichen Geheimsitzung förmlich durchgepeitscht, offensichtlich nicht zuletzt im Hinblick auf die nahe Landtagswahl. Noch im Sommer hatte der zuständige Bezirksbevollmächtigte Pleitgen in einem Interview festgestellt, daß „1969 die Nettogewinne in der Metallindustrie um 30 Prozent, die Nettolöhne und -gehälter um 9 Prozent gestiegen" waren und daß seit den Septemberstreiks 1969 „die Kampfbereitschaft der Arbeitnehmerschaft . . . größer geworden" war.[54] Diese zweifellos zutreffenden Feststellungen waren mit dem hessischen 10-Prozent-Abschluß kaum zu vereinbaren.

Dieser Abschluß war nicht nur von regionaler Bedeutung. Durch ihn wurde die bundesweite 15-Prozent-Front durchbrochen. Diese Rolle des schwächsten Kettengliedes zeigte zugleich die Achillesferse einer ausschließlich regional geführten Tarifpolitik.

Besser als die Gewerkschaftsführungen zogen die betrieblichen Vertretungen und die Belegschaften die Lehren aus den Septemberstreiks 1969. Das folgende faßt vor allem die Erfahrungen zusammen, die in Nordrhein-Westfalen und Baden-Württemberg gemacht wurden:

Die Vorbereitung der Tarifbewegung setzte diesmal auf betrieblicher und örtlicher gewerkschaftlicher Ebene bereits im Frühjahr ein. Die Vereinheitlichung der Forderungen auf 15 Prozent war in erster Linie das Ergebnis der Aktivität an der Basis. Diese An-

---

[53a] Ebenda.
[54] Gewerkschafts-Spiegel, Nr. 17/1970, S. 40 f.

sätze einer Demokratisierung der Lohn- und Tarifpolitik, einer frühen Einbeziehung der Betriebe in die Tarifbewegung, waren zugleich die Grundlage des Prozesses, in dem sich die breite gemeinsame Front herausbildete, die dann im Herbst zum Träger des Kampfes wurde. Zu der einheitlichen Forderung von 15 Prozent trat die Übereinstimmung, diese Forderung auch durch Kampfmaßnahmen durchzusetzen.

Als wichtigstes Vermittlungsglied zwischen Betriebsbelegschaften und Gewerkschaftsorganisation erwiesen sich diesmal die Vertrauensleutekörper, die während der Septemberstreiks 1969 als Gremien in der Regel noch weitgehend ausgeschaltet geblieben waren. Ihre Bedeutung liegt vor allem darin, daß sie in engem und dauerndem Kontakt mit den Arbeitern stehen. Sie können sowohl Diskussionen und Standpunkte aus den Betrieben in die örtlichen Vertreterversammlungen der Gewerkschaft tragen als auch umgekehrt. Es waren vor allem die so zustande gekommenen Resolutionen, welche die Tarifkommissionen auf einheitliche Forderungen festlegten.

Für die wachsende Rolle der Vertrauenskörper war auch bedeutungsvoll, daß z. B. im Bereich der IG Metall die Zahl der Vertrauensleute zwischen 1967 und 1970 von 88 001 in 5 227 Betrieben auf 103 407 in 5483 Betrieben gestiegen war. Gegenüber 1967 wurde 1970 auch ein wesentlich größerer Teil der Vertrauensleute nicht mehr ernannt, sondern gewählt. Besonders bewährte es sich im Herbst 1970, wenn der Leiter des Vertrauenskörpers zugleich dem Betriebsrat angehörte, was in etwa 50 Prozent der Metallbetriebe mit gewählten Vertrauenskörperleitungen der Fall war.[55]

Es wurde bereits erwähnt, daß nicht nur die Forderungen, sondern auch der Wille zu ihrer Durchsetzung sich gemeinsam herausbildeten. Beides ist bekanntlich (dies zeigen die Verteilung der Streiks, die unterschiedlichen Urabstimmungsergebnisse und Tarifabschlüsse) nicht überall in gleicher Weise gelungen. Und nirgendwo war es ein reibungslos ablaufender Prozeß, denn die Herstellung einer breiten Aktionseinheit auf der Grundlage der Interessen der Arbeiter und Angestellten setzte die Isolierung der offenen sozialpartnerschaftlichen Kräfte voraus.

Neben der engeren Verbindung zwischen der Aufstellung der

---

[55] Vgl. Metall, Nr. 20/1970.

Lohnforderungen und ihrer kämpferischen Durchsetzung, neben der aktiven Kollektivarbeit der Vertrauensleutekörper sind besonders die Erfolge bei der Herstellung der Aktionseinheit hervorzuheben. Diese drei Momente, in denen sich eine gegenüber 1969 gewachsene Reife der westdeutschen Arbeiterbewegung ausdrückte, bedingen einander, wobei die Frage der Aktionseinheit auch eine ausgeprägt politische Dimension hat, auch wenn sie (wie in den Streiks der Jahre 1969 und 1970) auf sozialökonomische Zielsetzungen bezogen ist.

Der im Vergleich zu 1969 organisiertere Charakter der Bewegung trug auch viel mit dazu bei, daß sich die Forderungen diesmal viel stärker auf die gesamtwirtschaftliche Entwicklung bezogen, also über den begrenzten betrieblichen Rahmen hinausgingen. Bisweilen standen allerdings auch wieder regionale u. a. Lohndifferenzen mit im Vordergrund, so im Hamburger Hafen, wo ein halbstaatlicher Betrieb aufgrund der Aktivität eines sozialdemokratischen Betriebsratsvorsitzenden und Aufsichtsratsmitglieds andere Betriebe lohnmäßig hinter sich gelassen hatte.

Die Aktionseinheit zwischen Kommunisten und Sozialdemokraten und Parteilosen, auf der die Mehrzahl der Streiks im Herbst 1970 beruhte, erwies sich gegenüber dem Vorjahr als wesentlich gefestigter. Sie entfaltete sich bereits in der Periode der Vorbereitung der Tarifbewegung und enthielt wesentlich mehr Elemente an Kontinuität und Bewußtheit, als dies noch ein Jahr zuvor der Fall gewesen war.

Der Beschluß des SPD-Parteivorstandes über das Verbot der Aktionseinheit zwischen Sozialdemokraten und Kommunisten fiel nicht zufällig in den gleichen Zeitraum. Die Absicht dieses Erlasses lag nicht zuletzt in der administrativen Behinderung der Aktionseinheit auf betrieblicher und gewerkschaftlicher Ebene. Gerade in diesem Bereich hat sich freilich die konkrete Aktionseinheit im Klassenkampf bereits damals weitgehend der Kontrolle des SPD-Vorstandes entzogen.

Gestützt auf ihre Betriebsgruppen und -zeitungen hatte die DKP frühzeitig auf die Aktionseinheit orientiert und aktiv zu ihrer Verwirklichung beigetragen. Quantitativ wie qualitativ gegenüber dem Vorjahr bereits wesentlich gestärkt, konzentrierten die Kommunisten ihre Energie auf die Durchsetzung der gemeinsam mit ihren sozialdemokratischen und parteilosen Kollegen festgelegten

Kampfziele. Wenn die Betriebsgruppen der DKP allein in drei Kölner Werken im Verlauf von sechs Wochen 41 Betriebszeitungen mit einer Gesamtauflage von 110 000 Exemplaren verteilt haben, so ist dies nur einer jener quantifizierbaren Beweise dafür, daß sie ihre Kräfte nicht geschont haben.

Verschiedene linksopportunistische Gruppierungen, die 1970 erstmals in nennenswertem Ausmaß — wenn auch noch keineswegs so massiert wie etwa 1973 oder 1974 — auftraten, trugen, wie die Erfahrungen der Streiks in mehreren Großbetrieben (z. B. bei Opel in Bochum und Rüsselsheim) zeigen, zur Verwirrung der Arbeiter und zur Schwächung der einheitlichen Kampffront bei. Dies war besonders deshalb der Fall, weil in ihren Materialien der Hauptstoß gegen Gewerkschaften, Sozialdemokraten und Betriebsräte geführt und dabei völlig die reale Kampffront gegen die kapitalistischen Unternehmensleitungen verwischt wurde. Oft legten diese Gruppen ihren Ehrgeiz auch darin, das Eintreten der DKP für die Aktionseinheit als „revisionistisch" zu „entlarven".

Auch im Herbst 1970 scheiterten die Versuche der Unternehmer, deutsche und ausländische Arbeiter gegeneinander auszuspielen und so die gemeinsame Kampffront der Arbeiterklasse zu schwächen. Es zeigte sich, daß die ausländischen Arbeiter fest an der Seite ihrer deutschen Kollegen standen und bisweilen auch Initiativfunktionen übernahmen. Gerade in diesem Zusammenhang spielten die Betriebszeitungen der DKP eine sehr positive Rolle, da sie oft fremdsprachige Beiträge enthielten, in denen die ausländischen Kollegen über die Entwicklung der Lohn- und Tarifbewegung informiert wurden.

Lag auch der Schwerpunkt der Lohnkämpfe 1970 eindeutig im Organisationsbereich der IG Metall, so soll doch nicht unerwähnt bleiben, daß es auch in den Bereichen der Gewerkschaft Textil — Bekleidung und der IG Chemie — wenn auch in begrenztem Ausmaß — zu Streikkämpfen im Zusammenhang mit den anstehenden Tarifrunden kam, was sich positiv auf die Ergebnisse auswirkte. Ferner kam es erstmalig seit 38 Jahren im Dezember 1970 zu Streiks und Protestdemonstrationen deutscher Seeleute. In Hamburg und Bremen waren hieran neben den Besatzungen von etwa 40 Schiffen auch Schüler von Schiffahrtsschulen beteiligt. Diese aktive Unterstützung der Tarifverhandlungen der ÖTV mit den Reedern führte zu einer Anhebung der Heuern um 15 Prozent.

7 Die Verknüpfung gewerkschaftlicher Tarifbewegungen mit betrieblichen Aktionen 1971

1971 verminderte sich in der BRD das Wirtschaftswachstum. Wichtige ökonomische Kennziffern entwickelten sich ungünstiger als in den Vorjahren:

Tabelle 16
Wirtschaftsentwicklung in der BRD 1968—71[56]

	Veränderung gegenüber dem Vorjahr in %			
	Bruttosozialprodukt	Anlageinvestitionen	Industrieproduktion	Geleistete Arbeiterstunden
1968	+7,3	+ 8,0	+11,8	+3,1
1969	+8,2	+12,1	+12,9	+5,5
1970	+5,8	+11,5	+ 6,2	+2,5
1971	+2,7	+ 4,5	+ 2,0	−4,2

Parallel zu dieser deutlichen Konjunkturabschwächung, die in der zweiten Jahreshälfte besonders ausgeprägt war, beschleunigte sich die Geldentwertungsrate auf 6,4 Prozent. Die Unternehmer versuchten — unterstützt von der Bundesregierung — diese Situation für eine Politik des Reallohnabbaus zu nutzen. Dies stieß jedoch auf den Widerstand der Arbeiterklasse, deren Selbstbewußtsein nach den erfolgreichen Streiks und Tarifrunden seit 1969 beträchtlich gewachsen war.

1971 gab es neben rein betrieblichen Lohnstreiks zahlreiche Fälle, in denen die gewerkschaftlichen Tarifverhandlungen durch Ar-

---

[56] Quellen: Wirtschaft und Statistik, Nr. 2/1972, S. 76, 104 f.; Nr. 2/1973, S. 72, 104 f.

beitsniederlegungen unterstützt wurden. So streikten beispielsweise am 31. 3. rund 3000 saarländische Bankangestellte. Im Mai/Juni legten die Beschäftigten mehrerer Textilbetriebe in Nordrhein-Westfalen und Bayern die Arbeit nieder, um den Lohnforderungen ihrer Gewerkschaften Nachdruck zu verleihen.

Im Januar/Februar erkämpften 5000 Arbeiter und Angestellte des Bodenpersonals der Lufthansa in einem zehntägigen Streik mit ihrer Gewerkschaft ÖTV einen neuen Tarifvertrag, der bei 14 Monaten Laufzeit Lohn- und Gehaltserhöhungen von 15,9 Prozent brachte. Dieses beachtliche Ergebnis wurde nach einer scharfen Konfrontation mit der Regierung erreicht. Hierbei profilierte sich der damalige Verkehrsminister Leber auch offen als Vertreter von Konzerninteressen, indem er angemessene Lohnerhöhungen bei der Lufthansa auch wegen ihrer „Signalwirkung" auf die Industrie ablehnte.

Im November/Dezember legten über 1000 Beschäftigte der Deutschen Texaco AG u. a. in Hamburg, Heide, Düsseldorf, Duisburg, Hagen und Hamm die Arbeit nieder. Die Konzernleitung hatte sich geweigert, im Firmentarifvertrag eine Vorweganhebung der Löhne und Gehälter um 4 Prozent zuzugestehen, um sie dem Niveau der anderen Ölkonzerne anzugleichen. Nach einem fast dreiwöchigen Streik, der von der IG Chemie, der IG Bergbau und Energie sowie der Gewerkschaft HBV gemeinsam organisiert und geführt worden war, gestand die Texaco-Direktion eine Vorweganhebung um 3 Prozent zu.

Den Rahmen von Lohnstreiks sprengten bereits die Streiks und Protestdemonstrationen der Arbeiter der Stahlwerke Südwestfalen und der Hagen-Hasper-Hütte in Hagen. Hier richtete sich der Kampf gegen geplante Betriebsstillegungen. Höhepunkt dieser Bewegung war der 4. 10., als die Hagener Stahlarbeiter die Arbeit niederlegten und mit einer großen Demonstration gegen die Vernichtung ihrer Arbeitsplätze protestierten.

Die Kämpfe der Arbeiterklasse des Jahres 1971 wurden jedoch vor allem durch zwei große gewerkschaftliche Tarifbewegungen bestimmt, die in jeweils mehrwöchige Streiks einmündeten. Diese Streiks in der chemischen Industrie Nordrhein-Westfalens und Hessens (Juni/Juli) sowie in der Metallindustrie Baden-Württembergs (November/Dezember) bildeten die Höhepunkte der Klassenkämpfe des Jahres 1971.

Beide Streikbewegungen wurden stark durch die Existenz einer sozialdemokratisch geführten Bundesregierung bestimmt, die das Wohlwollen des Großkapitals dadurch zu erringen versuchte, daß sie massiv zu dessen Gunsten in die Lohnkämpfe eingriff. Sie stützte sich hierbei vor allem auf die enge Verflechtung von SPD- und Gewerkschaftsführung.

Besonders deutlich wurde dies bereits im Mai 1971 auf einer gemeinsamen Sitzung von Parteivorstand und Gewerkschaftsrat der SPD. Bei dieser Gelegenheit richtete der damalige Bundeskanzler Brandt einen „Maßhalteappell" an die Gewerkschaften und die Arbeiterklasse, wobei er vor allem auf die Parteidisziplin der Gewerkschaftsführungen baute. Er könne sich nicht vorstellen, so führte Brandt aus, „daß es Sozialdemokraten in führender gewerkschaftlicher Verantwortung gibt, die angesichts der gesellschaftspolitischen und allgemeinpolitischen Fragen, um die es geht, geneigt sein könnten, uns im Stich zu lassen".[57]

Die rechte sozialdemokratische Führung ließ es jedoch nicht bei derartigen Appellen bewenden. Bei den Streiks der Chemie- und Metallarbeiter übte sie massiv Druck aus und versuchte erstmals durch das Mittel einer zusätzlichen zentralen politischen Schlichtung eine aktive gewerkschaftliche Lohnpolitik zu verhindern.

7.1 Die Streiks in der chemischen Industrie im Sommer

Sowohl in bezug auf die ökonomische Situation als auch in bezug auf die Eigenarten des Arbeitsprozesses unterscheidet sich die chemische Industrie von anderen Industriezweigen. Auch weist die politische, gewerkschaftliche und bewußtseinsmäßige Situation in den Chemiebetrieben Besonderheiten auf. Die Darstellung der Kämpfe der Chemiearbeiter im Sommer 1971 soll daher eine Schilderung jener spezifischen Ausgangssituationen einschließen.[58]

---

57 Handelsblatt, 18. 5. 1971.
58 Zu den Chemie-Streiks 1971 vgl. J. H. v. Heiseler, M. v. Heiseler-Knipping, A. Leisewitz, Über die Streiks in der chemischen Industrie im Juni/Juli 1971 in einigen Zentren der Tarifbewegung in Hessen und Rheinland, 2. Aufl., Frankfurt o. J. (Informationsbericht Nr. 7 des IMSF); Gewerkschafts-Spiegel, Nr. 6/1971, S. 35; Nr. 15/1971, S. 38 ff.

Die chemische Industrie ist eine ausgesprochene Wachstumsbranche mit überdurchschnittlich steigender Arbeitsproduktivität:

Tabelle 17
Produktion und Arbeitsproduktivität in der chemischen Industrie und der gesamten Industrie der BRD 1962—70 [59]

	Veränderung 1962—1970 in %	
	Nettoproduktion	Produktionsergebnis je Beschäftigenstunde
Industrie insg.	+ 56,6	+ 57,7
Chem. Industrie	+130,6	+105,9

Ähnlich günstig ist die Situation der chemischen Industrie in bezug auf die Investitionen und den Kapitalexport. Außerordentlich hoch ist bei dieser Branche ferner der Konzentrationsgrad: die drei Nachfolgegesellschaften des IG Farben-Konzerns (Bayer, Hoechst und BASF) kontrollieren über die Hälfte der westdeutschen Chemie-Produktion. In kaum einem Industriezweig ist die Profitsituation so günstig wie in der — ebenso schnell expandierenden wie hochgradig konzentrierten — chemischen Industrie. Von 1960 bis 1969 erzielten Bayer, Hoechst und BASF Nettoprofite in Höhe von 22,9 Mrd. DM; 1969 betrug der Nettoprofit der IG Farben-Gruppe fast 4,1 Mrd. DM. [60]

Die Verfügung über eine derart hohe Profitmasse erweist sich nicht nur als Mittel der ökonomischen Expansion, sondern schafft auch zusätzliche Möglichkeiten der Beeinflussung der Belegschaften. In keiner Branche ist so auch das Instrumentarium der Integration, der materiellen Korrumpierung so ausgeprägt wie in der chemischen Industrie. Insbesondere bei der IG Farben-Gruppe existiert ein ausgefeiltes System der künstlichen Bindung der Belegschaften an den Betrieb: betriebliche Pensionskassen, Werkswohnungen, betriebliche Jahresprämien, die von Gehalt, Betriebszugehörigkeit und Dividendenhöhe abhängig sind, Belegschafts-

---

59 Quelle: Statistisches Jahrbuch für die BRD 1972, S. 212 f., 218.
60 Vgl. Heiseler u. a., a. a. O., S. 4.

aktien — all dies sind Mittel, die Arbeiter und Angestellten gezielt an die Konzerne zu binden. Die Institution betrieblicher anstelle gewerkschaftlicher Vertrauensleute ist seitens der Konzernleitungen bewußt dahin ausgelegt, zwischen Belegschaft und Gewerkschaft einen Keil zu treiben. Die Taktik der Chemiekonzerne heißt: Bindung der Arbeiter und Angestellten nicht an Belegschafts- und Klasseninteressen, sondern an Konzerninteressen, Spaltung der Belegschaften, Trennung der Belegschaften von ihrer Gewerkschaft.

Die Chemie-Konzerne können mit ihren spalterischen und antigewerkschaftlichen Praktiken an für sie günstige objektive und subjektive Strukturen anknüpfen. Dies betrifft zunächst einmal die Zusammensetzung der Belegschaften, die zu mehr als einem Drittel aus Angestellten bestehen. Hiervon wiederum haben ein Zehntel Hochschulausbildung, fast ein Viertel wird außertariflich bezahlt. Das Bewußtsein, „etwas Besonderes" zu sein, ist gerade bei den Angestellten stark verbreitet. Die Situation der Arbeiter wiederum wird nicht selten durch eine ausgeprägte Vereinzelung am Arbeitsplatz bestimmt. In den großen Werken der chemischen Industrie sind zwar oft Tausende von Arbeitern beschäftigt — freilich meist mit der Produktion einer Vielzahl unterschiedlicher Erzeugnisse, die in zahlreichen separaten Betrieben und Abteilungen gefertigt werden. Beispielsweise verteilen sich die 28 000 Beschäftigten der Farbwerke Hoechst auf 400 verschiedene „Betriebe". Es gibt so in der chemischen Industrie — bedingt durch die Spezifik des Arbeitsprozesses — relativ wenig betriebliche Kontakte, wodurch das Gefühl kollektiver Zusammengehörigkeit und Solidarität bei den Belegschaften geschwächt sowie die Gewerkschaftsarbeit erschwert wird. Die gegenwärtige politische, gewerkschaftliche und bewußtseinsmäßige Situation in den Betrieben der chemischen Industrie ist zweifellos immer noch durch die Nachwirkungen jener Perioden geprägt, in denen diese Branche schnell expandierte. Dies war besonders in der Zeit des Hitlerfaschismus der Fall, als dieser Industriezweig einen zentralen Pfeiler der Aufrüstung darstellte. Viel Traditionen, Gewohnheiten und Denkweisen der Arbeiter, vor allem aber der Angestellten, konnten sich daher ohne nennenswerte Einflußnahme der Arbeiter- und Gewerkschaftsbewegung herausbilden.

Anders als etwa die Metallarbeiter verfügen die Chemiearbeiter auch kaum über Kampftraditionen und -erfahrungen. Die letzten größeren Streiks in der chemischen Industrie fanden in der Zeit zwischen 1919 und 1924 statt. Der gewerkschaftliche Organisationsgrad ist insbesondere in den Großbetrieben relativ niedrig. Insgesamt beträgt er 46 Prozent, für die Angestellten 21 Prozent; bei Hoechst sind nur 39 Prozent, bei Bayer nur 38 Prozent der Beschäftigten in der IG Chemie organisiert.

Diese und andere ökonomische, gewerkschaftspolitische und bewußtseinsmäßige Besonderheiten unterscheiden die Situation in der chemischen Industrie wesentlich von der anderer Industriezweige. Sie komplizieren die Kampfbedingungen der Chemiearbeiter und -angestellten auch in der Tarifrunde 1971.

Die chemische Industrie der BRD hatte insbesondere in den Jahren 1968 und 1969 Rekordprofite erzielt. Die gewaltige Steigerung der Investitionen hatten jedoch zur Schaffung von Überkapazitäten geführt, die dann nicht mehr ausgelastet werden konnten. Infolgedessen lag das Wachstum der Chemie 1970 unter dem Durchschnitt der Industrie insgesamt. Auch nahmen die Profite nicht mehr so stark zu wie in den Vorjahren. Die Tatsache, daß z. B. bei der IG Farben-Gruppe die Dividenden auf dem Vorjahresniveau blieben, beweist jedoch, daß kräftige Reallohnerhöhungen durchaus möglich waren.

Die Chemie-Konzerne aber wollten die vorübergehende Wachstumsabschwächung, die sie selbst durch die Schaffung von Überkapazitäten verursacht hatten, für eine Reallohnsenkung nutzen. Für eine Kraftprobe mit den Gewerkschaften schien ihnen die Tarifrunde 1971 gut geeignet. Schon Ende 1970, also noch während der Laufzeit der alten Tarifverträge, begannen sie sich planmäßig auf Kampfmaßnahmen vorzubereiten. Den einzelnen Chemie-Unternehmen wurden durch den Unternehmerverband mittels Rundschreiben detaillierte Verhaltensmaßregeln für den Streikfall gegeben, wobei besonders auf die Organisierung des Streikbruchs orientiert wurde. Ein Vertragswerk über „Hilfeleistung im Arbeitskampf" sah konkrete Maßnahmen vor, um durch gegenseitige Unterstützung der Konzerne Schwerpunktstreiks zu unterlaufen. Die Unternehmen der chemischen Industrie mußten 0,7 Prozent der Lohn- und Gehaltssumme von 1969 in eine zentrale Anti-Streik-Kasse einzahlen, die die Bezeichnung „Fonds zur Sicherung des Arbeitsfriedens" erhielt.

Mitte Februar 1971 wurden von der IG Chemie fristgerecht zum 31. 3. in den Bezirken Nordrhein, Rheinland-Pfalz und Hessen die Tarifverträge gekündigt. In diesen drei Bezirken sind mit 407 000 Arbeitern und Angestellten rund 60 Prozent aller Beschäftigten der chemischen Industrie der BRD konzentriert. Hier liegen auch die Hauptwerke der drei IG Farben-Nachfolgegesellschaften: Farbwerke Hoechst (Frankfurt), Bayer (Leverkusen) und BASF (Ludwigshafen). Die Lohn- und Gehaltsforderungen beliefen sich in Nordrhein und Rheinland-Pfalz auf 12 Prozent. Um die zunehmenden Lohndifferenzen einzudämmen, forderte die hessische IG Chemie einheitlich 120 DM für Arbeiter und untere Angestelltengruppen, für die oberen Angestelltengruppen 11 Prozent. Die drei Bezirke wollten außerdem ein tariflich abgesichertes 13. Monatseinkommen durchsetzen. Ähnliche Forderungen kamen aus acht weiteren Tarifbezirken mit insgesamt 187 000 Beschäftigten (darunter Hamburg und Westfalen mit zusammen 73 000 Beschäftigten), wo die Tarifverträge zum 30. 4. ausgelaufen waren.

Die Unternehmer zögerten zunächst die Unterbreitung eines Angebots hinaus, um dann schließlich Ende April eine fünfprozentige Erhöhung der Löhne und Gehälter vorzuschlagen — angesichts einer jährlichen Geldentwertungsrate von 6,5 Prozent eine offensichtliche Provokation. Mit ihrer starren Haltung gelang es den Unternehmern jedoch, die einheitliche Front der Gewerkschaft aufzubrechen: Ende Mai stimmte die IG Chemie in Rheinland-Pfalz dem Abschluß von 7,8 Prozent ab 1. 6. bei 10 Monaten Laufzeit zu. Da für die Monate April und Mai aber keine Lohn- und Gehalterhöhungen vereinbart worden waren, lag dieses Ergebnis faktisch bei 6,5 Prozent — und damit noch unter den unzureichenden Lohnleitlinien der Bundesregierung. Auch die stufenweise Einführung eines tariflich abgesicherten 13. Monatseinkommens ab 1972 lag deutlich unter den Ausgangsforderungen und bedeutete in der Regel keine höheren Effektiveinkommen. All dies stand in starkem Kontrast zu der Tatsache, daß die BASF — das Kernstück der chemischen Industrie in Rheinland-Pfalz — gleichzeitig eine Dividende von 22 Prozent ausschüttete.

Die Chemie-Konzerne konnten also mit dem Verlauf der ersten Phase der Tarifrunde durchaus zufrieden sein. Und sofort versuchten sie, diesen Teilerfolg auszubauen, indem sie allen Arbeitern und Angestellten vom 1. 6. an die in Rheinland-Pfalz vereinbarten Lohn- und Gehaltserhöhungen von 7,8 Prozent auszahlten. Der Versuch, durch diese einseitige Vorwegnahme eines neuen Tarifvertrages den Lohnkampf der Beschäftigten der chemischen Industrie abzuwürgen, scheiterte jedoch.

Die zweite Phase begann am 2. 6. mit dem Scheitern der Bundesschlichtung im Bezirk Nordrhein. Kampfmaßnahmen der Chemiearbeiter waren hier jetzt ohne weitere Verzögerung möglich, da nach der Satzung der IG Chemie Streiks auch im sogenannten *aktiven vertragslosen Zustand* (d. h. nach Auslaufen der Tarifverträge und nach Scheitern der Landes- und Bundesschlichtung) ohne Urabstimmung vom Hauptvorstand ausgerufen und von betrieblichen Streikleitungen geführt werden können. Aufgrund dieser Bestimmung konnten die Chemiearbeiter sofort den Kampf beginnen, und noch am 2. 6. legten in Köln die Belegschaften der Gummiwerke Clouth und der Chemischen Fabrik Kalk die Arbeit nieder. Am 3. 6. kam es u. a. bei Agfa-Gevaert in Leverkusen, bei Vorwerk in Wuppertal, bei Bayer in Uerdingen und bei Boettcher in Köln zu Warnstreiks. Am 4. 6. gab es weitere Teilstreiks bei den Firmen Schmalbach Lubeca (Velbert) und Matthes & Weber (Duisburg). Bei Clouth und Boettcher legten die Gesamtbelegschaften (1600 bzw. 600 Beschäftigte) die Arbeit nieder. An den folgenden Tagen weitete sich die Bewegung der Warnstreiks weiter aus. Am 8. 6. führte die IG Chemie in Köln ihre erste Demonstration und Großkundgebung mit 10 000 Teilnehmern durch.

Mit dem Scheitern der Bundesschlichtung in Hessen begann am 14. 6. die dritte Phase der Lohnrunde. Wie im Bezirk Nordrhein, rief auch hier die IG Chemie zu folgenden Kampfmaßnahmen auf: Arbeit nach Vorschrift, Bummelstreiks, Sitzstreiks, befristete Warnstreiks, kurzfristige Unterbrechungen der Arbeit in einzelnen Abteilungen, Streiks, mehrstündige Arbeitsunterbrechungen, Verlängerung der Pausen, verspäteter Arbeitsbeginn, verkürzte Schichten. Der erste gewerkschaftliche Streikaufruf schloß mit den Worten: „Dem Lohndiktat der Arbeitgeber setzen wir die geschlossene Solidarität der Chemie-Arbeitnehmer Hessens entgegen! Alle Räder stehen still — wenn Dein starker Arm es will! Brecht das Lohndiktat der Unternehmer!"[61] Dieser Aufruf

---

61 Neues vom Bezirk, IG Chemie—Papier—Keramik, Hessen, Nr. 10/71.

fand breiten Widerhall. Bereits in den ersten Morgenstunden des 14. 6. beteiligten sich über 6000 Arbeiter und Angestellte an 15 befristeten Warnstreiks und vier Vollstreiks. An den folgenden beiden Tagen weitete sich die Bewegung schnell aus. Von Kampfmaßnahmen betroffen waren u. a. Merck in Darmstadt und Gernsheim, Cassella, Caltex und Degussa II in Frankfurt, ferner die Degussa-Betriebe in Hanau und Wolfgang.

Damit hatte sich die Streikbewegung auf zwei Tarifbezirke ausgedehnt. Am 14. 6. gab es in Nordrhein anläßlich eines Aktionstages 19 000 Streikende in 38 Betrieben. Am 16. 6. fand in Köln die zweite Großkundgebung der IG Chemie mit 10 000 Teilnehmern statt. In Hessen protestierten am gleichen Tag 16 000 Arbeiter und Angestellte, davon 5000 durch Vollstreiks. Hierbei kam es nach fast einem halben Jahrhundert erstmalig auch bei den Farbwerken Hoechst zu einem Streik. 4000 Beschäftigte legten hier kurzfristig die Arbeit nieder und marschierten durch Höchst. Die Zahl der Streikenden blieb dann die ganze Woche über in etwa auf dem gleichen Stand, wobei allerdings die einbezogenen Betriebe häufig wechselten. Zu Beginn der neuen Woche (21./22. 6.) betrug die Teilnehmerzahl an Vollstreiks in den Bezirken Hessen und Nordrhein 16 000 bzw. 12 000.

Die vierte und letzte Phase des Arbeitskampfes begann am 22. bzw. 24. 6. mit dem Scheitern der Bundesschlichtung in den Bezirken Hamburg und Westfalen, wodurch sich die Kampffront weiter verbreiterte. Zu diesem Zeitpunkt (am 23./24. 6.) gelang der IG Chemie auch der Abschluß von zwei Firmentarifverträgen. Diese mittleren Betriebe gestanden Lohnerhöhungen von 100 DM bzw. 9 Prozent sowie eine schrittweise Tarifierung des 13. Monatsgehalts zu. Eine der Firmen war kein Mitglied des Arbeitgeberverbandes, die andere wurde sofort ausgeschlossen. Einen nennenswerten Einfluß auf den Lohnkampf hatten diese Firmentarifverträge allerdings nicht. Vielmehr weitete sich die Streikbewegung durch das Eintreten des aktiven vertragslosen Zustandes auch für Hamburg und Westfalen auf nunmehr vier Tarifbezirke aus.

Am 23. 6. kam es in Hamburg zu ersten Warnstreiks. Am gleichen Tag gab es in Hessen und Nordrhein 20 000 Streikende aus 24 Betrieben, weitere 10 000 Arbeiter und Angestellte waren an Demonstrationen und Kundgebungen beteiligt. Am Tag darauf begannen auch in Westfalen die Arbeitsniederlegungen, in Hamburg beteiligten sich 4000 Chemiearbeiter an einer Demonstration mit anschließender Kundgebung. Zu den in Hamburg bestreikten Betrieben gehörten u. a. Beiersdorf, Colgate-Palmolive und die Norddeutsche Affinerie, die größte Kupferhütte Westeuropas, wo am 28. 6. die Produktion eingestellt werden mußte. In Westfalen wurden u. a. die VEBA-Chemie, Gelsenkirchen, und die Chemischen Werke Hüls bestreikt, wo u. a. das größte Buna-Werk Westeuropas stillgelegt wurde.

Am 25. 6. waren insgesamt 45 000 Arbeiter und Angestellte an Streiks und Demonstrationen beteiligt, am 29. 6. gab es fast 50 000 Streikende, am 30. 6. ca. 38 000.

Die Chemie-Streiks wurden schließlich durch eine zusätzliche politische Schlichtung beendet, für die — anders als dies bei den vertraglich festgelegten Landes- und Bundesschlichtungsverfahren der Fall ist — keinerlei Vertrag oder Gesetz als Grundlage existiert. Ein erster Versuch der politischen Schlichtung durch den nordrhein-westfälischen Arbeitsminister Figgen scheiterte am 29. 6. Ein weiteres — zentrales, vom Bundeskanzleramt durchgesetztes — politisches Schlichtungsverfahren unter dem Vorsitz des Präsidenten des Bundessozialgerichts, Wannagat, erbrachte am 2./3. 7. schließlich ein Ergebnis, dem der Hauptvorstand der IG Chemie zustimmte:

Vereinbart wurden je 60 DM mehr rückwirkend für April und Mai, dann 7,8 Prozent für die nächsten 10 Monate. Das entsprach — auf Jahresbasis umgerechnet — einer durchschnittlichen Lohn- und Gehaltserhöhung von 6,9 Prozent. Ferner einigte man sich auf eine stufenweise Tarifierung des 13. Monatsgehalts ab 1971. Dieser Abschluß war zwar besser als der von Rheinland-Pfalz, entsprach aber weder den berechtigten gewerkschaftlichen Ausgangsforderungen noch den ökonomischen Möglichkeiten der Chemie-Konzerne.

An den Streiks in der chemischen Industrie, die sich über mehr als einen Monat hingezogen hatten, waren insgesamt über 150 000 — täglich maximal bis zu 50 000 — Arbeiter und Angestellte beteiligt gewesen. Es überwog eine Vielzahl von Kampfformen unterhalb der Schwelle des Vollstreiks: Demonstrationen und Kundgebungen im Betrieb, verkürzte Schichten, verlängerte Pausen,

Verweigerung von Überstunden, Arbeit „nach Vorschrift", Sitzstreiks, Kurzstreiks, Abteilungsstreiks, Bummelstreiks, befristete Warnstreiks usw. Erst in den letzten zwei Streikwochen gewann die Kampfform des befristeten Vollstreiks an Bedeutung. Vollstreiks über die gesamte Periode des aktiven vertragslosen Zustands hinweg gab es nur in rund einem halben Dutzend Betriebe. Diese flexible Kampfführung entsprach wahrscheinlich am ehesten der komplizierten und differenzierten Situation in der chemischen Industrie:

Denn die Kampfbereitschaft war keineswegs überall gleich groß — wie auch die Gewerkschaft nicht überall gleich stark war. Generell war die Kampfbereitschaft bei Arbeitern wesentlich höher als bei Angestellten. Der Kampf wurde dort am geschlossensten geführt, wo — wie u. a. bei Clouth in Köln, bei Merck in Darmstadt oder bei Degussa II in Frankfurt — die Gewerkschaft relativ gut im Betrieb verankert und für die Streikleitungen ein ausreichender Kader aktiver Gewerkschafter vorhanden war. Insbesondere in den Hauptwerken der IG Farben-Gruppe machte sich jedoch bei großen Teilen der Belegschaften ein noch wenig entwickeltes klassenmäßiges Denken, dafür eine starke ideologische Bindung an „ihr" Werk, der Glaube an eine vermeintliche Gemeinsamkeit von Konzern- und Belegschaftsinteressen negativ bemerkbar. Allerdings zeigen die Aktionen bei Hoechst und Bayer, daß auch hier bereits Einbrüche erzielt worden sind. Insbesondere bei der jüngeren Generation der Chemiebeschäftigten ist die Wirkung der integrationistischen Politik der Konzernleitungen deutlich abgeschwächt. Das ist nicht zuletzt aus der aktiven Rolle gerade vieler junger Chemiearbeiter in den Streikkämpfen ersichtlich.

Durch Lockungen und Drohungen innerhalb der Betriebe, durch massive Stimmungsmache in den Massenmedien, mit Arbeitsgerichtsurteilen, durch Polizeieinsätze hatte die herrschende Klasse versucht, einen Zusammenbruch des Streiks zu erzwingen. Die Härte des Kampfes war nicht zuletzt darin zum Ausdruck gekommen, daß mehrfach — u. a. bei Clouth (Köln), Merck (Darmstadt), Kalle (Wiesbaden) und Glanzstoff (Oberbruch) — brutale Polizeieinsätze durchgeführt worden waren, um den von den Unternehmern organisierten Streikbruch zu unterstützen. Auch mehrere Arbeitsgerichtsurteile versuchten, Streikbrecher zu begünstigen und darüber hinaus den Streik im aktiven vertragslosen Zustand überhaupt zu illegalisieren.

Aber auch mit derartigen Methoden konnten die Chemie-Konzerne die von ihnen herbeigeführte Kraftprobe nicht zu ihren Gunsten entscheiden. Diese Rechnung ging ebensowenig auf wie sich zu Beginn der Tarifrunde die Hoffnung erfüllt hatte, die IG Chemie werde außerstande sein, die angeblich „steikunwilligen" Chemiearbeiter zu mobilisieren.

Dennoch war der erreichte Abschluß unbefriedigend. Und auch der Verlauf der Streikkämpfe selbst hat zu Recht die Kritik vieler Gewerkschafter herausgefordert. Das Ausscheren des Bezirks Rheinland-Pfalz aus der Front der einheitlichen Forderungen hätte leicht verhindert werden können, wenn die IG Chemie ebenso entschlossen und geschlossen aufgetreten wäre wie der Unternehmerverband. Auch was die Vorbereitung des Tarifkampfes anging, waren die Unternehmer der Gewerkschaft voraus gewesen. Als der Streik ohne viel Vorwarnung und Vorbereitung begann, waren sich viele Gewerkschaftsmitglieder und -funktionäre offensichtlich keineswegs voll im klaren darüber, was zu tun war. Unzureichende Information, unzureichende Orientierung auf den plötzlich beginnenden Streik, unzureichende organisatorische Vorbereitung — all dies hat sich dann im Verlauf des Kampfes selbst vielfach negativ bemerkbar gemacht. Gerade wegen der Besonderheit eines Streiks im aktiven tariflosen Zustand, d. h., gerade weil es keine Urabstimmung und damit keine zusätzliche Frist zur Mobilisierung der Belegschaften sowie zur organisatorischen Vorbereitung einer streikungewohnten Gewerkschaft gab, hätte all dies vorher geleistet werden müssen. Die entsprechenden Versäumnisse haben in mehreren Betrieben zu Unentschlossenheit und uneinheitlichem Auftreten geführt.

Der größte Mangel war zweifellos, daß die wichtigsten Konzerne nicht oder kaum in den Streik einbezogen gewesen waren. Der Schwerpunkt der Bewegung lag in solchen Betrieben, wo sozialpartnerschaftliche Ideologien weniger verbreitet und die gewerkschaftlichen Organisationen stärker verankert sind. Die entscheidende IG Farben-Gruppe war jedoch vom Streik kaum betroffen. Die BASF schied von Anfang an wegen des vorzeitigen Abschlusses von Rheinland-Pfalz aus. Und zu Vollstreiks reichte es weder bei Bayer (hier gab es eine kurzfristige Arbeitsniederlegung von

2000 Arbeitern und Angestellten, zwei Demonstrationen im Betrieb, für einige Zeit wurde im Farbenlager „nach Vorschrift" gearbeitet, 200 Handwerker unterbrachen für einige Stunden die Arbeit) noch bei Hoechst (auch hier gab es neben der Teilnahme von 4000 Beschäftigten an einer Arbeitsniederlegung und einer Demonstration auch nur kleinere Aktionen). Vollstreiks bei der IG Farben-Gruppe wären jedoch das beste Mittel gewesen, die Konzerne zum Nachgeben zu zwingen und einen guten Abschluß durchzusetzen.

Die Schwächen der Chemie-Streiks spiegeln vor allem die ungenügende Verankerung der organisierten Arbeiterbewegung in der chemischen Industrie wider. Daß es dennoch hier zu einem einmonatigen Streik kam, ist ein Zeichen dafür, daß auch in diesem Industriezweig die Kampfkraft der Arbeiterklasse gegenüber früher deutlich zugenommen hat. Und die im Juni/Juli 1971 neugewonnenen Kampferfahrungen werden mit dazu beitragen, in der chemischen Industrie den Einfluß sozialpartnerschaftlicher Ideologie weiter zurückzudrängen und das Klassenbewußtsein der Chemiearbeiter zu stärken.

Eine aktive, kämpferische und konzernorientierte Gewerkschaftspolitik, die sich bewußt auf die wichtigste Aufgabe — nämlich auf die Veränderung des Kräfteverhältnisses bei den Konzernen der IG Farben-Gruppe — konzentriert, könnte diesen Prozeß wesentlich beschleunigen.

7.2 Streik und Aussperrung in der Metallindustrie Baden-Württembergs im November/Dezember

Die Verringerung des Wirtschaftswachstums in der BRD 1971 konzentrierte sich vor allem auf das zweite Halbjahr: Die Zuwachsrate der industriellen Nettoproduktion fiel unter 1 Prozent, die Zahl der geleisteten Arbeiterstunden ging um mehr als 5 Prozent zurück.[62]

Das, was bereits im Frühjahr und Sommer 1971 im Zusammenhang mit der Chemie-Tarifrunde offenkundig geworden war, zeigte sich im Herbst noch eindeutiger: Unter den Bedingungen nachlassender Konjunktur ging das Großkapital gegenüber der Arbeiterklasse bewußt auf Konfrontationskurs. Die Unterneh-

---

62 Vgl. Wirtschaft und Statistik, Nr. 2/1972, S. 104.

merverbände orientierten für die herbstlichen Tarifauseinandersetzungen in der Metallindustrie ökonomisch auf direkten Lohnraub, politisch auf eine generelle Schwächung der organisierten Arbeiterbewegung.[63]

Im Herbst 1971 erreichte der Propagandafeldzug zur Erzeugung einer allgemeinen Krisenhysterie und Panikstimmung seinen Höhepunkt. Produktionseinschränkungen und Produktionsverlagerungen ins Ausland wurden durchgeführt oder zumindest in Aussicht gestellt, frisierte Prognosen und Umfragen wissenschaftlicher Institute veröffentlicht, schließlich massive Anzeigenkampagnen in den Zeitungen gestartet — wohl aufeinander abgestimmt, um die IG Metall von vornherein in die Isolierung, in die Rolle des „unverantwortlichen Krisenmachers" zu drängen.

„Gesamtmetall" und die Großkonzerne bereiteten sich mit geradezu generalstabsmäßiger Präzision auf den Arbeitskampf vor. Sie schlossen sich zu einer „Gefahrengemeinschaft" zusammen, die nicht nur für rigorose Disziplin in den eigenen Reihen sorgte, sondern auch dafür, daß die Unternehmer durch den Streik keine wirtschaftlichen Einbußen erlitten. Aus den Profiten, die sie aus den Arbeitern herausgepreßt hatten, wurden 70 Prozent der ausgefallenen Löhne und Gehälter als „Unterstützung" gezahlt.

Im Unternehmer-Lager wurde eine straff zentralisierte Verhandlungs- und Kampfführung durchgesetzt. Alle notwendigen Vollmachten wurden an die zentrale Unternehmerorganisation „Gesamtmetall" delegiert, deren Haupteinpeitscher in Baden-Württemberg, Hanns-Martin Schleyer, nach Vergangenheit (früher Mitglied der SS), Verhalten und Auftreten eine geradezu vollkommene Verkörperung großkapitalistischer Brutalität und Durchtriebenheit darstellte. „Gesamtmetall" verfolgte das Ziel, die Lohnauseinandersetzung auf eine Ebene zu verlagern, auf der die Hauptkraft der Arbeiterklasse nicht zur Geltung kommen kann und auf der zusätzlich der kombinierte Druck von Staat und Mo-

---

63 Zu den Metallstreiks v. 1971 vgl. L. Müller, W. Cieslak, Streik-Aussperrung 1971. Zum Lohnkampf der Metallarbeiter im Herbst 1971, hrsg. v. Parteivorstand d. DKP; Streik der Metallarbeiter im Tarifgebiet Nordwürttemberg-Nordbaden, 22. 11. bis 14. 12. 1971. Ausgangslage, Verlauf, Ergebnis, hrsg. v. d. Verwaltungsstelle Schwäbisch-Gmünd d. IG Metall; Gewerkschafts-Spiegel, Nr. 17/1971, S. 18 ff.; Nr. 24/1971, S. 10 ff.; Unsere Zeit, 21. 1. 1972.

nopolen am wirksamsten ist. Deshalb wurden zentrale anstelle von regionalen Verhandlungen angestrebt, deshalb ließ man die vertraglich vorgesehenen Schlichtungsverfahren platzen, um so zur sogenannten „politischen Schlichtung" unter direkter Beteiligung des Staatsapparates zu kommen.

Die Existenz einer sozialdemokratisch geführten Bundesregierung war hierbei für das Großkapital eher vorteilhaft als nachteilig. Denn daß der Druck auf Arbeiterklasse und Gewerkschaften von seiten der SPD-Führung viel wirksamer war, als es entsprechende Appelle einer CDU-Regierung gewesen wären, liegt auf der Hand. Das komplizierte den Kampf der Metallarbeiter beträchtlich.

Ende August waren von der IG Metall die auslaufenden Tarifverträge fristgerecht gekündigt worden. Im Gegensatz zu „Gesamtmetall" orientierte die IG Metall auf regionale Tarifverhandlungen. Die auf Bezirksebene gestellten Forderungen schlossen Lohn- und Gehaltserhöhungen zwischen 9 und 11 Prozent sowie verschiedene Nebenforderungen ein. Im Tarifbezirk Nordwürttemberg-Nordbaden, der später Schauplatz großer Streikkämpfe werden sollte, wurden 11 Prozent mehr Lohn und Gehalt gefordert. Nachdem die alten Tarifverträge zum 30. 9. ausgelaufen waren (nur für die Metallindustrie in Bayern sowie für die Stahlindustrie liefen die Verträge bis zum 31. 10.), begannen im Oktober die Verhandlungen.

Die harte Linie der Unternehmer wurde gleich zu Beginn deutlich. Bei den ersten Verhandlungen am 7. 10. weigerten sie sich überhaupt, ein Angebot zu unterbreiten. Und in der zweiten Verhandlungsrunde am 17. 10. boten sie Lohn- und Gehaltserhöhungen von lediglich 4,5 Prozent an. Angesichts einer Inflationsrate von 6,5 Prozent sowie aufgrund der Wirkungen von Lohnsteuerprogression und Sozialabgabenerhöhung in der Größenordnung von zusammen 1 bis 2 Prozent war dieses Angebot eine unverhüllte Provokation. Die Vertreter von „Gesamtmetall" gingen jedoch noch weiter und behaupteten, selbst dieses „Angebot" sei eigentlich noch zu hoch und wirtschaftlich gar nicht vertretbar. Es würde von ihnen nur wegen ihres „sozialen Verantwortungsbewußtseins" unterbreitet!

Aufgrund dieser Obstruktionspolitik scheiterten die Tarifverhandlungen schon am 18. 10. Der Beginn des Schlichtungsverfahrens 10 Tage später wurde von Demonstrationen und Warnstreiks der

Metallarbeiter begleitet, die hiermit ihre Empörung über die Haltung der Unternehmer sowie ihre Kampfbereitschaft zum Ausdruck brachten. Der am 2. 11. unter dem Vorsitz des sozialdemokratischen Landtagsvizepräsidenten Veit zustandegekommene Einigungsvorschlag blieb mit 7,5 Prozent deutlich unter den gewerkschaftlichen Forderungen. Da aber eine Laufzeit von nur sieben Monaten vorgesehen war, stimmte die IG Metall zu. Die Unternehmer lehnten den Schiedsspruch freilich ab, und damit war die Schlichtung gescheitert. Am 4. 11. scheiterten die Tarifverhandlungen dann auch in den Tarifbezirken Südwürttemberg-Hohenzollern, Südbaden, Hessen und Hamburg.

Daraufhin setzte der Vorstand der IG Metall am 10. 11. für den 12. 11. eine Urabstimmung in Nordwürttemberg-Nordbaden an. Bereits die umfangreichen Warnstreiks am 10. und 11. 11. mit 120 000 bzw. 100 000 Teilnehmern machten die Stimmung in den Betrieben deutlich. Und die Urabstimmung erbrachte dann auch mit 96,2 Prozent Ja-Stimmen der Abstimmenden (89,6 Prozent der Abstimmungsberechtigten) ein klares Votum für den Kampf, das um so bemerkenswerter war, als diesmal auch die Angestellten mit abgestimmt hatten. Am 16. 11. setzte dann der IG-Metall-Vorstand den Streikbeginn auf den 22. 11. fest.

„Gesamtmetall" blieb dennoch auf Konfrontationskurs. Schon am 17. 11. wurde für Baden-Württemberg die Aussperrung angekündigt. Und am 18. 11. lehnten die Unternehmer in Nordrhein-Westfalen einen Schiedsspruch ab, der Lohn- und Gehaltserhöhungen von 7,3 % bei 12 Monaten Laufzeit sowie ein zu 40 Prozent tariflich abgesichertes 13. Monatseinkommen ab 1971 vorgesehen hatte.

Der Streik im Tarifbezirk Nordwürttemberg-Nordbaden begann am 22. 11. zunächst als Schwerpunktstreik in sieben Betrieben, nämlich in vier Werken von Daimler-Benz, in zwei Werken von Audi-NSU und bei Graubremse in Heidelberg, womit 60.000 Arbeiter in den Kampf einbezogen waren. Am 23. 11. erfolgte eine Ausdehnung der Arbeitsniederlegung auf insgesamt 82 Betriebe mit 120.000 Beschäftigten. Regionaler Schwerpunkt war Mannheim. In acht Betrieben streikten auch die Angestellten mit.

Die DAG beteiligte sich nicht am Streik und nahm darüber hinaus sogar eine ausgesprochen streikfeindliche Haltung ein. Sie empfahl ihren Mitgliedern in bestreikten Betrieben, folgenden „Musterbrief" an die jeweiligen Unternehmer zu schreiben: „Um meinen arbeitsvertraglichen Pflichten nachzukommen, habe ich heute versucht, den Betrieb zu betreten, leider vergeblich. Ich biete Ihnen hiermit meine Arbeitskraft an und bitte Sie dafür zu sorgen, daß ich die vertraglichen Leistungen erfüllen kann. Bitte, teilen Sie mir mit, wie und wann durch Sie die Sicherstellung erfolgt."[64] Mit derartigen Methoden übernahm die DAG im Lohnkampf der baden-württembergischen Metallarbeiter objektiv die Rolle einer Hilfsorganisation der Unternehmer.

An den folgenden Tagen verschärfte sich der Arbeitskampf weiter. Am 26. 11. sperrten die Unternehmer 240.000 Arbeiter aus, so daß jetzt 360.000 Arbeiter in 544 Betrieben direkt in die Auseinandersetzung einbezogen waren. Ein Teil der vom Aussperrungsbeschluß betroffenen Arbeiter war dieser Aktion im übrigen durch Arbeitsniederlegung zuvorgekommen. Angestellte wurden von den Unternehmern nicht ausgesperrt, um sie gegen die Arbeiter auszuspielen.

Auch durch große Anzeigenkampagnen in der Presse versuchte das Großkapital, den Lohnkampf der Metallarbeiter zu erschweren und ihn gegenüber der Bevölkerung zu diskreditieren. In einer solchen Anzeige hieß es beispielsweise: „Streik der IG Metall. Gefahr für alle ... Gefahr für die Arbeitsplätze überall in Deutschland: ... Alarmsignale. Kurzarbeit, Exportsorgen, Produktionsrückgang, Kosteninflation, Geldentwertung. Streik? Heute streiken, morgen stempeln? Streik ist keine Lösung. Nur Vernunft führt weiter."[65] Und in einer weiteren Großanzeige unter der Überschrift „Wir können nicht länger schweigen!" setzten 62 prominente Konzernherren die Regierung massiv unter Druck. Es wurde behauptet, daß „die Leistungskraft der Wirtschaft erlahmt" und daß „eine auf Preisstabilität ausgerichtete Lohnentwicklung" erforderlich sei, damit „die Investitionen wieder Aufschwung bekommen" und „die Arbeitsplätze wieder sicher" werden. Und dann hieß es: „Unser Land braucht einen wirtschaftspolitischen Kurs, der den Kostendruck mildert, den Unternehmen wieder eine stabile Grundlage gibt."[66]

---

64 Streik-Nachrichten, hrsg. v. d. IG Metall, Bezirksleitung Stuttgart, 25. 11. 1971.
65 FAZ, 20. 11. 1971.
66 FAZ, 26. 11. 1971.

Die Bundesregierung wich vor diesem wachsenden Druck des Monopolkapitals zurück. Um sich das Wohlwollen der Konzerne zu sichern, verstärkte sie ihrerseits den Druck auf die Gewerkschaften. Der damalige Bundeskanzler Brandt bekräftigte seine — schon im Frühjahr bezogene — gegen die gewerkschaftlichen Lohnforderungen gerichtete Position auf dem Sonderparteitag der SPD, der in die Streikperiode fiel. Hiermit neutralisierte er die zuvor an der gleichen Stelle — auf den Druck des Gewerkschaftsflügels hin — zustande gekommene Solidarisierung der Delegierten mit den Metallarbeitern. Der Versuch der Konzerne, die Bundesregierung „als Büttel gegen die IG Metall zu mißbrauchen"[67], war so erfolglos also nicht geblieben.

Die Hauptziele des westdeutschen Großkapitals lagen nicht nur auf ökonomischem Gebiet. Den Konzernen ging es vor allem auch darum, das in den Kämpfen der beiden Vorjahre deutlich gewachsene Selbstbewußtsein der Arbeiterklasse zu brechen. Für die Rückkehr zu den Zuständen vor 1969 — oder noch besser vor 1966 — schien das eine wesentliche Voraussetzung. Eine deutliche Niederlage der Gewerkschaften in dieser Tarifbewegung sollte hierzu den Weg ebnen. Recht hatten daher die „Streik-Nachrichten" der IG Metall, wenn sie schrieben: „Eine Niederlage der IG Metall wäre eine Niederlage für die Demokratie und ein erster Erfolg auf dem Wege des deutschen Großkapitals zu neuen politischen Ungewißheiten und Abenteuern."[68]

Die bürgerliche Presse nahm alle Argumente aus dem Unternehmerlager natürlich begierig auf. In der „Frankfurter Allgemeinen Zeitung" wurde die Weigerung der IG Metall, sich dem Lohndiktat der Konzerne zu beugen, sogar zum Anlaß genommen, Tarifautonomie und Streikrecht in Frage zu stellen. Man stellte zunächst die Tatsache, daß in der Bundesrepublik „die Lohnpolitik frei" sei, als „ein ungewöhnliches Privileg" der Arbeiterklasse hin. Einige Wochen später hieß es dann, daß die Tarifautonomie doch „nur eine Attrappe" sei, weil die Arbeiter und Gewerkschaften so „unvernünftig" waren, angesichts einer Preissteigerungsrate von 6,5 Prozent Lohnerhöhungen in der Größenordnung von 3,5 Prozent als unzureichend abzulehnen.[69]

67 Streik-Nachrichten, 25. 11. 1971.
68 Streik-Nachrichten, 8. 12. 1971.
69 FAZ, 3. 9. 1971, 6. 11. 1971.

Schon zum Zeitpunkt des Streikbeginns hatte die Bundesanstalt für Arbeit massiv zugunsten der Unternehmerseite in den Arbeitskampf eingegriffen. Ihr Präsident Stingl (CSU) verfügte, daß „indirekte Streikopfer" keinen Anspruch auf Zahlung von Arbeitslosen- und Kurzarbeitergeld durch die Arbeitsämter hätten.
Bereits am 25. 11. hatte die Konzernleitung von Daimler-Benz die hiermit verbundene Anregung aufgegriffen und verschiedene Zweigwerke in anderen Regionen der BRD geschlossen. Andere Konzerne kündigten ebenfalls derartige Maßnahmen an und gingen wenig später zu Kurzarbeit und zeitweiligen Stillegungen über.
Bei ihrem Versuch, den Streik in Baden-Württemberg durch Betriebsstillegungen und Einführung von Kurzarbeit in anderen Bezirken zum Zusammenbruch zu bringen, erlitten die Unternehmer freilich einen empfindlichen Rückschlag, als am 2. 12. der Verwaltungsrat der Bundesanstalt für Arbeit aufgrund massiver Proteste der Arbeiter und der Gewerkschaften den rechtswidrigen Stingl-Erlaß über Verweigerung von Kurzarbeiter- und Arbeitslosengeld an „indirekte Streikopfer" aufhob. Daraufhin zogen Opel und Ford ihre bereits angekündigten Stillegungsbeschlüsse zurück, deren rein erpresserischer Charakter damit offen zutage trat. Am 6. 12. wurden dann freilich sechs Zweigwerke von VW stillgelegt, wovon 100.000 Arbeiter betroffen waren.
Inzwischen war bereits am 1. 12. unter dem Vorsitz des Präsidenten des Bundessozialgerichts, Wannagat, der diese Funktion bereits wenige Monate zuvor während des Chemiearbeiterstreiks übernommen hatte, die sogenannte „besondere Schlichtung" eingeleitet worden. Diese Verhandlungen, die zunächst in Stuttgart begonnen hatten, wurden schließlich nach Bonn verlegt. Dort unternahm Bundeskanzler Brandt persönlich den Versuch einer zusätzlichen „politischen Schlichtung". Aber auch das führte zu nichts. Denn den Spruch der „besonderen Schlichtung" lehnten die Unternehmer ebenso ab, wie sie es bei dem fast gleichlautenden Schiedsspruch in Nordrhein-Westfalen am 18. 11. getan hatten.
Die am 8. 12. — also am Tag darauf — in Stuttgart durchgeführte Großkundgebung der IG Metall zeigte jedoch den Unternehmern, daß ihre Hoffnung, den Kampfwillen der Metallarbeiter zu brechen, auf Sand gebaut war. 45.000 Arbeiter und Angestellte de-

monstrierten eindeutig, daß sie nicht gewillt waren, sich dem Druck des Großkapitals zu beugen. Diese feste Haltung unterstrichen auch Zehntausende von Metallarbeitern in Hamburg und anderen Bezirken, die am 8. und 9. 12. zahlreiche Warnstreiks durchführten.

Infolgedessen begannen die Unternehmer einzulenken. Noch am Abend des 8. 12. neu aufgenommen Tarifgespräche führten schon am 10. 12. zu einem Ergebnis, dem Gewerkschaft und Unternehmer zustimmten: 180 DM netto für Oktober bis Dezember 1971, dann 7,5 Prozent für 12 Monate, stufenweise Tarifierung eines 13. Monatsgehalts je nach Betriebszugehörigkeit bis zu 30 Prozent ab 1972 und bis zu 40 Prozent ab 1974. Nachdem die Urabstimmung am 13./14. 12. eine Mehrheit von 71,2 Prozent für diesen Kompromiß ergeben hatte, endete der Streik am 15. 12. nach über drei Wochen Dauer. Bis zum 18. 12. wurden dann auf der Grundlage dieses Abschlusses auch in den anderen Bezirken neue Tarifverträge für die Metallindustrie vereinbart. In der Stahlindustrie kam ein Abschluß (November 1971 bis Februar 1972 pauschal 200 DM, dann 6 Prozent bis 31. 12. 1972) erst im Januar 1972 zustande.

Der Metallarbeiterstreik 1971 — am ehesten noch zu vergleichen mit dem Lohnkampf von 1963, als ebenfalls in Baden-Württemberg 400.000 Arbeiter ausgesperrt worden waren — war eine der härtesten und längsten Klassenauseinandersetzungen seit Bestehen der Bundesrepublik. Im Unterschied zu den betrieblichen Streiks der Jahre 1969 und 1970 wurde 1971 das gesamte Großkapital, für die Arbeiter und Angestellten des Südwestens personifiziert vor allem durch den Konzernherrn Schleyer, als Gegner der Arbeiterklasse sichtbar.

Diese scharfe und offene Konfrontation fand auch verbal vielfältigen Niederschlag: Die Losungen und Transparente der Arbeiter, aber auch die gewerkschaftlichen Veröffentlichungen wie die „Streik-Nachrichten" zeigen, daß in derart zugespitzten Situationen die Arbeiter und die Gewerkschaften zur Sprache des Klassenkampfes finden. Es wurde nicht mehr der breiige und irreführende Begriff „Arbeitnehmerschaft" verwendet, man sprach wieder von der Arbeiterklasse. Die Unternehmer wurden nicht mehr als „Arbeitgeber" bezeichnet, sondern als Kapitalisten. Es war wieder die Rede vom Großkapital, das — wie es IG-Metall-Bezirksleiter Bleicher am 8. 12. auf der Stuttgarter Kundgebung ausdrückte — brutal seine „profitgierige Fratze" zeigt.

Gegen diesen klar erkannten Klassengegner wurde von seiten der Metallarbeiter stets die völlige Geschlossenheit der Streikfront ins Feld geführt. Streikbrecher gab es so gut wie gar nicht. Darüber hinaus zeigten sich — wesentlich ausgeprägter als früher — die Angestellten auf vielfältige Art mit den Arbeitern solidarisch. Erstmals hatten 1971 Angestellte gemeinsam mit den Arbeitern an der Urabstimmung teilgenommen. Wie das Ergebnis zeigte, stimmten auch sie mit überwiegender Mehrheit für Kampfmaßnahmen. Nur eine Minderheit von ihnen wurde freilich durch die IG Metall in den Streik einbezogen.

Dies war in acht Betrieben der Fall. Die Unternehmer „verschonten" sie mit ihren Aussperrungsmaßnahmen, um sie so von den Arbeitern zu trennen. Aber in einem bisher nicht bekannten Ausmaß solidarisierten sie sich mit den Arbeitern. So sammelten beispielsweise bei Klöckner-Humboldt-Deutz in Ulm Angestellte über 12.000 DM für die streikenden Arbeiter, in Mannheim kümmerten sie sich darum, daß die Streikposten Erfrischungen erhielten. Die Solidarisierung war besonders ausgeprägt in den Reihen der technischen Angestellten bis hin zu Diplomingenieuren und Wissenschaftlern. Ein Beispiel für die Solidarität von Teilen der Intelligenz mit den streikenden Arbeitern schufen auch in der Westberliner GEW organisierte Lehrer und Wissenschaftler, die für die streikenden Metallarbeiter Baden-Württembergs fast 17.000 DM sammelten.

Die IG Metall registrierte, „daß die Studentenrevolte jetzt ihre Auswirkung bei denen zeigt, die von höheren Bildungseinrichtungen ins Berufsleben übergewechselt sind". Zu Recht fragten die „Streik-Nachrichten": „Wann hätte man früher jemals in Deutschland mittlere und höhere Angestellte, ja sogar Lehrer und Wissenschaftler erlebt, die sich ... mit streikenden und ausgesperrten Arbeitern solidarisieren? Wer hätte je geglaubt, daß akademisch Gebildete, nicht wenige Diplomingenieure, neben ihren Arbeiterkollegen auf Streikposten stehen, daß sie sich als freiwillige Helfer in Streiklokalen betätigen würden?"[70] Um so notwendiger wäre es freilich gewesen, die Angestellten nicht nur in acht Betrie-

---

70 Streik-Nachrichten, 6. 12. 1971.

ben, sondern überall in den Streik mit einzubeziehen. Die Bereitschaft hierfür bei den Angestellten war unzweifelhaft vorhanden. Die Taktik der IG Metall ist in anderer Hinsicht von Kritik nicht verschont geblieben. Vor allem haben viele Gewerkschafter angesichts des straff zentralisierten Vorgehens von „Gesamtmetall" eine zu starre Fixierung auf das Konzept des regional geführten Tarifkampfes bemängelt. Das betrifft insbesondere das offensichtliche Verzögern der Urabstimmungen in anderen Bezirken, vor allem die Zurückstellung der beantragten Urabstimmung in Hamburg durch den IG-Metall-Vorstand am 6. 12. Die eindeutige Bekundung der Kampfbereitschaft — durch Urabstimmung sowie durch umfassende Warnstreiks in anderen Bezirken — hätte zweifellos das Großkapital schneller zum Einlenken und wahrscheinlich auch zum Eingehen auf einen besseren Abschluß bewegt.

Zu dem erreichten Ergebnis ist folgendes zu sagen: Die Laufzeit des neuen Tarifvertrages war nicht nur wegen der faktischen Dauer von 15 Monaten ungünstig, sondern auch deshalb, weil der neue Auslauftermin wegen der Nähe der Weihnachtszeit und wegen der winterlichen Witterungsbedingungen eventuell notwendige Kampfmaßnahmen erschwert. Unbefriedigend war auch die Höhe des Abschlusses, der angesichts einer Inflationsrate von 6,5 Prozent sowie einer zunehmenden Belastung durch Lohnsteuerprogression und Sozialabgabenerhöhung keine höheren Reallöhne bedeutete. Die Tarifierung von Teilen eines 13. Monatseinkommens bewirkte für den Großteil der Arbeiter und Angestellten keine Effektivlohnerhöhung, da die vereinbarten Prozentsätze unterhalb dessen lagen, was in den meisten Betrieben bereits effektiv gezahlt wurde.

Eine solche Einschätzung des Ergebnisses wird durch das großkapitalistische „Handelsblatt" bestätigt. Unter der Überschrift „So schlecht schnitten die Arbeitgeber nicht ab" vertrat diese Zeitung die Auffassung, „daß es die Arbeitgeber sind, die in bedrängter wirtschaftlicher Situation obsiegt haben". Begründung: 180 DM für 3 Monate und 7,5 Prozent für 12 Monate entsprechen einer jährlichen Lohnerhöhung von lediglich 6,9 Prozent, während die stufenweise Einführung eines 13. Monatsgehaltes für die meisten Betriebe keine zusätzliche Verpflichtung bedeutet. Das Blatt fährt fort: „Noch wichtiger für die Arbeitgeber ist, daß mit der gemeinsamen Empfehlung an die anderen Tarifgebiete, das

Stuttgarter Verhandlungsergebnis zu übernehmen, ein Schritt in Richtung auf zentrale Verhandlungen gemacht worden ist."[71] Insbesondere das letztere sollte nicht auf die leichte Schulter genommen werden. Nicht zufällig liegt hier ein wesentliches Ziel der Wirtschaftspolitik des Großkapitals.

Bei der Beurteilung des Metall-Abschlusses von 1971 muß allerdings auch die ungünstige ökonomische und politische Lage, in der die Metallarbeiter diesen Abschluß erkämpften, berücksichtigt werden. Von größter politischer und gewerkschaftspolitischer Bedeutung war die Tatsache, daß die von den Unternehmern bewußt angestrebte Kraftprobe von Arbeiterklasse und Gewerkschaften bestanden wurde. Der Versuch, den Metallarbeitern eine Niederlage beizubringen und ihr Selbstbewußtsein zu erschüttern, scheiterte. Statt dessen geschah etwas ganz anderes: „In diesen Tagen hat die Arbeiterklasse dieses Landes mehr gelernt, als sie in Jahren auf Schulbänken erfahren hat. Die Praxis des brutalen Klassenkampfes der Unternehmer ist ein vorzüglicher Lehrmeister für sie gewesen. Sie wird diese Lehren auch in Zukunft nicht vergessen."[72]

71 Handelsblatt, 16. 12. 1971.
72 Streik-Nachrichten, 26. 11. 1971.

8 Kampfaktionen der Arbeiterklasse 1972

Für das Jahr 1972 meldet das Statistische Bundesamt lediglich 54 Streiks mit 22.908 Teilnehmern und 66.045 verlorenen Arbeitstagen.[73] Man sollte jedoch den Kampf der Arbeiterklasse in jenem Jahr nicht allein nach den Zahlen der amtlichen Statistik beurteilen. Denn das Bild, das die Streikstatistik zeichnet, ist unvollständig, ja verzerrt:

In der Tat sah das Jahr 1972 keinen Streikkampf vom Ausmaß etwa des baden-württembergischen Metallarbeiterstreiks des Vorjahres. Das hängt nicht zuletzt damit zusammen, daß über die Tarifverträge des IG-Metall-Bereichs für 1972 bereits 1971 und für 1973 erst 1973 entschieden wurde. Dennoch kam es zu einer Reihe betrieblicher und gewerkschaftlicher Aktionen, die zumindest erwähnt werden sollten.

Im März gab es auf 23 Schiffen in Rotterdam, Bremen, Bremerhaven und Hamburg einen 36stündigen Warnstreik. Hiermit unterstützten die Seeleute die Tarifverhandlungen der ÖTV. Im Herbst führten ebenfalls zur Unterstützung von Tarifverhandlungen die Bremer Hafenarbeiter Warnstreiks durch, am 23. 10. ruhte im Hafen für neun Stunden die Arbeit.

Bereits am 14. 2. waren bei Hoesch in Dortmund rund 10.000 Stahlarbeiter in den Streik getreten und hatten verschiedene Protestmärsche veranstaltet. Dies war ein Protest gegen die unzureichenden Tarifabschlüsse in der Stahlindustrie.

Gestreikt wurde ferner bei Tewes (Frankfurt) im Juli gegen Lohnkürzungen, im Juli/August bei den Krupp-Hüttenwerken in Bochum für Teuerungszulagen, im Juli bei den Krupp-Hüttenwerken

73 Vgl. Statistisches Bundesamt, Fachserie A, Reihe 6, III. Streiks: 1.–4. Vierteljahr 1972.

in Rheinhausen für höhere Löhne, im August beim Schalker Verein (Rheinstahl-Konzern) in Gelsenkirchen gegen die Streichung von Prämien. Im August streikten die Kranfahrer der Klöckner-Hütte Bremen. Die Direktion antwortete zunächst mit 213 Entlassungen, mußte diese jedoch wieder zurücknehmen und den Kranfahrern Lohnerhöhungen von 17 bis 19 Pfennig pro Stunde zugestehen. Zu Streiks gegen geplante Entlassungen und Stillegungen kam es im August bei der Hagen-Hasper-Hütte, bei der Georgsmarienhütte und bei Buckau-Wolf in Grevenbroich.

Bei den Waggonfabriken Uerdingen führten im Herbst in Düsseldorf und Krefeld 1.000 Arbeiter einen zweitägigen erfolgreichen Streik für die Erhöhung übertariflicher Zulagen. Im November legten 8.000 Beschäftigte von Klöckner-Humboldt-Deutz in zwei Kölner Werken die Arbeit aus Protest gegen die Kürzung des Weihnachtsgeldes und der Jahresendvergütung nieder. Ein achttägiger Streik, in den zeitweise auch die Werke in Ulm, Mainz und Oberursel einbezogen waren, so daß die Zahl der Streikenden auf maximal 15.000 stieg, war erfolgreich. Die Direktion hatte den Konzernfonds für Weihnachtsgratifikation und Jahresendvergütung von 17 auf 10 Millionen DM kürzen wollen, mußte sich schließlich aber mit einer Kürzung auf 15,5 Millionen DM begnügen.

Im Oktober 1972 organisierte die IG Chemie in der Schleifmittelindustrie einen Arbeitskampf. 3.000 Arbeiter aus sechs Betrieben in Hamburg, Niedersachsen und Nordrhein-Westfalen legten 14 Tage lang die Arbeit nieder. Versuche der Unternehmer, mit Hilfe leitender Angestellter die Produktion wenigstens teilweise aufrechtzuerhalten, erlitten ein klägliches Fiasko: Die Herren Streikbrecher produzierten lediglich Ausschuß. Die streikenden Arbeiter, ohne deren Fachkenntnisse es offensichtlich doch nicht ging, setzten Lohn- und Gehaltserhöhungen von 9 Prozent durch.

Neben den genannten und weiteren kleineren Streiks sah das Jahr 1972 aber auch noch zwei sehr bedeutende Kampfaktionen der westdeutschen Arbeiterklasse, die nicht in Vergessenheit geraten sollten. Diese beiden Aktionen — die Streiks gegen den Versuch eines Regierungssturzes durch die Barzel/Strauß-Gruppe im April und die Kämpfe der Arbeiter des multinationalen AKZO-Konzerns gegen die Vernichtung ihrer Arbeitsplätze — seien im folgenden kurz dargestellt.

8.1 Die Aktionen für die Ratifizierung der Verträge und gegen den Sturz der Regierung im April

Für das zweite Quartal 1972 führt das Statistische Bundesamt lediglich drei Streiks mit 2.573 Teilnehmern auf. Damit hat die wichtigste Bewegung jenes Zeitraums in der offiziellen Streikstatistik überhaupt keinen Niederschlag gefunden. Gemeint ist jene Kette von Streiks und sonstigen Protestkundgebungen, mit denen die Arbeiterklasse der Bundesrepublik im April 1972 den Kampf um die Ratifizierung der Verträge von Moskau und Warschau sowie gegen den Versuch eines Sturzes der Regierung Brandt/Scheel führte.[74]

Nach der Unterzeichnung der Verträge versuchten CDU/CSU und andere reaktionäre Kräfte, wenigstens die Ratifizierung der Verträge zu verhindern. Hierfür bestand s. Z. eine reale Möglichkeit. Denn nach den — durch vielfältige Abwerbungsmaßnahmen geförderten — Übertritten mehrerer Bundestagsabgeordneter der FDP und auch der SPD zur CDU/CSU hatte die Brandt/Scheel-Regierung ihre parlamentarische Mehrheit verloren. Jetzt wollte man der für den Mai angesetzten Ratifizierungsdebatte durch ein „konstruktives Mißtrauensvotum" zuvorkommen. Dieser Coup, der die Ablösung der Brandt/Scheel-Regierung durch eine Strauß/Barzel-Regierung bringen sollte, wurde für den 27. 4. angesetzt.

Nur selten zuvor war die Politisierung der Bevölkerung, insbesondere der Arbeiterklasse, der BRD größer gewesen als in jenen Tagen. Millionen hatten begriffen, was auf dem Spiel stand: entweder endlich Übergang zu einer Politik der friedlichen Koexistenz, zur Anerkennung der in Europa bestehenden Realitäten oder erneute Rückkehr zum kalten Krieg. In dieser Situation brach sich der elementare Wunsch der werktätigen Menschen nach Frieden spontan in Form einer breiten Bewegung Bahn.

An drei Tagen, am 25., 26. und 27. April, traten überall in der BRD Arbeiter in den Streik, fanden — unter maßgeblicher Beteiligung der Arbeiterklasse — Demonstrationen und Kundgebungen statt, wurden in den Betrieben Protestresolutionen verabschiedet, um den geplanten Regierungssturz zu verhindern. Während die

---

74 Zu diesen Aktionen vgl. Gewerkschafts-Spiegel, Nr. 10/1972, S. 27 ff.; Nachrichten, Nr. 5/1972, S. 2 f.; Unsere Zeit, Extrablatt, 1. 5. 1972.

rechten Kräfte („Ausverkauf der deutschen Interessen") zusammen mit maoistischen Gruppen („Kriegspakt Bonn—Moskau") Hand in Hand eine letzte Kraftanstrengung unternahmen, um die Verträge zu Fall zu bringen, gingen gleichzeitig Zehntausende von Arbeitern und Gewerkschaftern, Sozialdemokraten und Kommunisten auf die Straße, warfen sie demonstrativ ihr Gewicht in die Waagschale, um zu zeigen, daß sie nicht bereit waren, eine so tiefgreifende politische Entscheidung davon abhängig machen zu lassen, wie viele Abgeordnete die Reaktion hatte kaufen können.

Typisch für die Stimmung unter großen Teilen der Arbeiterklasse in jenen Tagen war ein Aufruf von DGB, IG Metall und Gewerkschaftsjugend in Essen: „Unsere Antwort auf diesen Putsch der Millionäre heißt: auf die Straße. Unsere Kraft ist unsere Zahl, ist unsere millionenfache Solidarität. Unsere Kraft ist unser auf den Straßen tausendfach bekundeter Wille für die Ratifizierung der Ostverträge, für soziale Reformen — gegen den Sturz der Regierung Brandt/Scheel."[75]

Die Hauptkraft dieser Bewegung bildete die Arbeiterklasse, insbesondere ihr Kern: die Industriearbeiter in den Großbetrieben. Hauptzentren der Aktionen, vor allem der Streiks, waren die großen Industriestädte an Rhein und Ruhr. In zahlreichen Werken der Metall- und Stahlindustrie führten die Arbeiter Warn- und Proteststreiks durch, die oft in Demonstrationen und Kundgebungen einmündeten. Gestreikt wurde hier u. a. bei Hoesch in Dortmund, bei Krupp in Essen und Rheinhausen, bei Ford und Felten & Guillaume in Köln, bei der Hagen-Hasper-Hütte, bei der Henrichshütte in Hattingen, bei der Rheinstahl-Gießerei in Meiderich, bei Mannesmann in Duisburg, in der Friedrich-Wilhelm-Hütte in Mülheim, bei Babcock, bei der Gutehoffnungshütte und bei Thyssen in Oberhausen, bei der Rheinstahlhütte, bei den Gußstahlwerken, bei der Schalker Eisenhütte, bei Grillo-Funke und bei Küppersbusch in Gelsenkirchen.

Aber auch außerhalb Nordrhein-Westfalens legten die Belegschaften zahlreicher Großbetriebe der Metallindustrie die Arbeit nieder: so z. B. bei den Nordseewerken und bei VW in Emden, bei mehreren anderen Werften in Hamburg, Kiel und Bremen, in Kassel bei VW, Hanomag-Henschel und anderen Betrieben (ins-

---

75 Zit. n.: Nachrichten, Nr. 5/1972, S. 2.

gesamt 30.000 Streikende), in Ulm bei Klöckner-Humboldt-Deutz, in Mannheim bei Daimler-Benz, in München bei BMW. Daneben kam es auch außerhalb der großen Ballungszentren zu Streiks, so im Rheinisch-Bergischen Kreis (14 Betriebe), in Städten wie Bad Oeynhausen und Herford. Erwähnt seien ferner mehrere Drucker- und Setzerstreiks in Nordrhein-Westfalen, Bayern und Schleswig-Holstein.

Auch die Beschäftigten des öffentlichen Dienstes waren in größerem Ausmaß an den Aktionen für die Ratifizierung der Verträge beteiligt. In mehreren Städten — so z. B. in Frankfurt, Offenbach, Darmstadt, Dortmund, Oberhausen, Mülheim und Duisburg — legten sie die Arbeit nieder, brachten sie den öffentlichen Nahverkehr kurzfristig zum Stillstand, schalteten sie zum Zeichen ihres Protestes gegen das Vorgehen der CDU/CSU die Verkehrsampeln auf Rot.

Diese Aktionen waren ein wesentlicher Faktor beim Kampf um die Durchsetzung der Verträge. Und das Ausmaß der tatsächlich durchgeführten bzw. der bekannt gewordenen Arbeitsniederlegungen (etwa 100 Streiks mit weit über 100.000 Teilnehmern) war gewissermaßen nur die „Spitze des Eisberges". Die Bereitschaft zum Kampf für die Verträge auch mit dem Mittel des politischen Streiks war auch in zahlreichen anderen Betrieben vorhanden. Es war die rechte sozialdemokratische Führung selbst, die eine Ausweitung der Bewegung verhinderte. Die Furcht vor einer Politisierung der werktätigen Bevölkerung war hier größer als der Wille, die Kampfbereitschaft der Arbeiterklasse für die Durchsetzung der Verträge auszunutzen.

Sicherlich spiegelten solche Slogans wie „Willy muß Kanzler bleiben!" die gerade damals sehr tiefsitzenden Illusionen über den Klassencharakter der Politik der Brandt/Scheel-Regierung wider. Der außenpolitische Kurs dieser Regierung entsprach aber wesentlich mehr den Interessen der arbeitenden Menschen und des Weltfriedens als der jeder denkbaren von der CDU/CSU geführten Regierung. Und deshalb waren die Aktionen des April 1972 von großer Bedeutung: In einer politisch offenen Situation warf ein bedeutender Teil der westdeutschen Arbeiterklasse sein Gewicht für die Durchsetzung einer Politik der Entspannung, des Friedens und der friedlichen Koexistenz in die Waagschale, und dieses Gewicht wog schwer in jenen Tagen. Hier zeigte sich, wie falsch die

Auffassung ist, die Arbeiter der Bundesrepublik seien „nur für mehr Geld" zu kämpfen bereit und imstande.

Die Reaktion der Monopolpresse auf diesen Beweis einer wachsenden Reife der westdeutschen Arbeiterklasse war typisch: Die Arbeiter brechen die Verfassung! Für die „Frankfurter Allgemeine Zeitung" stellte sich die Lage so dar: „Zahlreiche Betriebe und deren Beschäftigte sind in die Auseinandersetzung um das Mißtrauensvotum . . . in bedenklicher Weise hineingezogen worden. Noch schlimmer: Fanatische Parteigänger der SPD in den Betriebsräten und Vertrauensleutegremien der Gewerkschaften, zu denen sich in solchen Situationen sehr schnell kommunistische Kräfte jeglicher Färbung gesellen, sind offenbar der Meinung, mit Hilfe von Arbeitsniederlegungen und notfalls weiträumigen Kampfaktionen bis hin zum Generalstreik Druck auf die politischen Parteien und deren Entscheidungen ausüben zu können. Das ist der Versuch, . . . eine laut Verfassung allein dem Parlament zustehende Entscheidung massiv zu beeinflussen. Auf dem Spiele steht das System der repräsentativen parlamentarischen Demokratie." [76]

Was übrigens die „fanatischen Parteigänger der SPD" und die „kommunistischen Kräfte jeglicher Färbung" angeht — das heißt auf deutsch: Aktionseinheit von Sozialdemokraten und Kommunisten, die in der Tat eine wesentliche Grundlage der Bewegung bildete. Und die Kommunisten haben sich hierbei nicht passiv „hinzugesellt": Die DKP trug viel zum Zustandekommen der Aktionen bei und war oft die treibende Kraft. Das ergab sich folgerichtig aus der Bedeutung der Sache, um die es ging.

8.2 Der Kampf gegen die Stillegungspläne des multinationalen AKZO-Konzerns im Frühjahr und Herbst

Die zweite exemplarische Kampfaktion der westdeutschen Arbeiterklasse hatte eine andere Stoßrichtung als die Aktionen zur Unterstützung der Ratifizierung der Verträge. Sie war auch weniger umfassend. Gleichwohl war auch ihre Bedeutung größer, als es die Zahlen der amtlichen Statistik (ein bestreikter Betrieb, 1.200 Streikende, 3.600 ausgefallene Arbeitstage) erkennen lassen. Es han-

76 FAZ, 27. 4. 1972.

delt sich um den Kampf der Arbeiter eines Wuppertaler Chemiefaserwerkes, die zusammen mit holländischen Arbeitern den multinationalen Konzern AKZO zwangen, einen umfassenden — auf ganz Westeuropa sich erstreckenden — Stillegungsplan aufzugeben.[77]

Der multinationale Chemiekonzern AKZO hat seinen Sitz in Holland. 1971 beschäftigte er in fast 40 Ländern über 104.000 Arbeiter und Angestellte, wovon jeweils über 31.000 auf Holland und die BRD entfielen. Fast die Hälfte seines Produktionsprogramms wird von Chemiefasern bestritten. In diesem Bereich, der in der Enka-Glanzstoff-Gruppe zusammengefaßt ist, hält der AKZO-Konzern den zweiten Platz in der kapitalistischen Welt und den ersten Platz in Westeuropa. Fast ein Viertel der Chemiefaserproduktion der EWG entfällt auf die Enka-Glanzstoff-Gruppe, die aus zwei gleichnamigen Aktiengesellschaften in Holland und in der BRD mit zusammen 48.000 Beschäftigten besteht. Bei der westdeutschen Enka-Glanzstoff-AG sind in der BRD in acht Produktionsstätten 27.000 Arbeiter und Angestellte beschäftigt, davon im Werk Wuppertal-Barmen 3000. Neben Folien werden hier vor allem Chemiefasern hergestellt.

Die Chemiefaserindustrie hatte in den fünfziger und sechziger Jahren von allen Industriezweigen die höchsten Wachstumsraten aufzuweisen. In Westeuropa stieg ihre Produktion zwischen 1960 und 1972 von 240.000 t auf rund 2 Millionen t. Im Kampf um höhere Marktanteile hatten die Großkonzerne, die diese Branche beherrschen, die Produktion in einem solchen Ausmaß ausgeweitet, daß 1972 die vorhandenen Anlagen nur zu 70 bis 75 Prozent ausgelastet waren. Um einen Rückgang ihrer Profite zu verhindern, griffen die Konzerne zunächst zum Mittel der Preisabsprache. Danach wurden umfangreiche Stillegungspläne ausgeheckt, um die „Überkapazitäten" abzubauen. An allen diesen Machenschaften war der AKZO-Konzern führend beteiligt.

Nach mehrjährigen Ermittlungen wurde die Enka-Glanzstoff AG 1971 vom Bundeskartellamt wegen ungesetzlicher Preisabspra-

---

[77] Zu den Aktionen bei AKZO-Enka vgl. Pierre Hoffmann, Albert Langwieler, Noch sind wir da! Arbeiter im multinationalen Konzern. Der Erfolg des ersten internationalen Solidaritätsstreiks in Westeuropa, Reinbek b. Hamburg 1974; Gewerkschafts-Spiegel, Nr. 23—24/1972, S. 34 ff.

chen zu einer Geldbuße von 21 Millionen DM verurteilt. Es ist bezeichnend, daß diese Summe prompt 1972 in der Bilanz als Verlust gebucht wurde und dann sogar als Beweis für die schlechte wirtschaftliche Lage des Unternehmens und für die Notwendigkeit der Schließung des Wuppertaler Zweigwerkes angeführt wurde.

Über den Stillegungsplan wurden die Belegschaft und die Öffentlichkeit am 6. 4. 1972 informiert: Danach sollten vier Betriebe mit insgesamt über 5.500 Beschäftigten geschlossen werden — darunter neben einem Schweizer, einem belgischen und einem niederländischen Betrieb das Werk in Wuppertal. Die Konzernherren wollten die Arbeiter offensichtlich vor vollendete Tatsachen stellen, denn gleichzeitig boten sie bereits in Zeitungsinseraten das Wuppertaler Werksgelände zum Verkauf an und setzten das Landesarbeitsamt über die geplanten Massenentlassungen in Kenntnis.

Die Belegschaft des betroffenen Wuppertaler Betriebes überwand den ersten Schock relativ rasch. Auf Betriebsversammlungen festigte sich ihr Wille zum Widerstand. Erster Höhepunkt waren eine Arbeitsniederlegung und eine Demonstration vom Werk zum Sitz der Hauptverwaltung anläßlich einer Aufsichtsratssitzung am 18. 4. Angesichts der festen Haltung der Belegschaft und des Betriebsrates änderte jetzt die Konzernleitung ihre Taktik: Eine Sachverständigenkommission wurde berufen, die ein Gutachten erstellen sollte.

In den folgenden Wochen erhielt der Betriebsrat einige interessante Antworten auf Briefe an amtliche Stellen. Eine kurze Blütenlese hieraus mag die Mentalität kapitalistischen Denkens der rechten sozialdemokratischen Führung verdeutlichen, die ja vor allem durch diese Briefe angesprochen war. Für den nordrheinwestfälischen Ministerpräsidenten Kühn war die Stillegung eine Tatsache, an der es nichts zu rütteln gab. Er übernahm wörtlich eine Formulierung aus der Antwort seines FDP-Wirtschaftsministers Riemer auf eine Anfrage im Landtag: „Ob mit dem nunmehr vorgesehenen stufenweisen Abbau der Produktion über einen Zeitraum von 1½ Jahren soziale Härten verbunden sind, läßt sich erst bei Vorliegen eines Sozialplans überblicken." Der Bundesminister und frühere Vorsitzende der IG Bergbau und Energie, Walter Arendt, schrieb: „Betriebsstillegungen . . . lassen sich aus ökonomischen Gründen (Änderung der Verbrauchergewohnheiten, technischer Fortschritt usw.) manchmal nicht vermeiden. Ein staatlicher Eingriff in die unternehmerische Willensbildung mit dem Ziel, die Firma zur Aufrechterhaltung einer von ihr als unrentabel angesehenen Betriebsstätte zu veranlassen, ist nicht möglich." Und der Bundeskanzler Brandt teilte mit, „daß die Bundesregierung der Sicherung der Arbeitsplätze eine hohe Bedeutung beimißt ... In unserer Wirtschaftsordnung ist es aber auch nicht ausgeschlossen, daß einzelne Betriebe ihre Produktion einstellen müssen". Der damalige Bundesminister und jetzige Bundeskanzler Helmut Schmidt teilte kategorisch mit: „In unserer Wirtschaftsordnung ist es grundsätzlich Sache der Unternehmen, mit derartigen Schwierigkeiten fertig zu werden und die sich daraus ergebenden Entscheidungen zu treffen." [78]

Nachdem so die Fronten geklärt waren, konzentrierte sich der Betriebsrat darauf, Verbindung mit dem holländischen Betrieb aufzunehmen, der ebenfalls stillgelegt werden sollte. Bereits am 6. 5. reiste eine zehnköpfige Wuppertaler Delegation nach Breda und nahm dort — stürmisch begrüßt — zusammen mit einer Delegation des betroffenen belgischen Betriebes an einer Demonstration teil.

Im August wurde schließlich das Gutachten vorgelegt, das alles andere als neutral war, denn es billigte den Stillegungsplan. Die Konzernleitung mußte jedoch bald erkennen, daß sie ihre Rechnung ohne den Wirt gemacht hatte. Gegen Mittag des 17. 9. wurden die Delegierten des gerade in Dortmund eröffneten Gewerkschaftstages der IG Chemie von der Nachricht überrascht, daß in Breda die Belegschaft das Werk besetzt hatte. Der Gewerkschaftskongreß verabschiedete daraufhin einstimmig eine Solidaritätserklärung mit dieser Aktion.

Der Betriebsratsvorsitzende des Wuppertaler Enka-Werkes, Albert Langwieler, der als Delegierter in Dortmund gewesen war, fuhr noch am gleichen Tag nach Wuppertal zurück. Bereits an diesem Abend fielen dort wichtige Vorentscheidungen dafür, dem Beispiel der holländischen Arbeiter zu folgen: Am 19. 9. fand zunächst eine Betriebsratssitzung statt, anschließend wurden die Vertrauensleute hinzugezogen, und schließlich wurde eine Beleg-

---

78 Zit. n.: Hoffmann, Langwieler, a. a. O., S. 51, 54.

schaftsversammlung einberufen. Der Aufforderung des Betriebsrates, sich der Aktion der holländischen Kollegen anzuschließen, folgten die Wuppertaler Arbeiter ohne Zögern. Sofort wurden die Werkstore geschlossen, die Arbeiter übernahmen die Kontrolle im Betrieb. Die Arbeit wurde teilweise niedergelegt, einige Abteilungen produzierten auf Lager, ohne allerdings die Erzeugnisse aus dem Werk herauszulassen.

Der Versuch, drei Busse mit Wuppertaler Enka-Arbeitern nach Breda zu schicken, um so die solidarische Verbundenheit der beiden Belegschaften zu demonstrieren, war nur teilweise erfolgreich. Der erste Bus kam noch durch, da die Polizeibehörden offensichtlich zu spät geschaltet hatten. Die anderen beiden Busse wurden jedoch an der Grenze angehalten und zurückgeschickt. Erneut hatte der bürgerliche Staatsapparat den Enka-Arbeitern gezeigt, daß er stets — unabhängig davon, welche Partei den Regierungschef stellt — bei Klassenauseinandersetzungen auf seiten des Großkapitals steht.

Die Besetzung der beiden Betriebe dauerte bis zum 21. 9. an. An diesem Tag gab die Konzernleitung nach. Die Stillegungspläne wurden angesichts der „heftigen Reaktionen in der Arbeitnehmerschaft" offiziell zurückgenommen. Die holländischen und westdeutschen Arbeiter, die so einen vollen Sieg errungen hatten, nahmen daraufhin am 22. 9. 1972 die Arbeit wieder auf.

Hauptursachen dieses Erfolges deutscher und holländischer Arbeiter waren die geschlossene Haltung der Belegschaften und ihrer betrieblichen und gewerkschaftlichen Vertretungen sowie die zum richtigen Zeitpunkt und entschlossen durchgeführten Aktionen. Aber auch die Tatsache, daß sich die zuständigen Chemiegewerkschaften hinter die Belegschaften stellten, hatte große Bedeutung. Nicht zuletzt hatte wahrscheinlich die Einberufung einer internationalen Funktionärskonferenz westeuropäischer Chemiegewerkschaften für den 25. 9., auf der das Vorgehen gegen den multinationalen AKZO-Konzern koordiniert werden sollte, die Konzernleitung, die jetzt mit einer Ausweitung der Streiks auf weitere Länder rechnen mußte, zur Vernunft gebracht.

Der Streik der Enka-Arbeiter in der BRD und in Holland war eine Kampfaktion von beispielhafter Bedeutung. Denn das schnelle Vordringen multinationaler Konzerne in den kapitalistischen Ländern verstärkt die Gefahr von Stillegungen, der allein im Rahmen eines Landes kaum noch zu begegnen ist. In Breda und Wuppertal hat die Arbeiterklasse gezeigt, daß sie sich in gemeinsamen Aktionen über die Ländergrenzen hinweg erfolgreich gegen die Machenschaften multinationaler Konzerne zur Wehr setzen kann. Diese Erfahrung der Kraft des proletarischen Internationalismus wird in künftigen Klassenauseinandersetzungen von großem Wert sein.

9 Die Streikbewegung 1973

9.1 Die Lohn- und Tarifbewegung bis Jahresmitte

Trotz eines geschlossenen und langen Streikkampfes hatte der Tarifabschluß der IG Metall zum Jahresende 1971 keine Reallohnsteigerung erbracht. Durch die Preissteigerungen (1972 etwa 6,5 Prozent), durch die Progression der Lohnsteuer und die Erhöhung der Sozialabgaben wurden die Tariflohnerhöhungen weitgehend aufgezehrt.

Verlauf und Inhalt der Tarifbewegung 1972/73 für die Metall- und Stahlindustrie waren wesentlich durch die Existenz einer sozialdemokratisch geführten Bundesregierung bestimmt, deren Autorität durch den klaren Wahlsieg des November 1972 wesentlich gestärkt worden war. Aufgrund ihrer engen Verbindung zu den Gewerkschaften konnte sie deren tarifpolitisches Verhalten wirkungsvoll beeinflussen. Und die Führung der IG Metall begriff sich in dieser Situation in erster Linie als Bündnispartner der Regierung, somit als gesellschaftlicher „Ordnungsfaktor". [79]

Das entsprechende Verhalten der IG-Metall-Führung stand in einem klaren Gegensatz zur Stimmung in der gewerkschaftlichen Mitgliedschaft, deren tiefe Illusionen über die SPD sich gerade nach den Bundestagswahlen in konkreten Hoffnungen auf merkliche Einkommensverbesserungen niederschlagen. Der von der IG-Metall-Führung anvisierte 8,5prozentige Abschluß bedeutete demgegenüber angesichts der Geldentwertung, der Progression der Lohnsteuer und der Erhöhung der Sozialabgaben einen Verzicht

---

[79] Die Abschnitte 9—11 folgen im wesentlichen: Zur Einschätzung der Sommerstreiks 1973, hrsg. v. Bezirkssekretariat Ruhr-Westfalen in Konsultation mit Bezirkssekretariat Rheinland-Westfalen d. DKP, Essen 1973; Kurt Steinhaus, Streikkämpfe in der BRD von 1971 bis 1974 in: Das Argument, Nr. 86, 1974, S. 375 ff.

auf Reallohnerhöhungen. Ihre Unzufriedenheit hierüber und ihre gleichzeitige Kampfbereitschaft demonstrierten die gewerkschaftlich organisierten Arbeiter und Angestellten in Urabstimmungen, die eine klare Mehrheit gegen den geplanten 8,5-Prozent-Abschluß erbrachten. In einigen Zentren der Stahlindustrie wie Dortmund stimmten sogar die satzungsmäßig für eine Ablehnung erforderlichen drei Viertel der Gewerkschaftsmitglieder gegen den zu niedrigen Abschluß.

Schon zu Beginn des Jahres 1973 zeichnete sich eine weitere Beschleunigung der inflationären Entwicklung ab, wodurch die Unzulänglichkeit des 8,5-Prozent-Abschlusses für die Metall- und Stahlarbeiter noch klarer erkennbar wurde. Infolgedessen wurde die Unzufriedenheit immer größer. Und schon kurz nach der Unterzeichnung des neuen Tarifvertrages entfalteten sich betriebliche Kämpfe, die das Ziel verfolgten, für die Belegschaften zusätzliche Lohnerhöhungen auf betrieblicher Ebene durchzusetzen. Die ersten betrieblichen Aktionen fanden in der Stahlindustrie des Ruhrgebiets statt.

Am 8. 2. 1973, an einem Donnerstag, legten mehrere tausend Arbeiter des Dortmunder Hoesch-Konzerns die Arbeit nieder, um ihre ursprüngliche Forderung nach 60 Pfennig mehr Stundenlohn voll durchzusetzen. Es ging um die Differenz zwischen den aufgrund des Abschlusses gezahlten 46 Pfennig und den ursprünglich geforderten 60 Pfennig. Die Direktion hatte versucht, es für einen Teil der Beschäftigten bei den 46 Pfennig zu belassen, für einen anderen Teil Zulagen von weniger als 14 Pfennig zu zahlen. Diesem Streik, der bereits am Freitag, dem 9. 2., zu Ende ging, war immerhin ein Teilerfolg beschieden. Eine zusätzliche Lohnerhöhung von 6 bis 8 Pfennig wurde durchgesetzt.

Aber die eigentliche Bewährungsprobe für die Hoesch-Belegschaft kam erst 10 Tage später. Zu diesem Zeitpunkt erfuhr die DKP von einem vertraulichen Schreiben des Präsidenten des BDI und Vorstandsvorsitzenden der August-Thyssen-Hütte, Sohl, an den Hoesch-Vorstandsvorsitzenden Harders. In diesem Schreiben wurde auf Repressalien gegen aktive Gewerkschafter bei Hoesch orientiert, um so ein für allemal den Kampfwillen einer Belegschaft zu brechen, deren Bahnbrecher-Rolle bei Lohnkämpfen dem westdeutschen Monopolkapital schon lange ein Dorn im Auge war. Die DKP war auch imstande, die Namen von acht Betriebsräten, Vertrauensleuten und anderen aktiven Gewerkschaftern bekanntzugeben, die als erste auf der Entlassungsliste standen. Bei diesen Kollegen handelte es sich um Mitglieder der SPD und der DKP sowie um Parteilose.

Die Tatsache, daß es gelang, dieses Komplott rechtzeitig aufzudecken, trug wesentlich dazu bei, den Rachefeldzug der Hoesch-Direktion zum Scheitern zu bringen. Es war wesentlich die Öffentlichkeitsarbeit der DKP, die die Entwicklung einer bundesweiten Solidaritätskampagne bewirkte. Die Betriebszeitung „Heiße Eisen" konnte sich in diesen Tagen klarer denn je als das Organ der Hoesch-Belegschaft profilieren.

83 Stunden, nachdem die Provokation des Hoesch-Vorstandes enthüllt war, mußte dieser klein beigeben. Unter dem Druck einer bereits angekündigten Demonstration der Belegschaften der drei Hoesch-Werke durch die Dortmunder Innenstadt wurden die Entlassungen zurückgenommen. Selten hatte es bisher einen so klaren Beweis dafür gegeben, daß die geschlossene Solidarität der Arbeiter — der Belegschaft, des Vertrauenskörpers und des Betriebsrates des direkt betroffenen Betriebes, aber auch von Arbeitern, Arbeiterfunktionären und anderen fortschrittlichen Menschen außerhalb — imstande ist, Willkürmaßnahmen der Unternehmer erfolgreich zu durchkreuzen.

Auch der Streik der Profilwalzwerker der Duisburger Mannesmann-Werke war in mehrfacher Hinsicht bemerkenswert. Hier erkämpfte die 450 Mann starke Belegschaft einer kleinen — aber in der Produktionskette des Gesamtwerkes unentbehrlichen — Abteilung in einem 10 Tage langen, geschlossen geführten Streik umfassende Lohnregulierungen nicht nur für sich selbst, sondern auch für die Gesamtbelegschaft des Werkes.

Hervorzuheben bei diesem Streik ist die außerordentlich disziplinierte und kämpferische Geschlossenheit der türkischen Kollegen, die einen Großteil der Profilwalzwerker ausmachten und ohne deren Einsatz der Streik überhaupt nicht denkbar gewesen wäre. Der Streik wurde mit äußerster Härte geführt. Die Streikenden besetzten das Verwaltungsgebäude. Die Direktion griff zu Repressalien in einer Form, wie sie bisher im Rahmen von Arbeitskämpfen in der BRD nur selten angewandt worden waren. Gestützt auf den Apparat der Klassenjustiz drohte sie den streikenden Arbeitern mit Hausverboten, Schadenersatzklagen, Geld-

und sogar Haftstrafen. Die Streikenden ließen sich jedoch weder durch zahlreiche Rundschreiben der Werksleitung noch durch eine einstweilige Verfügung des Duisburger Arbeitsgerichts von der Durchsetzung ihrer Kampfziele abbringen.

Ein wesentliches Moment des Streikerfolges war die Solidarität, die dieser Kampf in der Gesamtbelegschaft und auch außerhalb des Werkes fand. Eine besonders positive Rolle spielte in diesem Zusammenhang das anläßlich dieses Streiks gegründete örtliche Solidaritätskomitee sowie ein Arbeitskreis Duisburger Frauen, der die Verteilung von Verpflegung und Getränken organisierte. Aufgrund der eingegangenen Solidaritätsspenden erlitten die Streikenden kaum materielle Verluste.

Eine weitere wichtige Lohnbewegung fand im April 1973 statt. Sie betraf aber nicht nur einen Betrieb, sondern alle Betriebe des VW-Konzerns, der bisher im Rahmen von Streikbewegungen noch nie große Aktivitäten entfaltet hatte. Der Kampf der VW-Arbeiter begann, als sich die Werksleitung unter Berufung auf ein angeblich schlechtes Geschäftsergebnis weigerte, die von den Belegschaften geforderte 8-Prozent-Erfolgsprämie zu zahlen, und sogar das Weihnachtsgeld antasten wollte. Als die VW-Direktion das Angebot einer Erfolgsprämie von 5,75 Prozent machte, standen am 10. 4. in Kassel, Emden und Salzgitter die Bänder still. Die Arbeitsniederlegungen weiteten sich schließlich auch auf die anderen Werke aus.

Es war das erste Mal, daß in diesem Mammut-Konzern die Belegschaften aller sechs Werke gemeinsam und gleichzeitig für eine einheitliche und gemeinsam aufgestellte Forderung kämpfen. Daß ein solcher Kampf nicht einfach zu führen ist, ergibt sich bereits aus der Tatsache, daß die einzelnen Werke bis zu 500 km voneinander entfernt liegen. Da es keine Streikinformationen der Gewerkschaft gab und die überregionale bürgerliche Presse die Streiks weitgehend totschwieg, kam der DKP-Betriebszeitung „Roter Käfer" große Bedeutung zu, vor allem deshalb, weil sie das einzige verläßliche Kommunikationsmittel zwischen den verschiedenen Konzernbetrieben war.

Die Kette der betrieblichen Aktionen riß auch in den Monaten Mai und Juni nicht ab. Der Schwerpunkt lag zunächst im Mannheimer, später im Bremer Raum. Vielen dieser Streiks, von denen die wichtigsten bei der Mannheimer Landmaschinenfabrik John

Deere sowie bei der Klöckner-Hütte und bei der Vulkan-Werft in Bremen stattfanden, waren nur Teilerfolge beschieden. Der Hauptgrund hierfür ist darin zu sehen, daß diese zahlreichen, auf viele Bundesländer sich erstreckenden Kämpfe nacheinander abrollten, ohne zu einer einheitlichen Bewegung zusammenzuwachsen.

Parallel zu den geschilderten betrieblichen Lohnstreiks im IG-Metall-Bereich gab es im ersten Halbjahr 1973 auch mehrere Tarifbewegungen anderer Gewerkschaften. Diese Gewerkschaften stellten die inflationäre Entwicklung und die Stimmung der Belegschaften stärker in Rechnung als die IG Metall. So kam es in den Bereichen der IG Druck u. Papier, der Gewerkschaft Textil — Bekleidung und der IG Chemie—Papier—Keramik zu Streikaktionen und zu Tariflohnerhöhungen von 10 Prozent und mehr. Insbesondere der Drucker-Streik im April zeigte sehr deutlich, daß man mit einem Tag Kampf mehr erreichen konnte als mit wochenlangen Verhandlungen unter Ausschluß der gewerkschaftlichen Mitgliedschaft. Unter den Tarifabschlüssen des ersten Halbjahres 1973 war auch der der HBV bemerkenswert, der Lohnerhöhungen von durchschnittlich 11,1 Prozent, maximal von 17 Prozent erbrachte.

9.2 Die Streiks um Teuerungszulagen im Sommer und Herbst

9.2.1 *Die Ausgangssituation für die Sommer-Streiks*

Das erste Halbjahr 1973 war durch ein verhältnismäßig schnelles Wirtschaftswachstum und gleichzeitig durch eine rapide Beschleunigung der Inflation gekennzeichnet. Gegenüber dem ersten Halbjahr stieg

— das Bruttosozialprodukt um 6 Prozent,
— die Industrieproduktion um 7,7 Prozent.

Der Index der Lebenshaltungskosten lag im Juni 1973 um 7,9 Prozent höher als im gleichen Monat des Vorjahres.[80]

Vor allem die galoppierende Inflation, aber auch die besseren Abschlüsse der anderen Gewerkschaften führten in den Betrieben der Stahl- und Metallindustrie zu wachsender Unruhe. Allerdings

---

80 Vgl. Wirtschaft und Statistik, Nr. 8/1973, S. 470, 498; Nr. 9/1973, S. 519.

hatten s. Z. auch Autorität und Popularität des sozialdemokratischen Regierungschefs nach der Ratifizierung der Verträge und dem klaren Wahlsieg einen hohen Stand erreicht. Das strikte Eintreten dieser Regierung gegen Reallohnerhöhungen und nachträgliche Lohnaufbesserungen sowie die Akzeptierung dieses Votums durch die IG-Metall-Führung hatten für das Verhalten der Arbeiterklasse ein großes Gewicht.

In dieser Situation taktierten die Unternehmer sehr geschickt. Ihnen gelang im ersten Halbjahr 1973 eine weitgehende Aufspaltung der Front der Stahl- und Metallarbeiter. Diese Aufspaltung wirkte erstens vor allem innerhalb der Metallverarbeitung. Immer wieder hatte sich in dieser Zeit die Empörung der Arbeiter an einzelnen Stellen durch Streiks Luft gemacht. Aber die starre Haltung von Unternehmern und Regierung bildete eine so feste Antistreikfront, daß es im ersten Halbjahr 1973 nicht zu einem bundesweiten Flächenbrand gleichzeitiger Streiks kam. Die Tatsache, daß die IG Metall meist betriebliche Aktionen nicht einmal inoffiziell tolerierte, hatte hierzu ebenfalls wesentlich beigetragen. Und um die Jahresmitte hatte die Arbeiterklasse der BRD einen Großteil ihrer Kraft in zahlreichen örtlichen Kämpfen bereits verausgabt. Wo es notwendig war, zeigten die Unternehmer nicht nur Härte, sondern auch Flexibilität. So wurden in zahlreichen Betrieben auch Lohnregulierungen durchgeführt, um Arbeitsniederlegungen vorzubeugen.

Bis Ende August 1973 waren etwa die Hälfte der Arbeiter und Angestellten in der Metallverarbeitung — mit oder ohne Streiks — in den Genuß von Zulagen gekommen. Bei Beginn der eigentlichen Streikbewegung im August hatte wahrscheinlich bereits mehr als ein Viertel der Metallarbeiter betriebliche Teuerungszulagen erhalten. So positiv das auch für diese Kollegen gewesen sein mag, damit war ein wesentlicher Teil des kampfbereitesten Kerns der Arbeiterklasse auf betrieblicher Ebene „besänftigt" und aus der Front zukünftiger gemeinsamer Lohnforderungen herausgebrochen. Die Spaltungstaktik der Unternehmer richtete sich zweitens darauf, die Belegschaften der Stahlindustrie und der metallverarbeitenden Industrie auseinanderzudividieren. Dies gelang durch die Bewilligung einer branchenmäßigen Lohnaufbesserung in der Stahlindustrie:

Im Mai 1973 wurde zwischen IG-Metall-Führung und Unternehmerverband eine Zulage von 280 DM (je 70 DM für die Monate Juni bis September) für die eisenschaffende Industrie vereinbart, die formell als „stahltypische Zuschläge" gelten sollten. Da die Unternehmer realistisch die Kampfbereitschaft der Stahlarbeiter besonders hoch einschätzten, gaben sie hier den Forderungen der IG Metall relativ schnell nach. Was die Metallverarbeitung betraf, gingen sie bewußt ein „einkalkuliertes Risiko" ein und verweigerten eine Regelung, wie sie für die Stahlindustrie zustande gekommen war.

Die Bewegung des Sommers muß vor dem Hintergrund dieser Entwicklung gesehen werden:

Es waren vor allem die große Autorität der sozialdemokratisch geführten Bundesregierung (insbesondere auch der Person des Bundeskanzlers), die weitgehende Nachgiebigkeit der IG-Metall-Führung gegenüber dieser Regierung und die weitgehend erfolgreiche Spaltungstaktik der Unternehmer, die 1973 einen „heißen Herbst" oder „heißen Sommer" wie 1969 oder 1970 verhinderten. Die eigentlichen Grundlagen dafür, daß es im August nicht zu einem bundesweiten „Flächenbrand" kam, wurden so bereits im ersten Halbjahr gelegt.

9.2.2 *Die Streiks um Teuerungszulagen in der Metallindustrie Nordrhein-Westfalens im Sommer*

Die betriebliche Lohnbewegung des Sommers 1973 war im wesentlichen ein Kampf um Teuerungszulagen. Er betraf fast ausschließlich die metallverarbeitende Industrie. Der regionale Schwerpunkt der Streiks lag in Nordrhein-Westfalen, wo etwa 100.000 Arbeiter und Angestellte an den Kämpfen beteiligt waren. Die Zahl der Streikenden in anderen Bundesländern dürfte insgesamt noch einmal die gleiche Größenordnung erreicht haben. Daß das volle Ausmaß der Bewegung nur schwer erkennbar ist, liegt vor allem daran, daß erstens die meisten Streiks nur sehr kurz waren und daß zweitens in Hunderten von Fällen Teuerungszulagen nicht nur durch längere Streiks, sondern auch durch kürzere Warn- und Abteilungsstreiks, vielfach auch bereits durch die Androhung von Kampfmaßnahmen durchgesetzt wurden. Oft gaben Unternehmer schon unter dem Druck der Bewegung in anderen Betrieben nach und zahlten Zulagen, um einem Übergreifen der Streiks auf die eigenen Betriebe vorzubeugen.

Die wichtigsten Streikkämpfe des Sommers 1973 fanden zwischen Mitte Juli und Anfang September in sieben Unternehmen statt. Gestreikt wurde bei Hella in Lippstadt und Paderborn, bei Pierburg in Neuss, bei Valvo in Aachen, bei Küppersbusch in Gelsenkirchen, bei Opel in Bochum, bei Ford in Köln und bei Rheinstahl in Brackwede.

Der erste Vorbote der sommerlichen Streikwelle war der Streik bei den Hella-Werken in Lippstadt vom 16. bis 19. 7. Dieses Unternehmen ist neben Bosch der wichtigste Produzent von elektrischem Zubehör für die Kraftfahrzeugindustrie, insbesondere von Beleuchtungseinrichtungen. Es besteht aus fünf Betrieben (zwei in Lippstadt, je einer in Paderborn, Bockum-Hövel und Recklinghausen) mit insgesamt 12.000 Beschäftigten. Die beiden bestreikten Betriebe in Lippstadt (Hauptwerk und Nordwerk) haben je 4.000 Beschäftigte. Die Hälfte hiervon sind Ausländer (Spanier, Italiener, Griechen, Jugoslawen, Türken) — vorwiegend Frauen. Diese Kolleginnen und Kollegen sind fast ausschließlich mit Montagearbeiten und einfachen mechanischen Tätigkeiten befaßt. Der deutsche Belegschaftsteil besteht je zur Hälfte aus Arbeitern und Angestellten, sie führen die qualifizierteren Tätigkeiten aus.

Der gewerkschaftliche Organisationsgrad lag mit 20 bis 30 Prozent weit unter dem Durchschnitt. Bei Hoesch in Lippstadt (1.000 Beschäftigte) betrug er beispielsweise rund 90 Prozent.

Die Ursache des Streiks ist in der lohnmäßigen Diskriminierung der Ausländer gegenüber den deutschen Kollegen und in ihrer sozialen Diskriminierung zu sehen. Die niedrigen Löhne (meist um 600 DM monatlich) führten bereits 1970 zu einem Streik, der von den Ausländern ohne deutsche Beteiligung geführt wurde. Der unmittelbare Anlaß des Streiks 1973 war die Tatsache, daß die deutschen Arbeiter der Abteilung Werkzeugbau als einzige eine Teuerungszulage von 15 Pfennig pro Stunde erhalten sollten. Nach Bekanntwerden dieser Lohnregulierung gab es zunächst am 16. 7. Abteilungsstreiks im Nordwerk. Ab 17. 7. streikte das ganze Nordwerk, dann auch das Hauptwerk. Später kam ein Solidaritätsstreik im Zweigwerk Paderborn hinzu.

Der Streik wurde vor allem von lohnmäßig diskriminierten ausländischen Arbeitern getragen. Aber auch der Großteil der deutschen Arbeiter blieb schließlich zu Hause.

Während des Streiks kam es zu brutalen Polizeieinsätzen mit

Knüppeln, Hunden und gezogenen Pistolen. Die Werksleitung drohte mit Entlassungen. Die offen gewählte Streikleitung mit ihrem aktiven spanischen Kern stellte jedoch eine einheitliche und disziplinierte Kampfführung sicher. Die Forderung der Streikenden nach 50 Pfennig mehr pro Stunde wurde weitgehend durchgesetzt. Die Werksleitung mußte Erhöhungen der Stundenlöhne um 30 bis 40 Pfennig zugestehen und auf Repressalien verzichten.

Auch der nächste große Streik des Sommers 1973 fand in einem Zuliefererbetrieb der Automobilindustrie statt. Vom 15. bis 18. 8. 1973 wurde bei der Firma Pierburg in Neuss, dem wichtigsten Hersteller von Vergasern und Kraftstoffpumpen in der BRD (Marktanteil teilweise bis zu 80 Prozent), die Arbeit niedergelegt. Der Betrieb hat 2.400 Beschäftigte — davon 80 Prozent Ausländer (Griechen, Türken, Jugoslawen), meist Frauen. Die ausländischen Arbeiterinnen und Arbeiter sind fast ausschließlich mit Montagearbeiten und einfachen mechanischen Tätigkeiten befaßt. Auch hier war die Streikursache die lohnmäßige Diskriminierung der Ausländer. Der Grundsatz „Gleicher Lohn für gleiche Arbeit" wurde ständig verletzt. 1.100 ausländische Arbeiterinnen waren in die Leichtlohngruppe II eingruppiert. An vielen dieser Arbeitsplätze war die Arbeitsleistung in der letzten Zeit verdoppelt worden. Es gab starke Kritik an der Pausenregelung, die so aussah, daß jede Minute Abwesenheit vom Band von der regulären 15-Minuten-Pause abgezogen wurde.

Der Streik entwickelte sich als Aktion der ausländischen Arbeiterinnen und Arbeiter auf der Grundlage dieser besonderen betrieblichen Situation. Es wurden 1 DM mehr Lohn, Wegfall der Leichtlohngruppe II und eine Herabsetzung der Schichtleistung gefordert. Die Forderung nach einer zusätzlichen Teuerungszulage von 200 DM entfiel später.

Bereits am ersten Streiktag kam es zu einem brutalen Polizeieinsatz, der sich auch gegen Frauen richtete und Festnahmen einschloß. Die Streikenden ließen sich jedoch weder einschüchtern noch provozieren. Am vierten Streiktag erfolgte schließlich der Durchbruch zur Solidarisierung der deutschen Arbeiter. Die deutschen Werkzeugschlosser stellten ein Ultimatum nach Erfüllung der Forderungen ihrer ausländischen Kollegen. Nach Ablehnung des Ultimatums reihten sie sich in die Streikfront ein. Dieser demonstrative Solidarisierungsakt schuf innerhalb der gesamten Belegschaft eine solche Atmosphäre der kämpferischen Geschlossenheit und Begeisterung, daß die Werksleitung sich zu wesentlichen Zugeständnissen gezwungen sah: 65 Pfennig mehr pro Stunde für die Lohngruppe II (damit Wegfall dieser Leichtlohngruppe und Höherstufung in III), 53 Pfennig mehr für die anderen Lohngruppen, Bezahlung von vier Streiktagen. Versuche der Unternehmensleitung, sich im Nachhinein aktiver Gewerkschafter durch Entlassungen zu entledigen, scheiterten nach langwierigen gerichtlichen Auseinandersetzungen.

Vom 22. bis 29. 8. streikte die Belegschaft des Aachener Unternehmens Valvo, das zum Philips-Konzern gehört. Von den rund 2.000 Beschäftigten dieses Werkes, in dem Bildröhren für Fernsehgeräte produziert werden, sind ca. 70 Prozent Ausländer (Türken und Jugoslawen), meist Männer.

Der gewerkschaftliche Organisationsgrad lag bei 30 Prozent. Der Betriebsrat bestand überwiegend nicht aus Mitgliedern der IG Metall.

Die Streikenden forderten 200 DM Zulage, 60 Pfennig mehr pro Stunde sowie den Wegfall der Samstagsschichten. Der Verlauf dieses Streiks wurde stark durch linksopportunistische Gruppen beeinflußt, denen es gelang, auf einer Betriebsversammlung die Ablehnung des folgenden Angebots der Unternehmensleitung durchzusetzen: 280 DM Zulage, „großzügige Überprüfung" der Lohngruppeneinteilung, Wegfall der Samstagsschichten ab 1. 1. 74, Aufhebung des Hausverbots für die Streikleitung, Bezahlung von 50 Prozent der Streikschichten. Verglichen mit der Forderung der Streikenden wäre ein solches Ergebnis ein großer Erfolg gewesen. Daß dieses Angebot erst im zweiten Anlauf nach Überwindung des linksopportunistischen Einflusses angenommen wurde, führte dazu, daß die Hausverbote erhalten bleiben.

Vom 15. bis 22. 8. wurde bei dem Gelsenkirchener Unternehmen Küppersbusch gestreikt. Dieses Werk gehört zum AEG-Konzern, produziert vor allem Herde, Öfen und Großküchen.

Von den 2.800 Beschäftigten sind die Hälfte Ausländer, vor allem Türken und Italiener. Ein Drittel der Belegschaft besteht aus Frauen, die vor allem am Band arbeiten. Zu den 600 Angestellten zählen auch die Meister und Vorarbeiter.

Im Betrieb erscheint seit längerer Zeit die DKP-Betriebszeitung „Heiße Platte". Der gewerkschaftliche Organisationsgrad ist hoch. Aus der Tradition des früheren Familienbetriebes heraus gibt es aber noch einen verhältnismäßig starken Einfluß der DAG sowie christlicher Gruppen.
Bereits vor dem Streik im Sommer 1973 hatte es um die Jahreswende 1972/73 einen erfolgreichen Streik gegen Lohnabbau gegeben. Die Unzufriedenheit über die Lohnentwicklung währte schon länger, da ein großer Teil der Belegschaft nur Stundenlöhne um 6 DM hatte. Das Verhältnis zwischen den deutschen und den ausländischen Arbeitern, von denen viele zur Stammbelegschaft gehören, war verhältnismäßig gut.
Nach längeren Diskussionen war es hier bereits am 8. 8. zu einer Arbeitsniederlegung gekommen, an die sich eine Demonstration der Belegschaft durch die Gelsenkirchener Innenstadt angeschlossen hatte. Da sich die Direktion jedoch nicht rührte, trat die Belegschaft eine Woche später erneut in den Streik. Diesem Streik, der wiederum mit einer Demonstration durch die Innenstadt begann, lag eine Forderung nach 40 Pfennig mehr Stundenlohn zugrunde.
Die Streikfront der Arbeiter und eines Teils der technischen Angestellten war die ganze Zeit über geschlossen. Streikposten waren bald überflüssig. Ein Gelsenkirchener Frauenkomitee organisierte die Verteilung von Obst. Während des Streiks trat Dieter Süverkrüp mit einem brandneuen „Küppersbusch-Lied" vor den Arbeitern auf und fand eine sehr positive Aufnahme.
Das schließlich erzielte Ergebnis (einmalige Zulage je nach Dauer der Betriebszugehörigkeit zwischen 100 und 180 DM) lag unterhalb der Forderungen der Belegschaft. Da keine Streikschichten bezahlt wurden, gab es nur einen geringen materiellen Erfolg. Entsprechend groß war die Unzufriedenheit der Belegschaft, die ganz offensichtlich mehrheitlich für die Fortsetzung des Kampfes war, sich jedoch dem Votum des Betriebsratsvorsitzenden beugte. Wie groß die Unzufriedenheit der Arbeiter war, zeigte sich darin, daß die Arbeit erst am folgenden Tag geschlossen aufgenommen wurde, obwohl hiermit ein weiterer Lohnausfall verbunden war. Denn die Direktion hatte die volle Bezahlung der Schicht zugesichert, obwohl sie bereits zur Hälfte vergangen war.
Die Opel AG, Tochtergesellschaft des größten Automobilkonzerns

der Welt (General Motors, USA), ist drittgrößter Pkw-Produzent der BRD. Sie verfügt hier über drei Betriebe in Rüsselsheim (Sitz der Hauptverwaltung), Bochum und Kaiserslautern. Der Bochumer Betrieb, auf den sich die Arbeitsniederlegung im Sommer 1973 beschränkte, besteht aus drei Werken, die mehrere Kilometer voneinander entfernt liegen. Von den insgesamt 19.000 Beschäftigten in Bochum sind 3.000 Ausländer, meist Spanier.

Der Betriebsrat war stark belastet durch frühere Auseinandersetzungen um Spalterlisten. Ein auf dieser Liste gewählter Betriebsrat war entlassen worden. Seit Jahren erscheint bei Opel Bochum die DKP-Betriebszeitung „Roter Kadett". Seit längerer Zeit versuchen linksopportunistische Gruppen, Einfluß auf den Betrieb zu gewinnen. Der letzte große Streik bei Opel Bochum hatte — verbunden mit einer großen Demonstration durch die Innenstadt — 1970 stattgefunden.

Der Streik in Bochum entwickelte sich nach einer längeren innerbetrieblichen Diskussion, in der sich Mitte August die Forderung nach einer Teuerungszulage von 300 DM herausbildete. Diese Forderung wurde vom Vertrauenskörper an den Betriebsrat weitergeleitet, am 21. 8. jedoch von der Direktion abgelehnt. Noch am gleichen Tag erschien die Betriebszeitung der DKP „Roter Kadett" mit der Schlagzeile „Teuerungszulage! Sonst lassen wir den Riemen runter!" Am Tag darauf verkündete der „Rote Kadett" bereits den Beginn der Arbeitsniederlegung mit der Schlagzeile „Den Riemen runtergelassen!". Am Montag, dem 27. 8., akzeptierten dann die Streikenden schließlich ein Unternehmerangebot von 180 DM, das jedoch aufgrund der höheren Ergebnisse bei VW und Ford später auf 280 DM aufgestockt wurde. Während des Streiks gab es massive Einschüchterungs- und Bespitzelungsversuche der Werksleitung und der Polizei. Unmittelbar nach dem Streik enthüllte der „Rote Kadett" detailliert diese Praktiken des USA-Konzerns und veröffentlichte die Namen entlassener Opel-Arbeiter. Die Werksleitung veranlaßte daraufhin zweimal die Polizei zur Beschlagnahme des „Roten Kadett" sowie zur Festnahme von Verteilern.

Der Streik der Kölner Ford-Arbeiter (24. 8. bis 30. 8.) überschnitt sich mit dem Streik bei Opel. Die Kölner Ford-Werke haben eine Belegschaft von 35.000 Mann, davon 25.000 Lohnempfänger. Von den 14.500 ausländischen Arbeitern sind über 11.000 Türken. Die

Absatzlage dieses viertgrößten Pkw-Produzenten, einer Tochtergesellschaft des zweitgrößten Automobilkonzerns der Welt, hatte sich in letzter Zeit aufgrund einer fehlerhaften Modellpolitik relativ ungünstig entwickelt.

Bereits seit dem letzten großen Streik 1970, der in Auseinandersetzungen zwischen deutschen und türkischen Arbeitern eingemündet war, gab es ein gespanntes Verhältnis zwischen beiden Belegschaftsgruppen. Die Lohnsituation bei Ford ist durch den hohen Ausländeranteil bestimmt; Ford hat die höchste Bandgeschwindigkeit der westdeutschen Automobilindustrie und einen überdurchschnittlich hohen Anteil niedriger Lohngruppen. Ein rigoroses Antreibersystem an den Bändern erzeugt insbesondere bei den türkischen Arbeitern große Erbitterung, die noch durch außerordentlich schlechte allgemeine Lebensbedingungen in Köln (höchster Anteil von Türken an der Wohnbevölkerung) verschärft wird.

Schon vor dem Sommerurlaub hatte es starke Unruhen im Betrieb über Lohnfragen gegeben. Ein geschlossener Streik kam damals jedoch noch nicht zustande.

Äußerer Anlaß des Streiks war die Entlassung von 300 Türken, die zu spät aus dem Urlaub zurückgekommen waren. Dem Streik von 800 türkischen Bandarbeitern am Freitag, dem 27. 8., schloß sich nach und nach die gesamte Spätschicht, unabhängig von der Nationalität, an. Folgende Forderungen entwickelten sich: 60 Pfennig (später 1 DM) mehr Lohn pro Stunde, Verringerung des Arbeitstempos, 6 Wochen Urlaub, 13. Monatsgehalt, Wiedereinstellung aller Entlassenen.

Trotz der zunächst geschlossenen Haltung der gesamten Belegschaft verschlechterte sich die Situation ab Montag, dem 27. 8., ständig, vor allem weil der Vertrauenskörper nicht in Aktion trat. Dieses Vakuum wurde von linksopportunistischen Gruppen dann ausgenutzt, die sich voll auf die Türken, den aktiven Kern der Streikenden, orientierten und starken Einfluß auf deren Sprecher Targün bekamen. Die Streikleitung war nur von 1.000 oder wenig mehr ausländischen Arbeitern gewählt.

Die linksopportunistische Linie der Streikleitung führte zur Spaltung der Belegschaft nach nationalen Kriterien, die durch die Massenmedien stimmungsmäßig weiter verschärft wurde. Diese

Situation schuf die Möglichkeit für eine sogenannte „Gegendemonstration", die von der Werksleitung vorwiegend aus Angestellten, Meistern, Obermeistern usw. zusammengestellt wurde. An den Schlägereien, die sich hieraus entwickelten, waren auch zivile „Greiftrupps" der Polizei beteiligt.

Trotz eines faktischen Streikzusammenbruchs wurde ein verhältnismäßig günstiges materielles Ergebnis erreicht, nämlich die Bezahlung der Streikschichten und 280 DM Teuerungszulage. Die Nichtzurücknahme der Entlassungen und die Vornahme weiterer Entlassungen sowie die zeitweise Spaltung der Belegschaft erlauben es jedoch nicht, den Streik als Erfolg zu werten.

Der längste Streik des Sommers 1973 (22. 8. bis 3. 9.) fand in dem Brackweder Rheinstahl-Werk statt, wo Karosserieteile und Eisenguß für Lastkraftwagen produziert werden. Von den 1.600 Beschäftigten sind 500 Ausländer, meist Türken. Der gewerkschaftliche Organisationsgrad betrug fast 99 Prozent. Der Betriebsrat war jedoch sehr stark antikommunistisch beeinflußt. Es wurde auch niemand gestattet, vor dem Betrieb Material zu verteilen oder sonst aktiv zu werden. Lediglich „die Falken" durften Verpflegung ausgeben, ferner konnte die in der Belegschaft bekannte und nicht parteigebundene Betriebszeitung „Querträger" verteilt werden. Die DKP konzentrierte ihre Aktivitäten auf die Organisierung von Solidarität von außerhalb.

Nach einer Betriebsversammlung am 21. 8. entwickelte sich eine einheitliche Forderung nach 60 Pfennig mehr Stundenlohn. Am Tag darauf begann der Streik. Die Essener Konzernspitze weigerte sich, vor Beendigung der Arbeitsniederlegung überhaupt zu verhandeln. Am 29. 8. gelang es der rechten Mehrheit des Betriebsrates und der IG-Metall-Ortsverwaltung, eine Belegschaftsversammlung zu organisieren, die die Wiederaufnahme der Arbeit beschloß. Die Mehrheit der Streikenden, darunter fast alle Ausländer, war auf dieser Versammlung nicht zugegen, zum Teil noch nicht einmal über ihr Stattfinden informiert. Diese Situation führte zur Spaltung der Belegschaft, was von der Werksleitung als Vorwand für eine Aussperrung der Gesamtbelegschaft bis zum 31. 8. genutzt wurde. Am Montag, dem 3. 9., erzwang die Direktion, unterstützt durch einen massiven Polizeieinsatz, der von mehreren Festnahmen begleitet war, die Wiederaufnahme der Arbeit. Nach dem Streik erklärte sich die Konzernleitung zur Zahlung von 350 DM Vorschuß auf spätere tarifliche Regelungen bereit. Mehrere Kollegen wurden entlassen.

Die Hauptursache der Streikbewegung des Sommers 1973 lag in der allgemeinen ökonomischen Entwicklung, vor allem in der galoppierenden Inflation. Daneben hat jedoch auch die zusätzliche Diskriminierung und Ausbeutung der ausländischen Arbeiter und Arbeiterinnen eine wesentliche Rolle gespielt. Insbesondere bei Hella, bei Pierburg, bei Valvo und bei Ford spielten die ausländischen Kollegen, die hier einen Großteil, bisweilen sogar die Mehrheit der Belegschaften ausmachten, während der Streikkämpfe eine auslösende, ja führende Rolle.

Dies hängt wesentlich mit der Struktur der bestreikten Betriebe zusammen: Der hier mehr oder minder ausgeprägt vorherrschende Typ der Großserienfertigung (Massenproduktion) bedingt einen relativ hohen Anteil ungelernter bzw. kurzfristig angelernter Arbeiter an der Belegschaft. Unter den konkreten Bedingungen des Arbeitsmarktes der BRD bedeutet das meist einen hohen Ausländeranteil an der Belegschaft. Die ausländischen Arbeiter und Arbeiterinnen sind dabei in der Regel mit Montagearbeiten (Zusammensetzen von Teilen) oder mit einfachen mechanischen Tätigkeiten (z. B. Metall-Verformung) befaßt. Der deutsche Teil der Belegschaft besteht dann weitgehend aus kaufmännischen und technischen Angestellten sowie aus Facharbeitern. In der Tendenz liegt hier eine ziemlich eindeutige funktionale Aufteilung der Belegschaft nach Nationalitäten vor, der meist auch eine entsprechende Differenzierung in bezug auf die Entlohnung sowie auf die allgemeinen Arbeits- und Lebensbedingungen entspricht. Und im Sommer 1973 haben diese Lohndifferenzen, wie schon bei früheren Gelegenheiten, als wichtiger mobilisierender Faktor gewirkt. Aber je ausgeprägter eine betriebliche Differenzierung nach Nationalitäten ist, desto größer ist in der Regel auch die Distanz zwischen Deutschen und Ausländern. Und das wirft sehr komplizierte Probleme auf.

Im übrigen hat es sich bei den Sommer-Streiks fast ausschließlich um reine Arbeiter-Streiks gehandelt. Es waren nur solche Angestellten-Gruppen an den Kämpfen beteiligt, die als Meister, Vorarbeiter, Techniker usw. unmittelbar in den Produktionsprozeß einbezogen sind.

Auch was das Problem der Führung und Organisation sogenannter spontaner Streiks angeht, vermitteln die Sommer-Streiks 1973 wichtige Lehren. Wie schon in früheren Kämpfen, ließen sich zwei Grundmuster der Streikleitung erkennen:

Bekannt ist der Typ der informellen Streikleitung, die nach außen hin zumindest mit diesem Namen nicht in Erscheinung tritt. Hier handelt es sich um eine Streikleitung, die meist von gewerkschaftlichen Vertrauensleuten gebildet ist und unter Berücksichtigung der „Friedenspflicht" des Betriebsverfassungsgesetzes den Streikkampf führt. Dieser Typ der Streikleitung ist in der BRD seit langem bekannt. Und auch während der Sommer-Streiks 1973 sind z. B. die Streiks bei Küppersbusch, Opel und Rheinstahl-Brackwede auf diese Weise geführt und organisiert gewesen.

Ein anderer Typ ist die formelle Streikleitung, d. h. eine Streikleitung, die sich auch als solche bezeichnet. Auch hierfür hat es in vielen Streikkämpfen der BRD schon gute Beispiele gegeben. Diese formellen Streikleitungen werden meist von Vertrauensleuten gebildet, die im Optimalfall in zusätzlicher Konsultation mit dem Betriebsrat, der ja wegen der „Friedenspflicht" bei Streiks in seiner Handlungsfreiheit sehr eingeengt ist, den Streik organisieren. Allein aufgrund der Tatsache, daß die Vertrauensleute gewerkschaftliche Funktionäre sind, ist in einer solchen Situation damit zu rechnen, daß die Streikleitung keine antigewerkschaftliche Linie vertritt. Bei den August-Streiks des Jahres 1973 hat es jedoch auch formelle Streikleitungen gegeben, die unter dem Einfluß linksopportunistischer Gruppen standen.

Alle Erfahrungen zeigen jedenfalls, daß die formale, institutionelle Fragestellung „Streikleitung" oder „keine Streikleitung" falsch ist. Die Bezeichnungen sind gerade hier völlig nebensächlich. Einzig richtig ist die inhaltliche Frage nach Effektivität und Linie einer Streikleitung — unabhängig davon, ob sie als solche offiziell nach außen hin in Erscheinung tritt. Für die Beurteilung sind dann — dies bestätigen die Streikkämpfe des Sommers 1973 sehr nachdrücklich — vor allem folgende Kriterien maßgeblich:

Erstes Kriterium ist, ob die Streikleitung zumindest von einer klaren Mehrheit der Belegschaft akzeptiert wird.

Zweites Kriterium ist, ob sie auf die Einheit der Belegschaft, auf die Zusammenarbeit mit Gewerkschaft, Betriebsrat und Vertrauenskörper hinarbeitet.

Drittes Kriterium ist, ob sie — gestützt auf die Belegschaft — imstande ist, den Streik organisiert, diszipliniert und geschlossen zu führen sowie zu beenden.

Bei zwei Streiks (Hella und Pierburg) erfüllten die Streikleitungen diese Anforderungen. Die aus fortschrittlichen ausländischen Kollegen bestehenden Streikleitungen waren durch die Mehrheit der Streikenden gewählt worden, ihre Orientierung war im wesentlichen richtig, ihre Autorität reichte für eine geschlossene Durchführung des Kampfes aus. Diese Streiks waren auch erfolgreich.

Bei zwei anderen Streiks (Valvo und Ford) waren diese Kriterien nicht erfüllt. Die Streikleitungen waren hier nicht von der Mehrheit der Streikenden gewählt; unter dem Einfluß maoistischer Gruppen verfolgten sie eine antigewerkschaftliche Politik und waren so außerstande, die Einheit der Belegschaft herzustellen bzw. aufrechtzuerhalten. Zu einer geschlossenen und disziplinierten Organisation des Kampfes waren sie aufgrund ihrer fehlenden Autorität und ihrer falschen politischen Orientierung nicht imstande. Infolgedessen waren diese Streiks — was den Verlauf und das Ergebnis betrifft — mit wesentlich mehr negativen Merkmalen behaftet als die Streiks bei Hella und Pierburg.

Eine wesentliche — freilich keineswegs neue — Erfahrung der Sommer-Streiks 1973 ist die, daß das Propagieren antigewerkschaftlicher, linkopportunistischer Losungen nur den Konzernen, den reaktionären Massenmedien, der Polizei in die Hände arbeitet, indem sie die Durchführung von Hetzkampagnen, Repressalien und Terroraktionen gegen die Arbeiterklasse begünstigen. Überwiegend aus Studenten und Intellektuellen zusammengesetzt und ohne reale Verbindung zur Arbeiterklasse, spielen die maoistischen Gruppen — wie revolutionär die subjektiven Absichten ihrer Anhänger auch sein mögen — objektiv eine konterrevolutionäre Rolle.

9.2.3 *Der Nachhall der Sommer-Streiks in anderen Bereichen und Regionen*

Die sommerlichen Streiks für Teuerungszulagen, die sich auf die metallverarbeitende Industrie Nordrhein-Westfalens konzentriert hatten, blieben in anderen Wirtschaftsbereichen und Regionen nicht ohne Nachhall. Wichtig in diesem Zusammenhang sind vor allem die Streiks der saarländischen Stahl- und Bergarbeiter sowie die Auseinandersetzungen um die Zahlung eines vollen 13. Monatsgehalts im öffentlichen Dienst:

Im Gegensatz zu vielen anderen Bundesländern war es im Saarland bis September 1973 zu keiner nennenswerten Streikbewegung für die Durchsetzung von Teuerungszulagen gekommen. Erst im Oktober entfaltete sich hier die Bewegung, die in anderen Regionen der Bundesrepublik bereits im Sommer oder vorher abgelaufen war. Schwerpunkt dieser Bewegung war zunächst die Stahlindustrie. Die Stahlindustrie des Saarlandes konzentriert sich auf vier Werke: die Neunkircher Eisenwerke, die Völklinger und die Burbacher Hütte (beide Hütten sind im Rahmen eines Konzerns vereinigt) sowie die Dillinger Hütte.

Der Streik der saarländischen Stahlarbeiter nahm in den Neunkircher Eisenwerken seinen Anfang, wo auch bereits bei den Septemberstreiks 1969 der Schwerpunkt der Kämpfe gelegen hatte. Aufgrund der Teuerung und einer schlechten innerbetrieblichen Situation hatte sich hier eine Forderung nach 50 Pfennig mehr **pro Stunde herausgebildet**, die dann vom Betriebsrat in die Forderung nach Weiterzahlung der (im Mai für Juni bis September vereinbarten) monatlichen Zulage von 70 DM über den September hinaus umformuliert wurde. Dem Streik der Neunkircher Eisenwerke schlossen sich noch am gleichen Tag und am Tag darauf verschiedene Abteilungen der Burbacher und der Völklinger Hütte an, während weitere Bereiche dieser beiden Hütten ultimative Forderungen stellten.

Unter dem Druck der Streikbewegung bzw. der Streikdrohung bewilligte schließlich die Direktion der Burbacher und der Völklinger Hütte die geforderte Teuerungszulage von 210 DM. Auch in der Dillinger Hütte wurde dieses Ergebnis sofort übernommen. Aufgrund dieser Entwicklung blieb dann auch der Direktion der Neunkircher Eisenwerke nichts anderes übrig, als die Forderungen der Streikenden zu erfüllen. Auch die Streikschichten wurden bezahlt.

In Neunkirchen wurde jedoch vor allem unter dem Einfluß der anwesenden Funktionäre der IG Metall eine Summe von 211 DM bewilligt. Der Grund hierfür ist darin zu sehen, daß mit dieser — nicht durch 70 teilbaren — Zahl der Eindruck vermieden wird, daß es sich bei dieser Zulage um eine Fortsetzung der manteltarifvertraglich vereinbarten „stahltypischen Zuschläge" handelte. Bekanntlich hatte die im Mai 1973 vereinbarte Zahlung von 280 DM formell diesen Charakter gehabt, obwohl die Zahlung auch an Angestellte und andere Belegschaftsmitglieder erfolgte, die zum Empfang stahltypischer Zuschläge rein juristisch gesehen gar nicht berechtigt sind. Bei den Neunkircher Eisenwerken wurde darüber hinaus vereinbart, die Summe von 211 DM nicht in drei Raten à 70 DM, sondern in vier Raten à 52, 75 DM auszuzahlen.

Wie schon bei den Septemberstreiks 1969 konnte die Betriebszeitung der DKP, „Der Abstich", zum Erfolg des Streiks beitragen. „Der Abstich" stellte mit Beginn der Arbeitsniederlegung bei den Neunkircher Eisenwerken eine schnelle und vor allem auch einheitliche Information der Belegschaften aller saarländischen Hütten sicher.

Für die Auslösung des Streiks der saarländischen Bergarbeiter haben sicherlich die Erfolge der Stahlarbeiter eine gewichtige Rolle gespielt. Während die Unruhe anläßlich des ungenügenden 9,6-Prozent-Abschlusses der IG Bergbau im Sommer sich noch nicht zu Kampfaktionen oder einer nennenswerten Bewegung verdichtet hatte, kam es diesmal am 23. 10. 1967 auf der Grube Reden zu einem Streik zunächst der Übertagebelegschaft. Diesem Streik schloß sich noch am gleichen Tag die Untertagebelegschaft von Reden sowie die Belegschaft des Betriebsteils Maybach an. Später kam die Grube Warndt hinzu, wo schon vorher Unterschriftensammlungen für eine Teuerungszulage durchgeführt worden waren. Am 24. 10. befanden sich alle sechs saarländischen Gruben im Streik.

An diesem und am folgenden Tag kam es zu großen Bergarbeiterdemonstrationen in Saarbrücken. Wie im September 1969 erwiesen sich diese eindrucksvollen Demonstrationen — wegen der großen Entfernungen zwischen den einzelnen Gruben und wegen der breiten Streuung der Wohnorte der Bergleute über das ganze Saarland — als wesentliches Mittel zur Mobilisierung der Streikenden und zur Aufrechterhaltung ihrer Kampfbereitschaft. Die CDU-Landesregierung ließ in der Stadt ein Polizeiaufgebot aufmarschieren, das nicht nur durch seinen Umfang, sondern auch durch seinen bürgerkriegsmäßigen Anstrich (z. B. offen getragene Tränengaswurfkörper) ausgesprochen provozierend wirkte. Die Bergleute jedoch reagierten hierauf lediglich mit bitterem bzw.

sarkastischen Kommentaren, wie „Gegen wen wollt ihr denn Krieg führen?" oder „Warum habt ihr nicht noch Kanonen und Panzer mitgebracht?".

Der Streik mußte am Freitag, dem 26. 10., zur Frühschicht abgebrochen werden, weil angesichts großer Kohlehalden und aufgrund der Tatsache, daß im Ruhrrevier gearbeitet wurde, ein Erfolg nicht in Sicht war. Die Belegschaften fuhren geschlossen wieder ein.

Der Streik der Bergleute aller saarländischen Kohlengruben führte also nicht zur Durchsetzung der berechtigten Lohnforderungen. Dies war nicht zuletzt der Haltung der Führung der IGBE zuzuschreiben, die — wie schon im September 1969 — ihre Aufgabe nicht darin sah, die schwierige Situation der Bergleute zu erleichtern, sondern im Gegenteil alles tat, um den Streik als Ergebnis „kommunistischer Wühlarbeit" dazustellen, ihn zu ersticken und sein Übergreifen auf das Ruhrrevier zu verhindern. Aber die Geschlossenheit des Kampfes und vor allem der Wiederaufnahme der Arbeit, die eindrucksvollen, mächtigen Demonstrationen durch Saarbrücken, die gegenüber 1969 deutlich gesunkene Anfälligkeit gegenüber antikommunistischer Hetzpropaganda — dies alles sind beredte Zeugnisse einer bemerkenswert gewachsenen Kampfbereitschaft auch dieser Abteilung der Arbeiterklasse der BRD.

Die erfolgreiche Durchsetzung von Teuerungszulagen in der Metallindustrie Nordrhein-Westfalen durch das Kampfmittel Streik hatte auch für den Bereich des öffentlichen Dienstes eine deutlich erkennbare Signalwirkung. Unter dem Einfluß der Streiks in der Metallindustrie kamen von der Basis her zahlreiche Forderungen nach Teuerungszulagen auf. Bei der Müllabfuhr verschiedener Städte — z. B. in Wolfsburg, Hannover, Oberhausen und Frankfurt — fanden Warnstreiks und „motorisierte" Demonstrationen statt. Gerade die Springer-Presse ließ sich die Gelegenheit nicht entgehen, diese Aktionen als Ausdruck von Anarchie und Chaos darzustellen. Eine Schlagzeile der „Bild-Zeitung" in jenen Tagen lautete beispielsweise „120 Müllmänner stürmen Rathaus". [81]

Die Streikbewegung lief sich allerdings tot, als das Interesse der Gewerkschaftsführung an den Streiks als Druckmittel für die Ver-

---

81 Bild, 12. 9. 1973.

handlungen um die volle Zahlung eines 13. Monatsgehaltes erlosch. Und dies war zu dem Zeitpunkt der Fall, als die öffentliche Hand unter dem Druck der Bewegung von unten den Forderungen der Gewerkschaft nachgab. Die Erhöhung der Sonderzuwendung zum Jahresende von 66⅔ Prozent auf 100 Prozent eines Monatsgehaltes im gesamten öffentlichen Dienst war so nicht zuletzt Ergebnis der Demonstration der Kampfbereitschaft der Arbeiter und Angestellten, wobei den Beschäftigten der Stadtreinigung — dem am stärksten ausgeprägt proletarischen Kern des öffentlichen Dienstes — das Hauptverdienst zukommt.

Die Breite der Bewegung an der Basis im öffentlichen Dienst war 1973 stärker als zuvor. Mehr als früher wurden größere Gruppen von Werktätigen dieses Bereichs in die Lohn- und Tarifbewegung direkt einbezogen. Die Auswirkungen zeigten sich wenige Monate später, als die Beschäftigten des öffentlichen Dienstes und ihre Gewerkschaften Vorreiter der Lohnrunde 1974 wurden.

9.3 Der Kampf um bessere Arbeitsbedingungen in der Metallindustrie Baden-Württembergs im Herbst

1973 wurde in der BRD erstmalig seit dem schleswig-holsteinischen Metallarbeiterstreik von 1956 wieder ein großer gewerkschaftlich organisierter Streik für die Durchsetzung von Forderungen geführt, die eindeutig mehr beinhalteten als eine bestimmte Lohnerhöhung. Bei den Tarifverhandlungen und Streiks in der baden-württembergischen Metallindustrie ging es um wesentliche Verbesserungen der Arbeitsbedingungen. Gegenstand der Auseinandersetzung war hier kein Lohntarifvertrag, sondern ein Bündel von Fragen, die normalerweise in Manteltarifverträgen geregelt werden:

Während die von den Einzelgewerkschaften abgeschlossenen Lohntarifverträge sich in den verschiedenen Regionen der Bundesrepublik meist nicht allzu sehr voneinander unterscheiden, sind die Bestimmungen von Manteltarifverträgen, die in der Regel Laufzeiten von mehreren Jahren haben, von Tarifbezirk zu Tarifbezirk meist sehr verschieden. In der Metallindustrie Baden-Württembergs ist die Lage zusätzlich kompliziert, weil es hier zwar nur einen IG-Metall-Bezirk, aber drei Tarifbezirke gibt, in denen die Arbeitsbedingungen unterschiedlich geregelt sind. Für den Tarifbezirk Südbaden war Mitte 1973 ein neuer Manteltarifvertrag abgeschlossen worden, der einen alten Manteltarifvertrag von 1963 vollständig abgelöst hatte; im Tarifbezirk Südwürttemberg-Hohenzollern galt seit Mitte 1972 ein neuer Manteltarifvertrag, gleichzeitig blieben jedoch einige Bestimmungen des alten Manteltarifvertrages von 1962, über deren Neufassung keine Einigung erzielt werden konnte, weiterhin in Kraft. Am kompliziertesten war die Situation in Nordwürttemberg-Nordbaden, dem Schauplatz der Auseinandersetzungen des Herbst 1973.[82] Hier waren damals für die Arbeiter der Metallindustrie (für Auszubildende und Angestellte galten andere Regelungen) in Kraft:

— ein Manteltarifvertrag von 1963 (seit 1966 gekündigt);
— ein Lohnrahmentarifvertrag von 1967 (der sogenannte Lohnrahmen I), durch den der Komplex der Arbeitsbewertung aus dem Manteltarifvertrag ausgegliedert worden war;
— zwei Paragraphen des alten, bereits 1956 gekündigten Manteltarifvertrages von 1953, die den Komplex der Leistungsbewertung behandelten und an deren Stelle ein sogenannter Lohnrahmen II neu vereinbart werden sollte.

Dieser Lohnrahmen II, über dessen konkreten Inhalt seit 17 Jahren zwischen den Tarifvertragsparteien erfolglos verhandelt worden war, bildeten den Gegenstand der Auseinandersetzungen im Herbst 1973. Diese Auseinandersetzung begann Ende August, als die große Tarifkommission der IG Metall des Tarifgebiets Nordwürttemberg-Nordbaden einstimmig feststellte, daß die letzte Verhandlungsrunde über den Abschluß eines Lohnrahmentarifvertrags II gescheitert waren.

Der Zeitpunkt für diese Entscheidung, die auf dem Höhepunkt der sommerlichen Streikwelle für Teuerungszulagen fiel, war zweifellos gut gewählt. Auch in den Großbetrieben der badenwürttembergischen Metallindustrie gärte es. Für die Unruhe in den Betrieben gab es vor allem zwei Ursachen: Die Empörung richtete sich nicht nur gegen die Preistreiberei der Unternehmer, sondern zunehmend auch gegen die ständige Steigerung des Leistungsdrucks und der Arbeitshetze. Und die Bereitschaft, gerade

---

[82] Z. folg. vgl. vor allem die genannten Verträge, ferner die von der Bezirksleitung Stuttgart herausgegebenen „Metall-Nachrichten" und „Streik-Nachrichten".

für eine Verbesserung der Arbeitsbedingungen zu kämpfen, war stärker als zuvor. Dies hatte sich in Baden-Württemberg bereits im Sommer gezeigt, z. B., als bei John Deere (Mannheim) nicht nur für eine Teuerungszulage, sondern auch für eine Verringerung der Bandgeschwindigkeit gestreikt wurde. Die IG-Metall-Bezirksleitung stellte diese Situation in Rechnung.

Nach der Feststellung des Scheiterns der Verhandlungen über den Lohnrahmen II am 29. 8. 1973 begann dann am 10. 9. das Schlichtungsverfahren unter Vorsitz des Schlichters Hans Güntner, der bis 1971 Direktor am Landesarbeitsgericht Baden-Württemberg gewesen und in der Zeit des Hitlerfaschismus mit dem faschistischen Justizapparat in Konflikt geraten war. Güntner war von der IG Metall als Schlichter vorgeschlagen und durch das Los bestimmt worden.

Die Hauptforderungen, mit denen die IG Metall in die Schlichtung ging, waren die folgenden:

a) Kündigungsschutz und Verdienstabsicherung vom 50. Lebensjahr an;
b) Einführung einer bezahlten Mindesterholzeit für Band- und Akkordarbeiter von 6 Minuten in der Stunde;
c) das Verbot von Arbeitstakten am Fließband unter 1,5 Minuten;
d) eine Mindestverdienstgarantie für Akkordarbeiter in Höhe von 140 Prozent des Tariflohnes.

Die große Bedeutung dieser Forderungen für die Arbeiterklasse liegen auf der Hand: Sie zielten darauf ab, zum einen die Arbeiter besser als bisher vor Lohnabbau und Arbeitsplatzverlust zu schützen, zum zweiten die besonderen Belastungen der Band- und Akkordarbeit abzumildern.

Aufgrund der Kombination der Forderungen waren praktisch alle Arbeiter an ihrer Realisierung materiell interessiert: Denn zwar betrafen die Punkte b) – d) direkt nur Band- und Akkordarbeiter, aber die Forderung a) war zu Recht bei allen Arbeitern populär; ferner war die tarifvertragliche Festlegung einer Verdienstgarantie oberhalb der Tariflöhne – selbst wenn sie formell nur Band- und Akkordarbeiter betraf – auch für andere Arbeitergruppen wichtig, da es sich bei einer solchen Regelung ein Kapitalist kaum leisten kann, Zeitlöhnern einen relativ niedrigeren Effektivlohn zu zahlen. Darüber hinaus waren diese Forderungen bei der werktätigen Bevölkerung insgesamt populär. Es zeigte sich hier, daß dem ganzen Komplex, der oft als „Humanisierung der Arbeit", „Verbesserung der Lebensqualität" bezeichnet wird, mit konkretem Inhalt gefüllt, eine starke mobilisierende Wirkung innewohnt.

Während des Schlichtungsverfahrens blieben die Unternehmervertreter unter Führung des jetzigen Präsidenten des Arbeitgeberverbandes, Schleyer, bei ihrer starrsinnigen Haltung und verweigerten jedes nennenswerte Zugeständnis. Am 17. 9. war die Schlichtung dann aufgrund der Tatsache, daß eine Einigung nicht zustande gekommen war, gescheitert. Bereits während des Schlichtungsverfahrens, d. h. in der Woche zuvor, hatte es Warnstreiks gegeben, an denen etwa 40.000 Arbeiter beteiligt waren. Die Kette der Warnstreiks setzte sich auch in den folgenden Tagen fort: So traten am 18. 9. ca. 12.000 Arbeiter in den Warnstreik, davon 6.300 bei Klöckner-Humboldt-Deutz in Ulm und 4.000 bei Daimler-Benz in Gaggenau. An diesem Tag begann zugleich die siebente Runde der Schlichtungsverhandlung. Am 19. 9. traten 15.000 Arbeiter in den Warnstreik, am 20. 9. waren es weitere 17.000.

An diesem 20. 9. 1973, d. h. am neunten Tag der Schlichtung, lehnten die Unternehmer den Vorschlag des Schlichters endgültig ab, während er von der IG Metall akzeptiert wurde. In bezug auf die gewerkschaftlichen Kernforderungen lautete der Schiedsspruch wie folgt:

a) Verdienstabsicherung vom 55. Lebensjahr an bei mindestens einem Jahr Betriebszugehörigkeit, Kündigungsschutz vom 53. Lebensjahr an bei mindestens dreijähriger Betriebszugehörigkeit;

b) bezahlte Mindesterholungszeit bei Fließband- und Taktarbeit von mindestens 6 Minuten pro Stunde, bei Akkordarbeit von mindestens 5 Minuten;

c) Verbot der weiteren Untergliederung von Arbeitstakten am Band, prinzipielle Anerkennung einer Mindesttaktzeit von 1,5 Minuten;

d) Mindestverdienstgarantie für Akkordarbeiter in Höhe von 130 Prozent des Tariflohns.

Am 3. 10. entschied sich die große Tarifkommission von Nordwürttemberg-Nordbaden für eine Urabstimmung. Am Tag darauf stimmte der Vorstand der IG Metall diesem Beschluß zu. Bei der Urabstimmung, die auf den 10. 10. festgelegt worden war, wurde über die ursprünglichen gewerkschaftlichen Vorstellungen und Forderungen abgestimmt. Sie wurde ein großer Erfolg und erbrachte eine sehr deutliche Mehrheit für gewerkschaftliche Kampfmaßnahmen. 88,8 Prozent der Stimmberechtigten stimmten mit Ja. Legt man die Zahl der Abstimmenden zugrunde, so beträgt die Ja-Quote fast 93 Prozent. Nur 6 Prozent der Stimmberechtigten hatten mit Nein gestimmt.

Am 11. 10. empfahl die große Tarifkommission den Streik für den 16. 10. Der Vorstand der IG Metall in Frankfurt stimmte dieser Empfehlung zu. Und am 16. 10. wurde dann für die Arbeiter von Bosch und Daimler-Benz im Stuttgarter Raum der Streik ausgerufen. Es handelte sich also um einen Schwerpunktstreik, in den rund 40.000 Metallarbeiter einbezogen waren.

Der Streik wurde mit vorbildlicher Geschlossenheit und Disziplin geführt. Streikbrecher gab es nicht. Die eindeutige Kampfstimmung, insbesondere in den Großbetrieben, die schon die Ergebnisse der Urabstimmung widergespiegelt hatten, zeigte sich jetzt während des Streiks erneut. Gerade in den nichtbestreikten Betrieben mehrten sich zunehmend die Stimmen, die eine Ausweitung der Arbeitsniederlegung auf ihre Betriebe forderten, um den gewerkschaftlichen Forderungen größeren Nachdruck zu verleihen.

Während des Streiks kam es zu einem skandalösen Vorfall, der zu einer scharfen Auseinandersetzung zwischen der IG Metall und der baden-württembergischen Landesregierung führte. Der CDU-Innenminister Schiess hatte die Bespitzelung der Streikenden und der Gewerkschaft durch die Polizei angeordnet. In Realisierung des Schiess-Erlasses wurden nicht nur uniformierte Polizeibeamte, sondern auch Agenten in Zivil eingesetzt. Wenn diese beispiellose Provokation auch aufgrund der Besonnenheit und Disziplin der Streikenden nicht zu Zwischenfällen führte, so machte sie den Arbeitern doch erneut drastisch klar, auf wessen Seite der Staatsapparat der Bundesrepublik in Klassenauseinandersetzungen steht.

Bereits einen Tag nach Streikbeginn wurden zwischen der Gewerkschaft und den Unternehmern erneut Verhandlungen vereinbart, die am 19. 10. begannen und schon am folgenden Tag zu einem Ergebnis führten, das die Große Tarifkommission einstimmig billigte. Bei der am 24. 10. durchgeführten Urabstimmung stimmten fast 82 Prozent der Abstimmenden bzw. 71 Prozent der Stimmberechtigten für das Verhandlungsergebnis. Damit endete der Streik.

Das hiermit endgültig akzeptierte Verhandlungsergebnis wurde seitens der Gewerkschaft dahingehend charakterisiert, daß es weder „über" noch „unter", sondern „neben" dem Schiedsspruch des Schlichters liege. Mit dieser Formel wurde der folgende Tatbestand umschrieben: Einerseits hatte die IG Metall, vor allem in einem wesentlichen Punkt des Lohnrahmens II, nämlich bei der Akkordabsicherung, eine ungünstigere Regelung akzeptiert, als sie der Schlichter vorgeschlagen hatte. Andererseits hatten sich die Unternehmer bereit gefunden, gleichzeitig mit dem Lohnrahmen II auch einen neuen Manteltarifvertrag abzuschließen, der eigentlich noch gar nicht Verhandlungsgegenstand gewesen war.

Der neue Lohnrahmen II folgte in den meisten Punkten weitgehend dem Vorschlag des Schlichters. Bei den wichtigsten Punkten sah das Ergebnis folgendermaßen aus:

a) Verdienstabsicherung vom 55. Lebensjahr an bei mindestens einem Jahr Betriebszugehörigkeit sowie Kündigungsschutz vom 53. Lebensjahr an bei mindestens drei Jahren Betriebszugehörigkeit; dies entsprach dem Vorschlag des Schlichters, die IG Metall hatte in bezug auf Verdienstabsicherung und Kündigungsschutz eine einheitliche Altersgrenze von 50 Jahren gefordert.

b) Für Akkord-, Fließband- und Prämienlohnarbeiter eine bezahlte Mindesterholungszeit von 5 Minuten pro Stunde; die ursprüngliche gewerkschaftliche Forderung hatte sich auf sechs Minuten belaufen, während der Schlichtungsvorschlag eine differenzierte Regelung zwischen fünf und sechs Minuten vorgesehen hatte.

c) Verbot der weiteren Untergliederung von Arbeitstakten am Band; dies entsprach dem Schiedsspruch, der die gewerkschaftliche Forderung nach einer Mindesttaktzeit von 1,5 Minuten prinzipiell anerkannt und den Unternehmern die Verpflichtung auferlegt hatte, die Abwechslungsarmut der Bandarbeit abzumildern.

d) Mindestverdienstgarantie für Akkordlöhner ab 1. 11. 1973 von mindestens 125 Prozent, ab 1. 11. 1975 von mindestens 130 Prozent des Tariflohns, bezogen auf den Betriebsdurchschnitt. In diesem Punkt lag die Einigung deutlich unterhalb der gewerkschaftlichen Forderungen wie auch des Einigungsvorschlages des Schlichters: Die IG Metall hatte eine individuelle Mindestverdienstgarantie von 140 Prozent des Tariflohns gefordert, der Schlichter hatte 130 Prozent vorgeschlagen. Jetzt lag nicht nur der zeitlich gestaffelte Prozentsatz unterhalb beider Werte. Entscheidend war vor allem, daß die Mindestverdienstgarantie nicht mehr auf den einzelnen Arbeiter, sondern auf den im Betriebsdurchschnitt gezahlten Effektivlohn bezogen war. Diese Variante war nicht nur komplizierter und weniger durchschaubar, sie bedeutete insbesondere, daß hiermit in den seltensten Fällen noch Effektivlohnerhöhungen durchgesetzt werden konnten. Ja, diese Regelung bewirkte nicht einmal die tarifvertragliche Absicherung der effektiv gezahlten Akkordlöhne: Denn aus Zahlen, die im Frühjahr 1973 von Unternehmerseite veröffentlicht wurden, ergibt sich, daß lediglich 13,1 Prozent aller Akkordarbeiter bis zu 130 Prozent des Tariflohnes und weitere 42,3 Prozent der Akkordarbeiter zwischen 130 Prozent und 140 Prozent des Tariflohns verdienten.[83] Der Spruch des Schlichters und auch die gewerkschaftliche Forderung waren also keineswegs „maßlos" gewesen.

Der gleichzeitig abgeschlossene neue Manteltarifvertrag brachte gegenüber dem Manteltarifvertrag von 1963 u. a. folgende Verbesserungen:

— Die Zahl der wöchentlichen Arbeitsstunden, die ohne Überstundenzuschläge abgeleistet werden muß, wenn 40 Prozent oder mehr auf Arbeitsbereitschaft entfallen, würde von 52 auf 48 Stunden gesenkt;

— am 24. und 31. 12. endet die Arbeit spätestens um 12 Uhr, im Gegensatz zu früher wird die ausgefallene Arbeitszeit bezahlt; für jede Spätarbeitsstunde zwischen 12 und 19 Uhr wird ab

---

[83] Vgl. Metall-Nachrichten, hrsg. v. d. IG Metall, Bezirksleitung Stuttgart, 13. 9. 1973.

1. 11. 1973 10 Prozent Zuschlag, ab 1. 1. 1975 20 Prozent Zuschlag bezahlt; für Nachtarbeit (19 bis 6 Uhr) erhöht sich der Zuschlag von 15 Prozent auf 25 Prozent ab 1. 11. 1973 und auf 30 Prozent ab 1. 1. 1975;

— für den Oster- und den Pfingstsonntag erhöht sich der Zuschlag von 100 auf 150 Prozent;

— Erhöhung des Sonderurlaubs beim Tode des Ehegatten oder eines eigenen Kindes; Einführung einer finanziellen Unterstützung für die Angehörigen eines verstorbenen Arbeiters oder Angestellten;

— Verlängerung der Garantie des Nettolohns und der vermögenswirksamen Leistungen bei Unfällen von bisher sechs auf 78 Wochen;

— Verlängerung der Kündigungsschutzfristen.

Diese neuen Regelungen folgten im wesentlichen den entsprechenden Bestimmungen der Manteltarifverträge, die Mitte 1972 in Südwürttemberg-Hohenzollern und Mitte 1973 in Südbaden abgeschlossen worden waren.

Eine realistische Einschätzung dieses Ergebnisses darf sich nicht damit begnügen, es als „neben" dem Schiedsspruch liegend zu charakterisieren. Denn der neue Lohnrahmen II liegt eindeutig unter dem Schiedsspruch. Daß die Ersetzung des alten Manteltarifvertrages durch die Übernahme der günstigeren Regelungen aus den beiden anderen Tarifbezirken hierfür eine ausreichende Kompensation darstellt, wird von vielen Gewerkschaftern bezweifelt. Und ihr Argument, die Übernahme dieser Bestimmungen in Nordwürttemberg-Nordbaden sei ohnehin nur eine Frage der Zeit gewesen, hat sicherlich vieles für sich. Auch die Auffassung, daß die Unternehmer durch Intensivierung der Kampfmaßnahmen zu einer Anerkennung des Grundsatzes der individuellen Akkordabsicherung hätten gezwungen werden können, ist nicht von der Hand zu weisen. Die Bereitschaft der Metallarbeiter, hierfür einen entschiedenen Kampf zu führen, war eindeutig vorhanden. Und die Ausdehnung des Kampfes über den Stuttgarter Raum hinaus, d. h. die entschlossene Mobilisierung der Metallarbeiter der anderen Betriebe (insbesondere der Großbetriebe im Mannheimer Raum), hätte die Unternehmer mit großer Wahrscheinlichkeit zu weiteren Zugeständnissen veranlaßt.

Auf der anderen Seite ist jedoch auch unbestreitbar, daß das erzielte Ergebnis eine wesentliche Verbesserung der Arbeitsbedingungen der Metallarbeiter in Nordwürttemberg-Nordbaden bedeutet. Ja, darüber hinaus beinhaltet es einen echten Durchbruch von exemplarischer Bedeutung für alle Arbeiter der Bundesrepublik über den direkt betroffenen Tarifbezirk und auch über die metallverarbeitende Industrie hinaus. Hierdurch wurden die Voraussetzungen günstiger, weitere Abteilungen der westdeutschen Arbeiterklasse für den Kampf um die Verbesserung ihrer Arbeitsbedingungen zu mobilisieren. Dies zeigte sich bereits 1974, als zunehmend entsprechende Forderungen aufgestellt und teilweise auch durchgesetzt wurden.

10 Die Tarif- und Streikbewegungen im Frühjahr 1974

Die Ausgangssituation für die Tarifrunde 1974 war wesentlich anders als ein Jahr zuvor. Hatte damals die Autorität der neugewählten, sozialdemokratisch geführten Bundesregierung ohne weiteres ausgereicht, um durch Ausübung politischen Drucks einen faktischen Null-Abschluß zu erzwingen, so war diesmal die Bereitschaft, sich auf staatliche Versprechungen zu verlassen, bei der Arbeiterklasse und bei den Gewerkschaften in deutlich geringerem Maße gegeben. Im Gegenteil, es bestand das Bewußtsein eines hohen **Nachholbedarfs**, das sich nicht zuletzt in verhältnismäßig hohen Ausgangsforderungen der Betriebe und Tarifkommissionen widerspiegelte. Die Kampfbereitschaft, auch bei den Beschäftigten des öffentlichen Dienstes, war gegenüber früher gewachsen. Der Lernprozeß aus dem 8,5-Prozent-Abschluß der Jahreswende 1972/ 73 und aus den Streikkämpfen des Sommers 1973 drückte der Tarifrunde 1974 deutlich den Stempel auf.

Die Metalltarifrunde 1974 hatte bereits im Spätsommer 1973 unmittelbar nach dem Höhepunkt der Streikwelle um Teuerungszulagen begonnen. Die Aufforderung der Gewerkschaftsführung, in den Betrieben Forderungen zu diskutieren und aufzustellen, blieb nicht unbeantwortet. Die betriebliche Vorbereitung der Tarifrunde war breiter als früher, und in zahlreichen Großbetrieben kamen Forderungen in den Größenordnungen von 18 bis 20 Prozent zustande. Bei den Tarifkommissionen der Bezirke betrugen die Forderung 15 bis 18 Prozent. Bei diesen Forderungen ist zu berücksichtigen, daß allein zur Erhaltung des Reallohnniveaus (aufgrund der Inflation, der Lohnsteuerprogression und der Erhöhung der Sozialabgaben) eine Effektivlohnerhöhung von 11 bis 12 Prozent erforderlich war und daß aufgrund des niedrigen Abschlusses der Vorjahre ein großer Nachholbedarf bestand. Unter Berücksichtigung des Wachstums von Produktion und Produktivität hätten sich unschwer Lohnforderungen von mehr als 20 Prozent begründen lassen.

Die sog. „Ölkrise" und die teilweise Konjunkturabschwächung seit Oktober 1973 komplizierten dann freilich die Kampfbedingungen der Metallarbeiter und ihrer Gewerkschaften. Im letzten Quartal 1973 und Anfang 1974 gingen vor allem im Konsumgüterbereich aufgrund unzureichender Massenkaufkraft der werktätigen Bevölkerung Produktion und Inlandsaufträge zurück, während Arbeitslosigkeit und Kurzarbeit stark zunahmen:

Tabelle 18
Entwicklung der Verbrauchsgüterindustrien und der Arbeitslosigkeit in der BRD 1973/74 [84]

	Veränderung gegenüber dem Vorjahr	
	Produktion der Verbrauchsgüterindustrien	Zahl der Arbeitslosen und Kurzarbeiter
Oktober 1973	−2,0 %	+105.000
November 1973	−2,4 %	+186.000
Dezember 1973	−2,5 %	+303.000
Januar 1974	−4,3 %	+518.000
Februar 1974	−5,4 %	+602.000

Bei Jahresbeginn 1974 waren rund 900.000 Arbeiter und Angestellte von Arbeitslosigkeit und Kurzarbeit betroffen, genauso viele wie während der Rezession 1966/67. Besonders alarmierend wegen seiner gesamtwirtschaftlichen Auswirkungen war der Rückgang des Automobilabsatzes. So gingen beispielsweise die Neuzulassungen von Personenkraftwagen im Januar/Februar 1974 um 35,6 Prozent gegenüber 1973 zurück.

Bundesregierung und Unternehmer nutzten diese ökonomische Situation bewußt aus, um durch die zusätzliche Schürung von Krisenfurcht die Arbeiterklasse erneut für einen niedrigen Tarifabschluß gefügig zu machen. Ständiges Gerede über angeblichen

---

[84] Quellen: Monatsberichte der Deutschen Bundesbank, Nr. 1/1974, S. 65*; Nr. 6/1974, S. 65* f.

Benzin- und Ölmangel, über zukünftiges „Nullwachstum" usw. hatte in erster Linie die Funktion, die Arbeiter einzuschüchtern, und beeinflußte zweifellos auch die Konjunkturentwicklung zusätzlich negativ.

In der Stahlindustrie war die Situation für die Gewerkschaften weitaus am günstigsten. Denn diese Branche war in keiner Weise von einem Konjunkturrückgang betroffen, sondern erlebte im Gegenteil einen ausgesprochenen Boom:

Tabelle 19
Produktions- und Preisentwicklung in der Stahlindustrie [85]

	Veränderung gegenüber dem Vorjahr in %		
	Rohstahl-produktion	Walzstahl-produktion	Erzeugerpreise für Eisen und Stahl
Oktober 1973	+10,7	+25,7	+8,9
November 1973	+14,0	+18,4	+8,9
Dezember 1973	+14,5	+10,9	+10,8
Januar 1974	+13,5	+15,9	+16,8
Februar 1974	+12,1	+11,0	+14,1

Dieses Zusammenfallen von Produktionssteigerungen und Preiserhöhungen bedeutete natürlich für die Stahlkonzerne eine ungeheure Profitexplosion. Damit wurde diese Branche auch zum schwächsten Kettenglied in der Front des Großkapitals: Streikempfindlichkeit und potentielle Nachgiebigkeit waren hier gleich groß.

Aber die Abschlüsse von 11 Prozent, die hier Ende November in Nordrhein-Westfalen (10½ Monate Laufzeit) und Mitte Januar im Saarland (10 Monate Laufzeit) zustande kamen, waren deutlich unter dem Erreichbaren geblieben. Überdies weigerte sich „Gesamtmetall", die Stahl-Abschlüsse als Modell für die Metallverarbeitung gelten zu lassen. Die Unternehmer wußten natürlich genau, daß die Großbetriebe der Metallindustrie (insbesondere

[85] Quellen: Wirtschaft und Statistik, Nr. 9/1973, S. 507*, 530*; Nr. 10/1974, S. 619*, 643*.

der Automobilindustrie) aufgrund des Konjunkturabschwungs wesentlich weniger durch Streikdrohungen unter Druck gesetzt werden konnten, als dies bei der Stahlindustrie der Fall gewesen wäre.

10.1 Die bundesweite Streikbewegung im öffentlichen Dienst

In dieser Situation war es zweifellos günstig, daß die ÖTV in der Tarifrunde jetzt die Rolle des „Vorreiters" übernahm. Denn im Bereich des öffentlichen Dienstes hat die Gefährdung der Arbeitsplätze als Mittel des Drucks und der Erpressung gegen die Arbeiterklasse längst nicht jene Bedeutung wie in der Industrie.

Die stärkere Aktivierung der Beschäftigten des öffentlichen Dienstes, die bereits im Herbst 1973 wesentlich zur Durchsetzung der Zahlung eines vollen 13. Monatsgehalts beigetragen hatte, machte sich auch bei der Vorbereitung der neuen Tarifrunde 1974 bemerkbar. Unter Berufung auf einen entsprechenden Beschluß des letzten Gewerkschaftstages war die Mitgliedschaft der ÖTV ausdrücklich zur Diskussion und zur Aufstellung von Forderungen aufgerufen worden. Erstmals kamen hier in großem Umfang Forderungen in der gleichen Größenordnung zustande, wie sie auch von den Belegschaften der Großbetriebe der Stahl- und Metallindustrie aufgestellt wurden.

Die Bandbreite der in den Betrieben und Büros des öffentlichen Dienstes aufgestellten Forderungen reichte von 15 Prozent bis 20 Prozent mehr Lohn und Gehalt. Die große Tarifkommission orientierte sich an der Untergrenze dieser Forderungen und präsentierte Ende November 1973 den folgenden Forderungskatalog: 15 Prozent, mindestens jedoch 185 DM mehr Lohn und Gehalt sowie 300 DM Urlaubsgeld, zusätzlich 50 DM je Kind. Die Tarifkommission der Deutschen Postgewerkschaft (DPG) und der Gewerkschaft der Eisenbahner Deutschlands (GdED) bewegten sich ebenfalls im Rahmen dieser Forderungen. Die DAG stellte eine Forderung in Höhe von 14 Prozent auf.

Nachdem schon die erste Verhandlungsrunde im Dezember 1973 gescheitert war, wurde auch die zweite Runde am 8. 1. bereits nach wenigen Stunden ergebnislos abgebrochen. Denn die Vertreter der öffentlichen Hand hatten lediglich ein „Angebot" von

7,5 Prozent vorgelegt, was angesichts der Tatsache, daß allein die Geldentwertungsrate höher lag, kaum als Zeichen wirklicher Verhandlungsbereitschaft gewertet werden konnte.

Unmittelbar nach dem Scheitern dieser Verhandlungen begannen in den Organisationsbereichen der DPG und der ÖTV Protestaktionen der Arbeiter und Angestellten, die bis in die erste Februar-Woche andauerten. In Städten wie Frankfurt, Gießen, Stuttgart, Dortmund, Karlsruhe, Hamburg, Düsseldorf, Köln, Mannheim usw. protestierten Beschäftigte der Post, der Verkehrsbetriebe und anderer Bereiche des öffentlichen Dienstes mit Warnstreiks, Kundgebungen und Demonstrationen gegen das geplante Lohndiktat.

Aber die Brandt/Scheel-Regierung beharrte trotz dieser eindeutigen Bekundungen der Kampfbereitschaft der Beschäftigten des öffentlichen Dienstes auf ihrer Konzeption des Reallohnabbaus. Ihr zweites Angebot von 9 Prozent Lohnerhöhung plus zusätzlich 12 (!) DM für untere Lohngruppen am 22. 1. war hierfür ein deutlicher Beweis. Auch das Ultimatum der ÖTV, bis zum 28. 1. ein diskutables Angebot zu unterbreiten, wurde nicht beachtet. Im Gegenteil versuchte sogar zusätzlich Bundeskanzler Brandt persönlich noch durch die Behauptung, daß zweistellige Lohn- und Gehaltserhöhungen nicht tragbar seien und eine weitere Beschleunigung der Inflation bewirken würden, das staatliche Lohndiktat durch das Gewicht seiner Person zu stärken und den Gewerkschaften die Schuld für die steigende Geldentwertung in die Schuhe zu schieben. Das letzte Angebot der öffentlichen Hand von 9,5 Prozent, mindestens 130 DM, das am 28. 1. vorgelegt wurde, lag dann auch noch auf der gleichen Linie.

Die Gewerkschaften reagierten in dieser Situation richtig und beschlossen am 29. 1. für den 7./8. 2. die Urabstimmung. Jetzt verstärkten Regierung und Massenmedien die Stimmungsmache gegen die Beschäftigten des öffentlichen Dienstes und ihre Gewerkschaften. Vorzeitig wurden „wissenschaftliche" Berechnungen aus dem Jahreswirtschaftsbericht publik gemacht, in denen das Ausmaß von Inflation und Arbeitslosigkeit vom Ausmaß der Lohn- und Gehaltserhöhungen abhängig gemacht wurde. Hiernach würden 8,5 bis 9,5 Prozent mehr Lohn 8 bis 9 Prozent Inflation und 450.000 Arbeitslose bedeuten, 10,5 bis 11,5 Prozent mehr Lohn 9,5 Prozent Inflation und 650.000 Arbeitslose.

Die Arbeiter und Angestellten des öffentlichen Dienstes blieben jedoch auf diese Zweckpropaganda die Antwort nicht schuldig. Sie setzten ihre Protestaktionen und Warnstreiks fort. Unter dem Eindruck dieser Entwicklung mehrten sich von seiten der Kommunen die Stimmen für ein realistisches Angebot, notfalls auch gegen den Willen der Bundesregierung. Und unmittelbar vor der Urabstimmung gelang der erste — zwar noch lokale, gleichwohl wichtige — Durchbruch: Die Stadtwerke von Bremerhaven, die nicht dem „Verband kommunaler Arbeitgeberverbände" angehörten, gestanden Lohnerhöhung von 12 Prozent (mindestens 185 DM) sowie ein Urlaubsgeld von 500 DM zu. Kurz vor Streikbeginn zog dann auch die Bremer Straßenbahn mit 12 Prozent nach.

Diese Abschlüsse bestimmten zweifellos den Erwartungshorizont der Beschäftigten des öffentlichen Dienstes auch in den anderen Regionen und Bereichen, die sich bei der Urabstimmung am 7./8. 2. mit überwältigender Mehrheit für den Streik aussprachen. Der Anteil der Ja-Stimmen betrug bei der ÖTV 91,2 Prozent, bei der DPG 85,2 Prozent, bei der GdED 89,8 Prozent und bei der DAG 83,4 Prozent. Die Regierung verlegte sich jetzt auf eine Hinhaltetaktik. Bundeskanzler Brandt erklärte im Fernsehen: „Dies sollte nicht die Stunde der Aufgeregtheit sein, sondern die Stunde des Überdenkens. Deshalb habe ich vorgeschlagen, daß die Beteiligten ... sich erneut an einen Tisch setzen und sich ernsthaft um eine Lösung des Konflikts bemühen."[86] Die Gewerkschaften fielen aber auf diesen Trick nicht herein. Gestützt auf das eindeutige Ergebnis der Urabstimmung begann bereits am Montag, dem 11. 2. 1974, der erste große Streik im öffentlichen Dienst seit 1958.

Die Streikbewegung erstreckte sich auf das ganze Bundesgebiet. Er konzentrierte sich natürlich auf die großstädtischen Ballungszentren. Über die Zahlen der Streikenden gibt es unterschiedliche Angaben. Die offizielle Streikstatistik des Statistischen Bundesamtes nennt 193.000 Streikende und 475.000 ausgefallene Arbeitstage[87], woraus sich eine durchschnittliche Streikdauer von 2½ Tagen ergibt. Diese Zahlen sind jedoch mit Sicherheit zu niedrig. Nach Gewerkschaftsangaben streikten allein aus dem ÖTV-Bereich am 11. 2. 140.000 und am 12. 2. 190.000 Arbeiter und An-

---

86 Die Welt, 11. 2. 1974.
87 Vgl. Statistisches Bundesamt, Fachserie A, Reihe 6, III. Streiks: 1. Vierteljahr 1974.

gestellte. Die DAG zählte an diesen beiden Tagen 10.000 bzw. 20.000 Streikteilnehmer aus den Reihen ihrer Organisation. Am 13. 2. betrug die Zahl der Streikenden aller einbezogenen gewerkschaftlichen Organisationsbereiche allein in Hessen 60.000, während das Statistische Bundesamt für dieses Bundesland insgesamt nur 18.000 Streikteilnehmer zählte. Eine Schätzung von täglich durchschnittlich 200.000 bis 250.000 Streikenden vom 11. bis 13. 2. ist sicherlich nicht zu hoch gegriffen.

Die Arbeitsniederlegungen betrafen schwerpunktmäßig Postzustellung, Müllabfuhr und Straßenreinigung, den öffentlichen Nahverkehr sowie verschiedene Verwaltungsbehörden. Der Betrieb der Bundesbahn lief allerdings überwiegend normal. Vor allem wegen des weitgehenden Ausfalls des öffentlichen Nahverkehrs brachte der Streik unvermeidlich auch für die werktätige Bevölkerung Erschwernisse mit sich.

Gerade das letztere nutzte die Propaganda der Regierung und der Massenmedien weidlich für den Versuch aus, die Streikenden von der Bevölkerung zu isolieren: Zu dem Argument, der Streik und die ihm zugrunde liegenden Lohnforderungen seien „verantwortungslos", weil sie angeblich Preisstabilität und Arbeitsplätze gefährdeten, trat die zusätzliche Behauptung, der Streik werde „auf dem Rücken der Bürger" ausgetragen.[88]

Aber trotz dieses propagandistischen Trommelfeuers blieb die Streikfront fest und geschlossen. Auch der Versuch, die Bevölkerung gegen die Streikenden aufzubringen, scheiterte. Die Mehrheit der arbeitenden Menschen brachte dem Streik im öffentlichen Dienst Verständnis entgegen. Dies hing sicherlich nicht zuletzt damit zusammen, daß sich die meisten Arbeiter und Angestellten außerhalb des öffentlichen Dienstes durchweg darüber klar waren, daß in diesem Arbeitskampf auch wesentliche Vorentscheidungen über die eigenen Lohn- und Gehaltserhöhungen fielen.

Daß die Bevölkerung sich nicht gegen die Streikenden stellte, ist um so höher einzuschätzen, als von seiten der Gewerkschaften nur sehr wenig getan wurde, um der Antistreikpropaganda durch eine eigene Öffentlichkeitsarbeit und Sympathiewerbung entgegenzutreten. Fast überall beschränkten sich die Streikleitungen darauf, Plakate mit dem schlichten Text „Hier wird gestreikt" aufzuhän-

---

[88] Vgl. FAZ, 11. 2. 1974.

gen. Die zweifellos vorhandenen Möglichkeiten, mit Hilfe der aktiven Gewerkschaftsmitglieder Flugblätter zu verteilen, Informationsstände einzurichten usw., um in der Bevölkerung Verständnis für die gewerkschaftlichen Forderungen und die mit der Lohnauseinandersetzung verbundenen Unbequemlichkeiten (Behinderungen der Postzustellung, des öffentlichen Nahverkehrs, der Müllabfuhr usw.) zu wecken, wurden kaum genutzt.

Der Streik dauerte insgesamt drei Tage. Angesichts der Geschlossenheit der Kampffront gaben die öffentlichen Arbeitgeber verhältnismäßig schnell nach. Bereits am 11. 2., d. h. noch am ersten Streiktag, erhöhten sie ihr Angebot auf 10 Prozent. Am zweiten Streiktag boten sie 10,5 Prozent (mindestens 140 DM) an. Und am 13. 2. gestanden sie schließlich Lohn- und Gehaltserhöhungen von 11 Prozent sowie einen Mindestbetrag von 170 DM zu. Die Bundesregierung schwenkte auf diesen Kompromiß erst ein, als sie erkannte, daß anderenfalls der Verband kommunaler Arbeitgeber separat abschließen würde. Nach Zustimmung der Bundesregierung wurde der Streik dann bis zur Urabstimmung ausgesetzt.

Durch den Mindestbetrag von 170 DM war für die unteren Lohn- und Gehaltsgruppen eine tatsächliche Reallohnsteigerung durchgesetzt worden. Das Problem des Urlaubsgeldes war ausgeklammert geblieben. Der ausdrücklichen Ankündigung der ÖTV, daß diese Forderung für 1974 auf der Tagesordnung bleibe und für ihre Durchsetzung eine „Friedenspflicht" selbstverständlich nicht gegeben sei, folgten freilich im Laufe des Jahres keine Taten.

Der 11-Prozent-Abschluß wurde von der Großen Tarifkommission der ÖTV keineswegs einhellig begrüßt — so stimmten z. B. die hessischen Mitglieder geschlossen dagegen. Und die deutlich gemischten Gefühle der Beschäftigten des öffentlichen Dienstes spiegelte auch das Ergebnis der Urabstimmung vom 20. bis 22. 2. wider: Von den Abstimmenden sprachen sich bei der ÖTV 61,8 Prozent, bei der DPG 62,2 Prozent und bei der GdED 66,3 Prozent für die Annahme des 11-Prozent-Abschlusses aus. In Hessen, wo die Führung der ÖTV für ein besseres Ergebnis eingetreten war, gab es dagegen 55 Prozent Nein-Stimmen — in Frankfurt sogar 74 Prozent!

Der Streikkampf der Beschäftigten des öffentlichen Dienstes rief in der bürgerlichen Presse wahre Wut- und Haßausbrüche gegen die Gewerkschaft hervor. Hierbei lag das Schwergewicht der antigewerkschaftlichen Propaganda darauf, die Beschäftigten des öffentlichen Dienstes von den anderen Werktätigen zu isolieren. Geschickt wurde an das Mißtrauen der Bevölkerung gegenüber dem Staats- und Verwaltungsapparat, gegenüber der Bürokratie angeknüpft, wobei alle Erscheinungen des Parasitismus natürlich nicht dem kapitalistischen System und der Korruptheit seiner Träger, sondern den Arbeitern und Angestellten angelastet wurden, die im öffentlichen Dienst tätig sind.

Ganz bewußt wurde diese Propaganda auch scharf personalisiert auf den Vorsitzenden der ÖTV, Heinz Kluncker, bezogen. In Kommentaren und Karikaturen wurde Kluncker als egoistischer, rücksichts- und verantwortungsloser Vertreter von „Sonderinteressen" dargestellt, der sich über das „Gemeinwohl" hinwegsetze. Er wurde geradezu als Verkörperung angeblicher gewerkschaftlicher „Machtgier" und „Unvernunft" angeprangert.

In Wirklichkeit ging es aber der Bourgeoisie-Presse weder um den Kampf gegen die Ineffektivität kapitalistischer Bürokratie noch um Angriffe gegen bestimmte führende Persönlichkeiten der Gewerkschaftsbewegung. Es ging zunächst einmal natürlich um die Verhinderung von Reallohnerhöhungen. Und in diesem Zusammenhang richtete sich die Wut gerade deshalb so stark gegen die ÖTV, weil sie die „Vorreiterrolle" in der Tarifrunde übernommen hatte, womit die in der Metallindustrie (vor allem in der Automobilindustrie) aufgrund des Konjunkturabschwungs ungünstiger gewordenen Kampfbedingungen gewissermaßen „unterlaufen" wurden. Vor allem aber wurden Empörung und Bestürzung der Bourgeoisie dadurch bestimmt, daß die Beschäftigten des öffentlichen Dienstes sich mit einem Mal in Klassenauseinandersetzungen weniger als „staatliche Hoheitsträger" verhielten, die ihre „Treuepflicht" gegenüber dem bürgerlichen Staat über ihre Klasseninteressen stellen, sondern sich als Abteilung der Arbeiterklasse in deren Kampf einreihten. Nicht einmal die Tatsache, daß die führenden Kräfte der Regierung und der Gewerkschaften der gleichen Partei — der SPD — angehörten, hatte diese Entwicklung zu verhindern vermocht. Damit wiederum verlor die rechte sozialdemokratische Führung in den Augen des Großkapitals viel von ihrer Nützlichkeit. Der Rücktritt von Brandt als Bundeskanzler hat hier zweifellos eine wesentliche Ursache.

Die Haßgesänge und unverhüllten Drohungen der bürgerlichen Presse erreichten im Februar 1974 ein bis dahin kaum erreichtes Ausmaß. So bezeichnete die „Frankfurter Neue Presse" die Saarbrücker Gewerkschafter, die während des Streiks aus Protest gegen die gewerkschaftsfeindliche Berichterstattung der „Saarbrücker Zeitung" diesem Blatt kurzfristig den Strom abgedreht hatten, als „kleine Gewerkschafts-Gaddafis", die sich eine „folgenschwere Einschränkung des Grundgesetzes Artikel fünf" hätten zuschulde kommen lassen und denen gegenüber daher „ein Exempel fällig" sei.[89]

Die „Frankfurter Allgemeine Zeitung" griff die Sache mehr vom Grundsätzlichen her auf. In einem Kommentar hieß es beispielsweise, daß „der Kluckersche Triumph ... eine Niederlage für die Bürger, für die Volkswirtschaft, für die Autorität staatlicher Führung" und daß im öffentlichen Dienst „die Streikwaffe ... ein geradezu lebensbedrohendes Instrument" sei. Und da es im öffentlichen Dienst den „Markt als Regulativ und Kontrollinstanz" — d. h. die Furcht der Arbeiter vor dem Verlust des Arbeitsplatzes — nicht gäbe, sei „die Tarifautonomie ... insofern im privatwirtschaftlichen Bereich etwas ganz anderes als im öffentlichen. An der Konstruktion stimmt etwas nicht. Man kann nicht immer nur auf den guten Willen von Gewerkschaftsführern hoffen".[90] Und an anderer Stelle: „Von solchen Funktionären kann wohl kaum eine Führung erwartet werden, wenn den Arbeitnehmern einmal ein Zurückstecken oder ein Opfer zugemutet werden muß."[91]

Die Zeitung fuhr jedoch noch ein schwereres Geschütz auf. Sie gab einem „angesehenen Arbeitsrechtler" das Wort, der schlicht behauptete, daß der Streik rechtswidrig gewesen sei, da keine Schlichtung stattgefunden habe. Er berief sich hierbei auf die bekanntermaßen erzreaktionäre Rechtsprechung des Bundesarbeitsgerichts. Der „angesehene Arbeitsrechtler" führte dann jedoch seine Konstruktionen noch weiter: Eine „Bremswirkung des Arbeitsplatzrisikos gegen überhöhte Tarif- und Streikforderungen gibt es im öffentlichen Dienst nicht ... Die Tarifautonomie und der Arbeitskampf setzen zu ihrer Funktionsfähigkeit privates

---

89 Frankfurter Neue Presse, 15. 2. 1974.
90 FAZ, 20. 2. 1974.
91 FAZ, 15. 2. 1974.

und damit risikobehaftetes Produktionsmitteleigentum voraus.
... Wenn der öffentliche Dienst zum Lohnschrittmacher für Krisenzeiten umfunktioniert wird, so liegt darin ein systemverändernder Schritt. Es wird zu überlegen sein, ob nicht ein darauf gerichteter Streik im Kern ein politischer, ein rechtswidriger Streik ist." [92]

Die Angriffe gegen Tarifautonomie und Streikrecht im öffentlichen Dienst sowie gegen die dort Beschäftigten und ihre Gewerkschaften hielten das ganze Jahr 1974 über an. Sie erreichten weitere Höhepunkte, als im Herbst aufgrund früherer Abmachungen die Arbeitszeitverkürzung auf 40 Wochenstunden in Kraft trat, und dann erneut anläßlich der Vorbereitung der neuen Tarifrunde 1975.

Das erste Teilziel von Regierung und Bourgeoisie war offensichtlich die Einführung von Schlichtungsordnungen für die Organisationsbereiche von ÖTV, DPG und GdED. Es wurde — gerade noch rechtzeitig vor Beginn der neuen Tarifrunde — erreicht. Vor der Drohung einer gesetzlichen Einschränkung des Streikrechts wich die ÖTV schließlich zurück und ließ sich im Dezember 1974 auf den Abschluß eines Schlichtungsabkommens ein, wodurch sich die Kampfbedingungen der Beschäftigten des öffentlichen Dienstes für die Zukunft wesentlich verschlechterten.

10.2 Der Streik in der Metallindustrie des Unterwesergebietes

Zum Zeitpunkt des ÖTV-Abschlusses am 13. 2. befanden sich die Tarifverhandlungen der Metallindustrie in der Schlichtung. Die Verhandlungen waren gescheitert, da die Unternehmer den regional aufgestellten, zwischen 15 und 18 Prozent liegenden Forderungen der IG Metall lediglich ein einheitliches, zentrales Angebot von 8,5 Prozent entgegengesetzt hatten. In dieser Situation bedeutete der Abschluß im öffentlichen Dienst Mitte Februar zweifellos eine Verbesserung der Kampfbedingungen der Metallarbeiter. Denn jetzt waren 11 Prozent praktisch endgültig zur Untergrenze des noch durchzusetzenden Metall-Abschlusses geworden. Kurz darauf verbesserte sich die Lage erneut: Im Metall-Tarifbezirk Unterweser (Bremen und Bremerhaven) kam am 18. 2. ein Schiedsspruch von 14 Prozent zustande.

92 FAZ, 23. 2. 1974.

Dieser Einigungsvorschlag wurde von der IG Metall akzeptiert, von den Unternehmern hingegen abgelehnt. Der Bremer Schiedsspruch bot zweifellos die Möglichkeit, die auf Bezirksebene geführte Tarifrunde mit einem Ergebnis deutlich oberhalb des ÖTV-Ergebnisses abzuschließen. Aus unerfindlichen Gründen wurde die Chance freilich zwei Tage später vertan: Am 20. Februar stimmte in Nordrhein-Westfalen die IG Metall einem Einigungsvorschlag zu, der mit 11 Prozent für Januar bis Oktober und 13 Prozent für November/Dezember auf das ganze Jahr 1974 umgerechnet 11,33 Prozent erbrachte. Damit lag dieser Schiedsspruch unterhalb des ÖTV-Ergebnisses (denn dort sind Tarif- und Effektivlohnerhöhungen identisch, außerdem gab es ja noch den Mindestbetrag von 170 DM) und erreichte nicht einmal annähernd den 14-Prozent-Schiedsspruch des Tarifbezirks Unterweser.

Mit der Annahme des 11,33-Prozent-Einigungsvorschlags in Nordrhein-Westfalen durch die zuständige Tarifkommission am 22. 2. und mit dem eiligen Nachziehen von Hessen am 24. 2. auf das gleiche Ergebnis war für viele Tarifbezirke die Möglichkeit der Ausnutzung des verhältnismäßig günstigen Bremer Schiedsspruches erschwert und waren zugleich die Kampfbedingungen der Bremer Metallarbieter selbst wesentlich verschlechtert.

Die Ausgangsforderungen der Tarifkommission des Unterwesergebiets hatten 18 Prozent mehr Lohn und Gehalt, 140 DM mehr Ausbildungsvergütung, drei Tage mehr Urlaub sowie Kündigungsschutz und Verdienstabsicherung für Beschäftigte vom 55. Lebensjahr an eingeschlossen.

Dieser Forderungskatalog bezog sich also sowohl auf den Lohntarifvertrag als auch auf den Manteltarifvertrag. Die Laufzeit des neuen Lohntarifvertrages sollte weniger als 12 Monate betragen. Der Schiedsspruch belief sich auf 14 Prozent mehr Lohn und Gehalt, 70 DM mehr Ausbildungsvergütung, zwei Tage mehr Urlaub, Kündigungsschutz und Verdienstabsicherung für Beschäftigte vom 55. Lebensjahr an bei fünfjähriger Betriebszugehörigkeit.

Dieser angesichts der komplizierten konjunkturellen Situation verhältnismäßig günstige Schiedsspruch bot den Metallarbeitern des Unterwesergebiets für ihren Lohnkampf eine gute Ausgangsposition. Günstig war ferner die hohe Kampfbereitschaft der Metallarbeiter, die nicht zuletzt darin ihren Ausdruck gefunden hatte, daß die Tarifkommission ihre 18-Prozent-Forderung erstmals einstimmig beschlossen hatte. Eine wichtige Rolle für die hohe Kampfbereitschaft spielten auch die Erinnerungen an die harten Streikkämpfe im Mai 1973, aus denen nach Ansicht vieler aktiver Gewerkschafter noch „offene Rechnungen" mit den Unternehmern zu begleichen waren.

Nach dem Scheitern der Schlichtung aufgrund der Ablehnung des Schiedsspruches durch die Unternehmer-Seite genehmigte der IG-Metall-Vorstand am 26. 2. die Urabstimmung für den 28. 2./1. 3. 1974. Diese Urabstimmung, an der sich 94 Prozent der Metaller beteiligten, brachte ein überwältigendes Votum für den Kampf: 88 Prozent der Abstimmungsberechtigten und 94 Prozent der Abstimmenden sprachen sich für den Streik aus.

In der Metallindustrie des Unterwesergebietes sind 57.000 Arbeiter und Angestellte beschäftigt. Rund ein Drittel von ihnen arbeiten auf den Werften von Bremen und Bremerhaven. Die größten Werften (Vulkan, Weser, Seebeck) gehören zum Krupp- bzw. Thyssen-Konzern. Ferner gibt es im Unterwesergebiet Zweigwerke großer Rüstungs- und Elektrokonzerne (VFW Fokker, Nordmende, Siemens).

Diese spezifische Industriestruktur beeinflußte auch den Verlauf des Kampfes. Günstig war zweifellos die Tatsache, daß der in der Bremer Metallindustrie dominierende Schiffbau sich in einer sehr günstigen konjunkturellen Situation befand. Die Werftarbeiter bilden den Kern der Arbeiterklasse im Unterwesergebiet.

Ein schwacher Punkt des Unterwesergebietes war die relativ geschlossene, autarke Struktur der Metallindustrie, von deren Zulieferungen andere Regionen der Bundesrepublik nur in relativ geringem Maße abhängig waren. Die Konzerne der BRD sind also von einem Metallarbeiterstreik im Unterwesergebiet viel weniger betroffen und daher auch viel weniger unter Druck zu setzen als beispielsweise von einem Streik der baden-württembergischen Metallindustrie, deren Zulieferungen in alle Bundesländer gehen.

Schwache Kettenglieder innerhalb der Bremer Metallindustrie bildeten einige Elektro- und Rüstungsbetriebe mit hohem Angestelltenanteil und niedrigem gewerkschaftlichen Organisationsgrad, aus denen sich später einige Gruppen von Streikbrechern rekrutierten. Das größte Handicap der kämpfenden Bremer Metallarbeiter war jedoch, daß ihr Streik, der am 6. 3. begann, wenig konkrete Hilfe und Unterstützung seitens der anderen regionalen Gewerkschaftsführungen fand.

Die Arbeiter in den Betrieben hatten durch zwei Wellen von Warnstreiks, deren regionale Schwerpunkte in den Tarifbezirken Schleswig-Holstein, Hamburg, Hessen, Südwürttemberg-Hohenzollern, Nordwürttemberg-Nordbaden und Bayern lagen, allerdings deutlich ihre Kampfbereitschaft bekundet. Die erste Streikwelle im Zeitraum Ende Januar/Anfang Februar war nicht nur ein Protest gegen das provokative 8,5-Prozent-Angebot von „Gesamtmetall", sondern auch „Begleitmusik" zur ÖTV-Tarifrunde gewesen, die gleichzeitig von Warnstreiks der Beschäftigten des öffentlichen Dienstes selbst begleitet worden war. Die zweite Welle der Warnstreiks von Mitte Februar bis Mitte März fiel in die Periode nach dem ÖTV-Abschluß. Sie war vor allem Ausdruck des Protestes gegen das 11,33-Prozent-Ergebnis von Nordrhein-Westfalen, Ausdruck der Solidarität mit dem Streik der Bremer Metallarbeiter, Ausdruck der Entschlossenheit, in den eigenen Tarifbezirken kein niedrigeres Ergebnis als in Bremen zuzulassen.

Leider wurde die Kampfbereitschaft der Arbeiter meist jedoch nicht genutzt. Bis Mitte März waren — abgesehen von den drei nördlichen Tarifbezirken Schleswig-Holstein, Hamburg, Nordwestliches Niedersachsen — alle Tarifbezirke auf einen 11,33-Prozent-Abschluß eingeschwenkt.

Der Streik im Unterwesergebiet war dort der erste große gewerkschaftlich organisierte Metallarbeiterstreik seit 21 Jahren. Er erfaßte 62 Betriebe mit rund 52.000 Beschäftigten. Seit dem 18. 3. beteiligte sich auch die DAG. An drei großen Demonstrationen während des Streiks in Bremen-Nord, Bremerhaven und Bremen nahmen insgesamt 40.000 Arbeiter und Angestellte teil — an der größten am 22. 3. in Bremen allein über 20.000. Dieser Metallarbeiterstreik war — mit fast drei Wochen Dauer — außerordentlich langwierig. Die Härte der Auseinandersetzung war dabei vor allem dadurch bedingt, daß „Gesamtmetall" den Kampf zentral führte — mit dem klaren Ziel, in Bremen einen 14-Prozent-Abschluß wegen der unvermeidlichen, nachträglichen Auswirkungen auf die anderen Tarifbezirke um jeden Preis zu verhindern. Eine solche Kampfführung wurde dadurch erleichtert, daß die Bremer

Großbetriebe fast ausschließlich Zweigwerke oder Tochtergesellschaften von Großkonzernen (Krupp, Thyssen, Siemens usw.) sind, die auch „Gesamtmetall" beherrschen und hier im Interesse der Großbourgeoisie der gesamten Bundesrepublik eine harte Linie durchgesetzt hatten. Die Bremer Metallarbeiter standen also einer einheitlichen Front des Großkapitals der BRD gegenüber. Eine ähnlich geschlossene und entschlossene Front der IG Metall auf Bundesebene zur Unterstützung des Streiks im Unterwesergebiet gab es leider nicht.

Insbesondere in einigen Bremer Rüstungs- und Elektrobetrieben provozierten die Unternehmer schwere Zwischenfälle. Dies war vor allem bei VFW Fokker, Nordmende, Siemens, Alcan, Elektro-Spezial, Atlas-Electronic der Fall. Mit allen Mitteln wurde versucht, leitende und AT-Angestellte als Streikbrecher einzusetzen. Bei diesen Versuchen, die zum Teil in der Form militärischer Stoßtruppunternehmen organisiert waren, wurden mehrere Streikposten verletzt. Leitende Angestellte schlugen Arbeiter zusammen, fuhren absichtlich Streikposten mit Kraftfahrzeugen an (allein bei Nordmende waren an derartigen Terrorakten zwei Direktoren beteiligt). In mindestens einem Fall wurde ein Arbeiter durch einen Schuß aus einer Gaspistole verletzt, in mindestens zwei Fällen wurden Streikende durch Schußwaffen (Karabiner) bedroht. Auch beim Luftrüstungskonzern VFW Fokker ließen die einschlägigen Spezialisten einen beträchtlichen Einfallsreichtum erkennen: Es wurden Scheinwerfer eingesetzt, um die Streikposten zu blenden; mit Hilfe von starken Lautsprechern versuchte man, die Streikbrecher aufzuhetzen, um Zwischenfälle zu provozieren; Streikende und Streikposten wurden von Spitzeln der Werksleitung zwecks nachrichtendienstlicher Erfassung und Einschüchterung fotografiert.

Die Unternehmer schreckten auch nicht davor zurück, Ausweise für AT-Angestellte zu fälschen, um so Streikbrecher durch die Ketten der Streikposten hindurchzuschleusen. Mehrfach wurde die Polizei aufgefordert, den Streikbrechern den Weg frei zu knüppeln. Der Hauptgrund für die Zurückhaltung der Bremer Polizei lag offensichtlich in der Furcht vor den unvermeidlichen politischen Folgen einer Gewaltanwendung gegenüber der geschlossenen Front der Metallarbeiter und ihrer Gewerkschaft. Daß es aber auch Kräfte gab, die mit einem Polizeieinsatz liebäugelten, zeigt die Erklärung eines höheren Polizeioffiziers: „Wenn bei Siemens 200 Arbeitswillige 20 Streikposten gegenüberstehen und keine Anstalten machen, in das Gebäude zu gehen, dann können sie von der Polizei nicht erwarten, daß wir ihnen den Weg frei machen. Zunächst müssen sie selbst den ernsthaften Versuch unternehmen, an ihre Arbeitsplätze zu kommen." [93]

Diese indirekte Aufforderung an die Streikbrecher, gegenüber den Streikposten Gewalt anzuwenden, fand jedoch offensichtlich nur bei einer Minderheit Gehör. Der Großteil der sogenannten „Arbeitswilligen" — ohnehin nur eine winzige Minderheit — hatte diese schmutzige Arbeit offensichtlich nur widerwillig unter dem Druck der Unternehmensleitung übernommen und zeigte wenig Anstalten, sich zum Stoßtrupp von Konzerninteressen machen zu lassen. Dies traf nur für sehr wenige leitende und AT-Angestellte zu.

Schließlich organisierten die Unternehmer einen Autokorso, um so ein Verkehrschaos hervorzurufen und über diesen Weg die Polizei zum Einsatz zu zwingen. Mit Hilfe einstweiliger Verfügungen versuchten die Unternehmer, den Streikkampf der Bremer Metallarbeiter zu kriminalisieren. Da sie jedoch nicht imstande waren, für die von ihnen behaupteten „Gewaltakte" der Arbeiter auch nur einen einzigen Zeugen herbeizuschaffen, erlitten sie auch vor Gericht jämmerlichen Schiffbruch.

Allerdings muß betont werden, daß diese Zwischenfälle, insbesondere nennenswerte Fälle von Streikbruch, lediglich bei einer Minderheit der Betriebe vorkamen. In 60 von 67 bestreikten Betrieben gab es keine Streikbrecher. Dort, wo dies aufgrund eines niedrigen gewerkschaftlichen Organisationsgrades und der Existenz größerer Gruppen von AT-Angestellten erforderlich war, wurden von der Streikleitung die betrieblichen Streikposten durch Verstärkungen der Werftarbeiter — auch ausländischer Kollegen — unterstützt, was bei den Streikbrechern und Provokateuren aus den Reihen der leitenden Angestellten besondere Wut hervorrief. Aufgrund der Geschlossenheit sowie der eisernen Disziplin der Metallarbeiter scheiterten schließlich sowohl der Versuch, durch Streikbruch die einheitliche Kampffront zu durchlöchern, als auch der Plan, durch Provokationen schwere Aus-

---

[93] Weser-Kurier, 9. 3. 1974.

schreitungen hervorzurufen, um so die Bewegung zu isolieren und zu diskreditieren.

Eine Woche nach Streikbeginn hatte bereits die sogenannte „besondere Schlichtung" begonnen, deren Spruch am 24. 3. vorlag: Lohn- und Gehaltserhöhungen von 11 Prozent für Januar bis März 1973, von 12 Prozent für April bis Juni und von 13 Prozent für Juli bis Dezember, was rechnerisch einer Lohnerhöhung von 12,25 Prozent für das Jahr 1974 entsprach. Die gestaffelte Aufteilung auf drei verschiedene Zeitpunkte im Jahr hatte offensichtlich die Funktion, die Bereitschaft zu betrieblichen Aktionen während der Laufzeit des Vertrages zu verringern. Als Kompensation für das deutliche Zurückgehen hinter die 14 Prozent des ersten Schiedsspruches gestanden die Unternehmer eine Erhöhung des Urlaubsgeldes von 30 auf 50 Prozent eines durchschnittlichen Monatsverdienstes zu, was in den ursprünglichen Forderungen der IG Metall gar nicht enthalten gewesen war. Drei weitere Punkte des Spruches der besonderen Schlichtung entsprachen dem ersten Schiedsspruch: 70 DM mehr Ausbildungsvergütung, zwei Tage mehr Urlaub, Verdienstabsicherung und Kündigungsschutz für Beschäftigte vom 55. Lebensjahr an bei fünfjähriger Betriebszugehörigkeit.

Für die Wertung dieses Ergebnisses müssen mehrere Gesichtspunkte berücksichtigt werden: Rein rechnerisch machen die 20 Prozent mehr Urlaubsgeld 2,6 Prozent Lohnerhöhung aus, so daß sich — ebenfalls rein rechnerisch — eine Lohnerhöhung von 14,85 Prozent, d. h. fast 1 Prozent mehr als der erste Schiedsspruch, ergibt. An dieser — von der IG Metall aufgemachten — Rechnung läßt sich freilich zweierlei kritisieren: Erstens bedeutet die Anhebung des Urlaubsgeldes in vielen Fällen keine reale Absicherung bereits vorhandener Einkommensbestandteile; zweitens wurde hier erneut ein Präzedenzfall dafür geschaffen, Lohnforderungen gegen manteltarifvertragliche Zugeständnisse zu „tauschen".

Die Optik der sogenannten 14,85 Prozent ist also mehr als fragwürdig. Sie kann vor allem den gefährlichen Präzedenzfall eines Ergebnisses unterhalb eines Schiedsspruches nicht aus der Welt schaffen. Jedoch muß die Kritik an diesem Abschluß berücksichtigen, daß er von den Bremer Metallarbeitern allein erkämpft wurde, während die anderen Tarifbezirke schon vorher niedriger abgeschlossen hatten oder — wo dies nicht, wie in drei anderen norddeutschen Tarifbezirken, der Fall war — während des Streiks im Unterwesergebiet im wesentlichen „stillhielten", um schließlich zu den gleichen Bedingungen nachzuziehen.

Die starke Unzufriedenheit der Bremer Metallarbeiter mit diesem Ergebnis hatte schon darin ihren Ausdruck gefunden, daß sich in der Tarifkommission nur eine knappe Mehrheit ergeben hatte. Sie fand bei der zweiten Urabstimmung am 27. 3. einen noch deutlicheren Niederschlag. Bei 89 Prozent Beteiligung sprachen sich nur 32 Prozent der Abstimmungsberechtigten für den Spruch der besonderen Schlichtung aus. 57 Prozent der Abstimmungsberechtigten oder 64 Prozent der Abstimmenden lehnten ihn ab. Dieses Abstimmungsergebnis reichte jedoch nach der Satzung der IG Metall aus, um den Streik am folgenden Tag zu beenden.

Ein Fazit aus den Streikkämpfen im Februar/März 1974 kommt sicherlich nicht an der Feststellung vorbei, daß bei einem vollen Einsatz der Kampfbereitschaft der Arbeiter und Angestellten höhere Abschlüsse möglich gewesen wären. Insbesondere ist kaum verständlich, warum der erste Bremer 14-Prozent-Schiedsspruch nicht von den anderen IG-Metall-Bezirken als Orientierungspunkt genutzt wurde. In der Mehrzahl der Bezirke fast 1 Prozent unterhalb von Bremen abzuschließen, war zweifellos unnötig.

Wie berechtigt aber auch eine Kritik an der Höhe der Abschlüsse sicherlich ist, so darf doch nicht übersehen werden, daß diese Abschlüsse unter sehr komplizierten Bedingungen durchgesetzt wurden: Eine Einheitsfront von Unternehmern, CDU/CSU, Regierung und Massenmedien hatte alle Register gezogen, um eine aktive gewerkschaftliche Lohnpolitik zu verhindern. Alle Mittel der Meinungsmanipulation, der ökonomischen Drohung und des politischen Drucks waren genutzt worden, um in einer Periode des Konjunkturrückgangs einen Reallohnabbau durchzusetzen.

Die Unternehmerorganisationen arbeiteten bei dem Bremer Metallarbeiterstreik massiert mit Anzeigenkampagnen in der regionalen und überregionalen Presse. Hierdurch sollten die streikenden Metallarbeiter und ihre Gewerkschaft von den anderen Abteilungen der Arbeiterklasse und von der Bevölkerung isoliert werden. Der Grundtenor dieser Anzeigen war die Behauptung, daß der Bremer Streik dem „Gemeinwohl" schade, daß die Forderungen der Metallarbeiter „maßlos" seien sowie daß die Streikenden fortwährend Gewalt anwendeten.

Auf teilweise außerordentlich bösartige Weise wurden hier die Tatsachen auf den Kopf gestellt. So wurden z. B. in einer Anzeige des „Arbeitgeberverbandes der Metallindustrie im Unterwesergebiet" unter der Überschrift „Was hat die IG Metall bisher erreicht?" folgende Punkte aufgeführt: „Einkommensausfall für die Beschäftigten der bremischen Metallindustrie", „Spaltung der Arbeitnehmer in ‚Streikbrecher' und Streikende", „Ausfall an Steuern, die für bremische Gemeinschaftsaufgaben dringend gebraucht werden", „Auftragsrückgänge, die die Arbeitsplätze gefährden", „Kaufkraftausfall für alle bremischen Bürger", „Gefährdung der Konkurrenzfähigkeit der bremischen Metallindustrie", „Einnahmeausfall bei den kommunalen Betrieben". Und zum Abschluß heißt es dann: „Dieser Streik schadet allen. Dagegen steht die geschlossene Haltung der Unternehmen für eine verantwortbare Lösung des Tarifkonflikts."[94]

Die Bremer Vulkan-Werft teilte in einer Anzeige ihren „vielen Geschäftsfreunden" folgendes mit: „Sie kommen nicht rein. Egal, ob Sie es mit Würde, Charme oder unserem Ausweis versuchen, denn an allen Eingängen stehen Streikposten der IG Metall. Und die lassen Sie nicht rein. Obwohl sie es tun müßten." Und dann entdeckten die gleichen Konzernherren, die stets auf ihr Recht auf Aussperrung und Massenentlassungen pochen, plötzlich sogar das verfassungsmäßige „Recht auf freien Zugang zum Arbeitsplatz", das angeblich durch die IG Metall (!) verletzt wurde.[95]

Die Lügenhaftigkeit dieser Bourgeois-Propaganda, mit der wochenlang versucht wurde, Arbeiterklasse und Öffentlichkeit zu desorientieren, ergibt sich besonders deutlich aus einer Anzeige, in der der Arbeitgeberverband das Ergebnis einer „Blitzbefragung" durch eine „Gesellschaft für Marktforschung" veröffentlicht. Danach hielten 74 Prozent der „Metaller im Unterwesergebiet" den 11,33 Prozent-Abschluß in Nordrhein-Westfalen für „gut".[96] Die gleichen Metaller, die die Herren Marktforscher hier angeblich befragt haben wollen, entschieden sich aber bekanntlich am 27. 3.

94 Weser-Kurier, 12. 3. 1974.
95 FAZ, 13. 3. 1974.
96 Weser-Kurier, 9. 3. 1974.

in der zweiten Urabstimmung mit 64 Prozent sogar gegen den 12,25-Prozent-Abschluß!

Auch die bürgerliche Presse steigerte ihre arbeiter- und gewerkschaftsfeindlichen Ausfälle während des Metallarbeiterstreiks. Eine Leseprobe aus der „Frankfurter Allgemeinen Zeitung" mag dies illustrieren: Nachdem das Blatt die schwindende Fähigkeit der rechten sozialdemokratischen Führung, die Gewerkschaften an die Kette zu legen, beklagt und indirekt der Arbeiterbewegung die Schuld an der Zerschlagung der Weimarer Republik in die Schuhe geschoben hatte, stellte es fest, daß die Gewerkschaften „unserer wirtschaftlichen Ordnung" „der Allgemeinheit" offensichtlich schaden und sich daher „die Frage gefallen lassen" müßten, „ob der Fortbestand ihrer Autonomie gerechtfertigt ist". [97]

Die Bremer Metallarbeiter sind jedoch vor den Drohungen ihres Klassengegners nicht zurückgewichen. Sie haben erneut unter Beweis gestellt, daß eine aktive gewerkschaftliche Lohnpolitik in den Reihen der westdeutschen Arbeiterklasse einen festen Rückhalt hat.

97 FAZ, 22. 3. 1974.

11 Die Streikbewegung 1966–1974: eine erste Bilanz

In den sechziger und siebziger Jahren sind die herrschenden Klassen der imperialistischen Staaten deutlicher als je zuvor an die Grenzen ihrer Macht gestoßen. Die allgemeine Krise des Kapitalismus hat sich verschärft. Krisenerscheinungen in allen Lebensbereichen häufen sich. Die gesellschaftlichen Widersprüche spitzen sich zu. Das Kräfteverhältnis zwischen Sozialismus und Kapitalismus hat sich weiter zuungunsten des letzteren verschoben. Die Klassenauseinandersetzungen gerade in den Hauptländern des Kapitals haben zugenommen.
Dieser „Wind der Veränderung" hat auch um die BRD keinen Bogen gemacht. Er bläst auch der westdeutschen Großbourgeoisie ins Gesicht. Das findet seinen Ausdruck in der Außenpolitik, wo sich ein bedeutender Teil der herrschenden und regierenden Kreise gezwungen sah, auf realistischere Positionen überzugehen und die Prinzipien der friedlichen Koexistenz anzuerkennen. Das findet seinen Ausdruck auf ökonomischem Gebiet, wo die Illusion eines „krisenfreien Kapitalismus" gründlich erschüttert wurde. Das findet seinen Ausdruck im Bereich der Ideologie, wo es der Großbourgeoisie trotz größter Anstrengungen zunehmend schwerer fällt, den Antikommunismus als alles beherrschende und umfassende Weltanschauung der Bevölkerung am Leben zu erhalten.
Auch die Verschärfung der Klassenauseinandersetzungen in der Bundesrepublik spiegelt dies wider. Nicht nur ein beträchtlicher Teil der jungen Intelligenz begann seit Mitte der sechziger Jahre auf antiimperialistische Positionen überzugehen. Vor allem geriet auch die Arbeiterklasse zunehmend wieder in Bewegung. Der Aufschwung des Kampfes der westdeutschen Arbeiterklasse manifestiert sich nicht zuletzt in der Entwicklung der Streikkämpfe seit 1966.
Die folgenden Einschätzungen und Schlußfolgerungen stützen

sich auf die vorangegangenen Darstellungen. Sie können nicht mehr als die vorläufige Bilanz dieser Bewegung sein, die sich erst am Anfang eines langen und komplizierten Weges befindet.

11.1 Wachsende Breite der Bewegung

Ein Aufschwung des Kampfes der Arbeiterklasse in der BRD ist nicht nur quantitativ aus der gegenüber früher zunehmenden Zahl der Streiks ersichtlich. Die wachsende Kampfkraft der Arbeiterklasse zeigt sich auch qualitativ, so in einer wachsenden Breite der Bewegung.

Bei aller prinzipiellen Gleichheit der Klassen- und Interessenlage bildet die Arbeiterklasse doch keinen völlig homogenen Block. Es gibt Unterschiede in der konkreten Arbeitstätigkeit und in der Bezahlung; die Arbeits- und Kampfbedingungen sind je nach Wirtschaftszweig und Betriebsgröße verschieden; Nationalität, regionale und religiöse Bindungen, Geschlecht, Qualifikationsniveau und juristischer Status (Arbeiter, Angestellte, Beamte, Auszubildende) beinhalten weitere Differenzierungen. Diesen und anderen Unterschieden in der objektiven Situation und im Bewußtseinsstand bei verschiedenen Abteilungen der Arbeiterklasse entsprechen auch Unterschiede im Verhalten.

Wer nun die Streikkämpfe und Tarifbewegungen der vergangenen Jahre im nachhinein analysiert, kann unschwer feststellen, daß es eine Tendenz der Annäherung, eine Tendenz des zunehmend geschlossenen und aktiven Handelns der verschiedenen Abteilungen der Arbeiterklasse im Prozeß der Klassenauseinandersetzungen gibt. Insbesondere gibt es deutliche Anzeichen für die Einbeziehung auch bislang wenig aktiver Abteilungen der Arbeiterklasse in die Kämpfe ihrer Klasse.

Daß die Industriearbeiterschaft den „harten Kern" der Arbeiterklasse darstellt, ist eine alte Erfahrung, die sich auch in jüngster immer wieder bestätigt hat. Allerdings mehren sich auch in der Industrie in letzter Zeit Fälle von Streiks, an denen Angestellte, insbesondere technische Angestellte, beteiligt sind. Eine wachsende Einbeziehung von Angestellten in den Kampf der Arbeiterklasse spiegelt auch die zunehmende Aktivität der Beschäftigten des Dienstleistungsbereichs wider, der organisatorisch größtenteils durch die Gewerkschaften HBV, ÖTV, DPG und GdED erfaßt wird. Der große Streik der Beschäftigten des öffentlichen Dienstes Anfang 1974 war der bisher deutlichste Beweis für die zunehmende Kampfbereitschaft und Kampfkraft dieser Gruppe der Arbeiterklasse.

In der Industriearbeiterschaft gelten die Metall- und Stahlarbeiter schon immer zu Recht als die aktivste Gruppe. Aber auch was die Industriearbeiterschaft angeht, ist in letzter Zeit eine deutliche Erweiterung der Aktivität über den IG-Metall-Bereich hinaus feststellbar. So offenbart die Streikbewegung, insbesonders seit 1971, eine wachsende Einbeziehung weiterer Wirtschaftszweige und Gewerkschaftsbereiche in den Kampf der Arbeiterklasse. Diese Tendenz manifestiert sich vor allem im Chemiearbeiterstreik 1971, in den Drucker- und Textilarbeiter- sowie in den Bergarbeiterstreiks 1973.

Die Streikbewegung in der Bundesrepublik hat sich bislang sehr weitgehend auf Großbetriebe beschränkt, wo der eigentliche Kern der Arbeiterklasse konzentriert ist. Insbesondere in die Streikwelle des Jahres 1973 waren jedoch auch zahlreiche mittlere und kleinere Betriebe einbezogen, deren Belegschaften sich bisher noch niemals zuvor aktiv an derartigen Klassenauseinandersetzungen beteiligt hatten. Dies ist besonders deshalb bemerkenswert, weil sich viele dieser Betriebe in politisch wie ökonomisch wenig entwickelten Regionen befinden.

Eine wachsende Breite der Bewegung ist auch in anderer Hinsicht erkennbar. Insbesondere bei einem Großteil der Streikkämpfe des Sommers 1973 spielten ausländische Arbeiter und Arbeiterinnen eine sehr aktive, oft sogar eine auslösende und führende Rolle.

Die sozialökonomischen Gründe für das aktive Engagement der ausländischen Kollegen liegen auf der Hand: Sie sind gegenüber ihren deutschen Kollegen in bezug auf den Lohn, die Arbeitsbedingungen, die Wohnverhältnisse, ja in bezug auf ihre gesamte soziale Lage extrem unterprivilegiert. Sie unterliegen zusätzlicher Ausbeutung und Diskriminierung, oft werden sie als Menschen zweiter Klasse behandelt.

Was die Tendenz der wachsenden Einbeziehung ausländischer Arbeiter und Arbeiterinnen in die Kämpfe der Arbeiterklasse der BRD betrifft, so ist es nur natürlich, daß dies ein sehr widerspruchsvoller und komplizierter Prozeß ist. Schwierigkeiten —

wie sie sich im Sommer 1973 exemplarisch während des Streiks bei Ford gezeigt haben — sind hier zunächst unvermeidlich.

Diese Schwierigkeiten sind keineswegs nur sprachlicher Natur: In vielen Betrieben ist die Scheidelinie zwischen Ausländern und Deutschen zugleich Scheidelinie zwischen unqualifizierter, schmutziger, schwerer, monotoner und schlecht bezahlter Arbeit einerseits und qualifizierterer, weniger schmutziger, weniger schwerer, weniger monotoner und besser bezahlter Arbeit andererseits.

Hinzu kommt, daß das Solidaritätsgefühl bei den westdeutschen Arbeitern oft noch wenig entwickelt ist; hinzu kommt das Gift des Nationalismus und Chauvinismus, das einer Aktionseinheit der Belegschaften ohne Rücksicht auf die Nationalität allein nach Klassengesichtspunkten entgegensteht; hinzu kommt, daß angesichts dieser Situation immer die Gefahr besteht, daß ausländische Kollegen von pseudo-linken Parolen beeinflußt werden.

Die Erfahrung zeigt jedoch, daß die ausländischen Arbeiter, wenn sie mit ihren westdeutschen Kollegen in einer Reihe stehen, in der Regel vorbildliche Kampfentschlossenheit und Disziplin zeigen. Der Streik im Profilwalzwerk bei Mannesmann 1973, der ohne die solidarische Haltung der türkischen Kollegen überhaupt nicht durchführbar gewesen wäre, ist hierfür ein klassisches Beispiel. Ausdrücklich hervorzuheben ist die große erzieherische und mobilisierende Funktion, die das Erlebnis der internationalen Klassensolidarität für alle Beteiligten hat. Ein gutes Beispiel hierfür ist der Streik bei Pierburg in Neuss 1973.

Auch für die wachsende Einbeziehung von Frauen in die Kämpfe der Arbeiterklasse gibt es in den letzten Jahren viele Indizien. Zahlreiche Streiks in metallverarbeitenden Betrieben 1973 wären ohne das aktive Mitkämpfen der Arbeiterinnen ebensowenig möglich gewesen, wie z. B. die Textilarbeiterstreiks des gleichen Jahres oder der Streiks im öffentlichen Dienst Anfang 1974. Auch die überproportionale Zunahme der weiblichen Mitgliedschaft in den DGB-Gewerkschaften weist in die gleiche Richtung.

Auf vielfältige Art zeigt sich so die wachsende Annäherung der verschiedenen Abteilungen der Arbeiterklasse, ihre Einbeziehung in den gemeinsamen Kampf. Diese Entwicklungstendenz ist ein wichtiger Hinweis auf die zunehmende Reife der Arbeiterbewegung der Bundesrepublik.

11.2 Größere Tiefe der Bewegung

Insbesondere bei den Streikkämpfen des Jahres 1973 ist die Entwicklung neuartiger, im Vergleich zu früher qualitativ weitergehender Forderungen der Streikenden festzustellen. Man kann daher von einer wachsenden Tiefe der Bewegung sprechen.

Sowohl was die Art des Zustandekommens als auch was ihren Inhalt angeht, haben die während der Sommerstreiks 1973 vorherrschenden Forderungen nach Teuerungszulagen einen anderen Charakter gehabt als „normale" Lohnforderungen. Die Forderungen nach Teuerungszulagen bezogen sich bereits unmittelbar auf die gesamtwirtschaftliche Entwicklung. Und die Diskussionen und Argumente, aus denen heraus sich diese Forderungen entwickelt haben, waren ebenfalls unmittelbar durch solche gesamtwirtschaftlichen Kennziffern und Begriffe wie Preisentwicklung, Profitentwicklung, Steuerprogression und Reallohnsenkung bestimmt. Dies war ebenso der Fall in der Vorbereitung der Tarifrunde des öffentlichen Dienstes und der Metallindustrie Ende 1973/Anfang 1974.

Das verhältnismäßig hohe Niveau der betrieblichen und gewerkschaftlichen Diskussionen an der Basis ergab sich auch dadurch, daß das Zusammenspiel zwischen sozialdemokratisch geführter Bundesregierung und Großkapital so eindeutig war, daß es insbesondere für viele aktive Gewerkschafter kaum noch zu übersehen war. Gerade die konkrete politische Konstellation im Sommer 1973 und Anfang 1974 hat so oft zu tieferen Einsichten über das staatsmonopolistische Gesellschaftssystem geführt und in der Tendenz die Desillusionierung über die sozialdemokratische Führung verstärkt.

In diesem Zusammenhang sei ausdrücklich auf die außerordentliche Bedeutung der Tatsachen verwiesen, daß der Druck der gewerkschaftlichen Mitgliedschaft die Gewerkschaftsführungen in jüngster Zeit dazu gezwungen hat, stärker als früher die Interessen der Arbeiterklasse auch gegen eine sozialdemokratisch geführte Bundesregierung zu verteidigen: Die Tarifabschlüsse der Jahreswenden 1971/72 und 1972/73 waren noch dadurch gekennzeichnet, daß die Gewerkschaftsführungen den Appellen der Regierung im wesentlichen Folge leisteten. In der Vorbereitung und im Verlauf der Tarifrunde 1974 erlitt die sozialpartnerschaftliche

Strömung in den Gewerkschaften jedoch einen Rückschlag. Zwar ist die Rücksichtnahme auf die Bundesregierung noch immer ein starkes Hemmnis einer aktiven gewerkschaftlichen Lohnpolitik. Doch die wachsende Aktivität der gewerkschaftlichen Mitgliedschaft vermag mehr als früher auf eine stärkere Orientierung der Gewerkschaftsführungen auf die Interessen der Arbeiter und Angestellten hinzuwirken.

Von einer größeren Tiefe der Bewegung muß auch in bezug auf den Inhalt einiger Forderungen gesprochen werden, die während der Sommerstreiks 1973 in mehreren Betrieben von den ausländischen Arbeiterinnen und Arbeitern erhoben wurden. Diese Forderungen betrafen nicht nur einfach die Höhe des Lohns, sondern richteten sich ausdrücklich auf die lohnmäßige Gleichberechtigung mit den deutschen Kollegen. Oft umschlossen sie auch darüber hinaus einen verhältnismäßig breiten Bereich ihrer Arbeits- und Lebensbedingungen. So gab es z. B. Forderungen nach Verringerung der Bandgeschwindigkeit, nach Beseitigung entwürdigender Pausenregelungen und sogar nach dem Wegfall von Sonderschichten (Überstunden). Auch die Forderung nach Verlängerung ihres Urlaubs, wie sie in letzter Zeit mehrfach von ausländischen Arbeitern erhoben wurden, hat einen ziemlich umfassenden Inhalt. Denn die Hin- und Rückreisezeiten z. B. für türkische Arbeiter, die oft aus ländlichen Gebieten stammen, sind sehr lang; infolgedessen bleibt kaum Zeit für die traditionellen Rundumbesuche bei den vielköpfigen Großfamilien in der Heimat. Die Forderung nach Verlängerung des Urlaubs richtet sich also gegen einen tiefen Eingriff der Unternehmer in traditionelle Lebensgewohnheiten.

Die Bereitschaft der Arbeiterklasse, nicht nur für höhere Löhne, sondern auch für bessere Arbeits- und Lebensbedingungen zu kämpfen, wurden besonders anläßlich der Auseinandersetzungen um einen neuen Lohnrahmen II in Baden-Württemberg deutlich. Daß hier in einer Urabstimmung über 90 Prozent der organisierten Metallarbeiter ihre Bereitschaft bekundeten, für solche Forderungen wie Lohnabsicherung und Kündigungsschutz für ältere Kollegen oder für bezahlte Pausen am Fließband zu kämpfen, ist zweifellos eine bemerkenswerte Tatsache. Dies gilt ebenso für den von der Gewerkschaft Holz und Kunststoff im Januar 1974 mit Hilfe eines Streiks durchgesetzten neuen Manteltarifvertrag. In der Bundesrepublik ist seit dem schleswig-holsteinischen Metallarbeiterstreik von 1956 für Lohnfortzahlung im Krankheitsfall nicht mehr für Forderungen dieser Qualität gekämpft worden.

Offensichtlich gerät neben der Lohnfrage mehr und mehr der ganze Komplex der Arbeits- und Lebensbedingungen in das Blickfeld der Arbeiterklasse. Die Tatsache, daß die Streiks im Sommer 1973 und Anfang 1974 auch ein wachsendes Problembewußtsein für gesamtwirtschaftliche Zusammenhänge in der Arbeiterklasse erkennen lassen, ergänzt dieses Bild. Die hierin zum Ausdruck kommenden Entwicklungstendenzen sind außerordentlich positiv zu bewerten. Die wachsende Tiefe der Bewegung bietet neue Anknüpfungspunkte, eröffnet konkrete Möglichkeiten, über den rein ökonomischen Kampf hinauszugehen und einen breiteren Ausschnitt des kapitalistischen Ausbeutungssystems als veränderungsbedürftig erkennbar zu machen.

Daß im übrigen unter ganz bestimmten Voraussetzungen die Arbeiterklasse der BRD auch bereit ist, für die Durchsetzung politischer Ziele zu kämpfen, haben ohnehin die letzten Jahre wenigstens der Tendenz nach unter Beweis gestellt. Zu erwähnen sind hier die Streiks und Kampfaktionen der Arbeiterklasse gegen die Notstandsgesetze sowie gegen die neofaschistische NPD. Zu nennen sind hier auch die Aktionen und Streiks, die im April 1972 anläßlich des von der CDU/CSU versuchten Kanzlersturzes in zahlreichen Zentren der Arbeiterklasse durchgeführt wurden. Hierzu zu rechnen sind aber auch Aktionen gegen die Erhöhung von Verkehrstarifen („Roter Punkt") und gegen militärische Einrichtungen (ein besonders gutes Beispiel sind die Aktionen gegen den Bombenabwurfplatz bei Nordhorn 1973) wie gegen verschiedene „örtliche Mißstände" (beispielsweise 1973 in Essen die Blockade der Eisenbahnlinie Köln—Minden zur Erzwingung von Sicherheitsmaßnahmen an einem Bahnübergang), die unter aktiver Beteiligung der Arbeiterklasse geführt wurden sowie aufgrund ihres Inhalts und ihrer Form starke politische Akzente und weit mehr als lokale Bedeutung hatten.[98]

---

98 Hierzu vgl. Jung, Schuster, Steinhaus, a. a. O., S. 900 ff.; Marxistische Blätter, Nr. 6/1973, S. 106 ff.; Nr. 1/1974, S. 102 ff.

11.3 Zunehmende Verschärfung der Auseinandersetzungen

Eine Einschätzung der Kämpfe der westdeutschen Arbeiterklasse insbesondere der vergangenen Jahre bliebe unvollständig, würde man nicht die wachsende Schärfe der Auseinandersetzungen betonen. Diese Verschärfung des Klassenkampfes zeigt sich in vielfältiger Form. An erster Stelle sind die Repressalien und Provokationen der Unternehmer gegenüber den Belegschaften zu nennen. Es mehren sich in letzter Zeit insbesondere Entlassungen von Streikteilnehmern, von aktiven Betriebsräten, Vertrauensleuten und Jugendvertretern.

Die Drohung mit der Entlassung bildet ein wesentliches Mittel zur Einschüchterung der Belegschaften. Nicht zuletzt der Einschüchterung dient auch die zunehmende Anwendung von nachrichtendienstlichen Methoden der Konzerne wie der Einsatz von Spitzeln, das Fotografieren von Streikenden, die Anlage von schwarzen Listen usw. Auch ist zunehmend der Einsatz von leitenden Angestellten usw. als Agitatoren, Provokateure und Streikbrecher festzustellen.

Insbesondere 1973 haben sich Polizeiaktionen gegen streikende Arbeiter gehäuft, die vom Auftreten einzelner Zivilbeamter bis hin zu Knüppeleinsätzen mehrerer uniformierter Hundertschaften reichten. Im Sommer 1973 richteten sich einige Polizeieinsätze ausschließlich gegen ausländische Arbeiter. Hierdurch sollen Solidarisierungseffekte seitens der deutschen Bevölkerung verhindert werden.

Repressalien gehen ferner unmittelbar vom Apparat der Klassenjustiz, insbesondere von den Arbeitsgerichten, aus. Zahlreichen einstweiligen Verfügungen und Urteilen wohnt die Tendenz inne, zum einen das Streikrecht einzuengen und zum anderen die Praxis der Berufsverbote verstärkt in die Betriebe hineinzutragen und für diesen Bereich ähnliche Loyalitätsverpflichtungen zu konstruieren, wie sie seitens des bürgerlichen Staates für den öffentlichen Dienst gefordert werden. Durch diese Machenschaften wird die Möglichkeit zur gewerkschaftlichen Betätigung und zur Interessenvertretung der Belegschaften eingeschränkt.

Zu der polizeilichen und juristischen Unterdrückung tritt die ebenfalls zunehmende Manipulation der gesamten Bevölkerung durch die vom Großkapital kontrollierten Massenmedien. Die Fakten zeigen unwiderlegbar, daß Presse und Fernsehen vor nichts zurückschrecken, wenn es gilt, bei Lohnrunden oder Streikkämpfen die Arbeiterklasse und ihre Gewerkschaften zu desorientieren und zu isolieren. Lügen und Tatsachenverdrehungen aller Art, antikommunistische Hetze, Maßhalte- und Gemeinsamkeitsappelle sind die Hauptmethoden, mit denen hier gearbeitet wird.

Existenz und Aktivitäten der zahlreichen pseudo-linken Splittergruppen, die sich neuerdings überwiegend als „Kommunistische Parteien" ausgeben, kommen den reaktionären Massenmedien dabei sehr gelegen. Hier bieten sich viele Möglichkeiten, diese Sekten absichtlich mit der DKP oder wenigstens mit der verbotenen KPD zu „verwechseln". Auch kann ein geschickter Bourgeois-Journalist die verschiedenen Äußerungen und Aktionen derartiger Gruppen je nach Situation der DKP oder bestimmter Gruppen von Arbeitern (beispielsweise Ausländern) in die Schuhe schieben.

Ganz offensichtlich sind auch die Gewerkschaften einem wachsenden Druck seitens des Staatsapparates ausgesetzt. Staatliche Lohnleitlinien, politische Schlichtungen sowie Drohungen, den Handlungsspielraum der Gewerkschaften auf gesetzlichem Wege einzuschränken (das letztere Mittel wurde in jüngster Zeit insbesondere gegenüber der ÖTV angewendet) — das sind einige der Mittel der Bourgeoisie, mit Hilfe des Staates zu versuchen, die Arbeiterklasse an die Kette zu legen. Angesichts der engen Verflechtung zwischen der Sozialdemokratie und den Gewerkschaften reagieren insbesondere die Gewerkschaftsführungen — aber auch viele Gewerkschafter in den Betrieben — auf den Druck einer von der SPD geführten Bundesregierung besonders empfindlich. Auch der moralisch-politische Appell, die Regierung „nicht im Stich zu lassen", erweist sich gerade hier als wirksam.

Auf der anderen Seite mobilisiert diese Konstellation aber auch Gegenkräfte — und zwar gerade unter den sozialdemokratisch orientierten bzw. organisierten Arbeitern und Gewerkschaftern. Es kommt zu Ansätzen einer Desillusionierung über den Kapitalismus und über die rechte sozialdemokratische Führung. Es lockern sich die Bindungen an sozialpartnerschaftliche Konzeptionen. Jedoch zeigen sich auch in jenen Teilen der Arbeiterklasse, der Klassenpositionen zuneigt — in starker Abhängigkeit von der jeweiligen ökonomischen und politischen Lage —, große Schwankungen. Die entsprechenden Klärungs- und Differenzierungsprozesse stehen in der Bundesrepublik erst am Anfang.

Die Verschärfung der Klassenauseinandersetzungen liegt im staatsmonopolistischen System selbst begründet. Denn jeder Lohnkampf bedeutet einen Eingriff in die Profitsphäre des Großkapitals und in die staatlich organisierte Umverteilung des Nationaleinkommens. Regierung und Konzerne sind aber hochgradig daran interessiert, daß die Größenordnung der Löhne und Profite sowie die Verteilung des Nationaleinkommens insgesamt den Grundsätzen der Profitmaximierung wie auch den Stabilisierungs- und Wachstumsinteressen des kapitalistischen Gesamtsystems entsprechen. Daher versuchen sie in wachsendem Ausmaß — durch Ausübung politischen Drucks, durch Propaganda und direkte Repressalien — eine aktive gewerkschaftliche Lohnpolitik zu verhindern und den Kampf der Arbeiterklasse an der betrieblichen Basis möglichst zu erschweren. Diese Tendenz tritt um so schärfer hervor, je mehr der Manövrierraum der Monopolbourgeoisie aufgrund der Vertiefung der allgemeinen Krise des Kapitalismus und aufgrund der Verschlechterung des internationalen Kräfteverhältnisses zuungunsten dieser überlebten Gesellschaftsordnung eingeengt wird. Das gilt noch mehr, wenn zugleich die Arbeiterklasse selbstbewußter und kampfbereiter wird und damit weniger bereit ist, sich dem Großkapital unterzuordnen.

11.4 Einige Schlußfolgerungen

Die unübersehbare Verschärfung der Klassengegensätze und -auseinandersetzungen stellt an die Arbeiterklasse der BRD und ihre Organisationen wachsende Anforderungen. Die Antwort auf die Frage, wie den höheren Anforderungen gerade an die Gewerkschaftspolitik gerecht zu werden ist, gibt in erster Linie das Leben selbst, geben die realen Kämpfe der Arbeiterklasse der jüngsten Zeit.

Diese Kämpfe lehren, daß die Gewerkschaften für die wachsenden Anforderungen des Klassenkampfes am ehesten dann gewappnet sind, wenn sie unbeirrbar als entschiedene Interessenvertretungen der Arbeiterklasse handeln, wenn sie sich von der aktiven Wahrnehmung dieser Klasseninteressen durch keinerlei sozialpartnerschaftliche „Gemeinsamkeitsappelle" des Staatsapparates oder der Massenmedien abhalten lassen. Die Erfahrung beweist immer wieder, daß jede Bindung an staatliche Lohnleitlinien oder „Stabilitäts"programme notwendigerweise zu Abstrichen an den sozialökonomischen und politischen Zielsetzungen führen muß, die sich objektiv aus dem Charakter der Gewerkschaften als Klassenorganisation ergeben. Und solche Abstriche schlagen nicht nur materiell für jede Arbeiter- und Angestelltenfamilie negativ zu Buche, sondern wirken sich über kurz oder lang auch politisch negativ für die Gewerkschaften aus.

Ein Beispiel ist das verhältnismäßig intensive Auftreten maoistischer Gruppen bei Streikkämpfen, das gerade 1973 und 1974 zu beobachten war. Diese Gruppen versuchen stets, einen Keil zwischen Belegschaften und Gewerkschaften zu treiben und die Aktionseinheit der Arbeiterklasse zu untergraben. Bisweilen gelingt ihnen sogar die Spaltung der Belegschaften — so gehen die Ereignisse bei Ford im Sommer 1973 auf das Schuldkonto einer solchen pseudo-linken Gruppierung. Aber selbst wenn derartige Spaltungsversuche keinen Erfolg haben, so tragen die scheinrevolutionären Parolen doch Verwirrung in die Reihen der Arbeiterklasse und darüber hinaus in die Bevölkerung, nähren den Antikommunismus, geben der Monopol- und Revolverpresse Gelegenheit, Arbeiterkämpfe als Ergebnis „kommunistischer Hetze" hinzustellen, als Ausdruck der Anarchie zu diffamieren usw. Wer einmal erlebt hat, welche verheerenden Auswirkungen es bereits auf streikende Arbeiter hat, wenn vor ihrem Betrieb gleichzeitig mehrere pseudo-kommunistische Sekten ihre Materialien verteilen, in denen es von Aufrufen zu „Klassenkampf" und „Revolution", von ungezügelten Angriffen gegen die Gewerkschaften (und natürlich gegen die DKP) nur so wimmelt, der begreift schnell, welcher Bärendienst hier der Arbeiterbewegung geleistet wird.

Mit der Ablehnung des Linksopportunismus allein ist es jedoch nicht getan. Ebenso wichtig ist die Erkenntnis, daß diese politische Strömung Anknüpfungspunkte und nennenswerte Resonanz fast ausschließlich dann findet, wenn die Gewerkschaften, wenn die betrieblichen und gewerkschaftlichen Vertretungskörperschaften (Betriebsräte, Vertrauenskörper) ihre Pflichten in bezug auf die Vertretung der Klasseninteressen der Arbeiter und Angestellten vernachlässigt haben. Lenins Kennzeichnung des Anarchismus als „eine Art Strafe für die opportunistischen Sünden der Arbeiterbewegung"[99] trifft eine wesentliche Ursache auch der westdeutschen Erscheinungsformen des Maoismus und Anarchismus sehr gut. Erkämpfen die Gewerkschaften in den Tarifrunden ausreichende Lohnerhöhungen, nehmen Betriebsräte und Vertrauenskörper aktiv die Interessen der Belegschaften wahr, dann ist auch der antigewerkschaftlichen Aktivität von „links" der Boden entzogen. D. h. der Kampf gegen das pseudo-linke Revoluzzertum ist am ehesten dann erfolgreich, wenn zugleich die wesentlich weiter verbreitete Ideologie der Sozialpartnerschaft zurückgedrängt wird.

Und eine entschlossene Orientierung der Gewerkschaften auf die Vertretung von Arbeiterinteressen ist auch der Schlüssel für die Beantwortung jener Frage nach den besten Kampfformen, die gegenwärtig viele Gewerkschafter bewegt. Da ist z. B. die Diskussion um die Bewertung gewerkschaftlich organisierter Streiks einerseits und betrieblich organisierter (sog. „spontaner") Streiks andererseits. Da ist ferner die Diskussion um die Bewertung zentral oder regional geführter Tarifrunden. Allgemein gültige, d. h. in jeder Lage anwendbare „Patentrezepte" sind hier freilich fehl am Platze: Die Frage nach der jeweils richtigen Kampfform ist immer auch die Frage nach der jeweiligen konkreten Situation, die von Fall zu Fall unterschiedlich sein und dann auch unterschiedliche gewerkschaftspolitische Schlußfolgerungen verlangen kann. Ist aber die Grundlinie der Gewerkschaftspolitik klar, dann reduziert sich die Frage nach der besten Kampfform auf das, was sie wirklich ist, nämlich auf ein taktisches Problem.

Anders gesagt: Versteht eine bestimmte Gewerkschaftsführung ihre Organisation als „gesellschaftlichen Ordnungsfaktor", so werden sich alle Erörterungen taktischer Fragen im Grunde genommen um nichts anderes drehen als darum, wie man dem Kampf mit dem Großkapital überhaupt, d. h. jeder Form des Kampfes, aus dem Wege gehen kann. Ist jedoch die Frage nach der Funktion der Gewerkschaften mit „Interessenvertretung der Arbeiterklasse" beantwortet, so wird das Problem der ggf. zu wählenden Kampfform keiner prinzipiellen Erörterung bedürfen,

---

99 W. I. Lenin, Der „linke Radikalismus", die Kinderkrankheit im Kommunismus, in: Lenin, Werke, Bd. 31, Berlin 1966, S. 17; Einzelausgabe im Verlag Marxistische Blätter, Frankfurt am Main 1971 (2. Auflage), S. 19.

sondern fast ausschließlich rein taktische Überlegungen erfordern.

Geht man von einem Klassenstandpunkt an das Problem der gewerkschaftlich organisierten und der betrieblich organisierten („spontanen") Streiks heran, so ist wohl die erste Feststellung die, daß man von vornherein keine bestimmte Kampfform leichtfertig ausschließen und verdammen sollte. Sicherlich hat ein gewerkschaftlich organisierter Streik den Vorteil der größeren Durchschlagskraft, da hier die ganze Macht der gewerkschaftlichen Organisation dahintersteht. Aber die Anwendung dieser Form des Kampfes ist ja aufgrund rechtlicher Einschränkungen während der Laufzeit von Tarifverträgen oft gar nicht möglich. Stellt sich z. B. im Nachhinein ein Tarifvertrag als unzureichend heraus oder kommt es etwa auf betrieblicher Ebene zum Abbau übertariflicher Lohnbestandteile, so sind den Gewerkschaften weitgehend die Hände gebunden. Es kann daher weder im Interesse der Gewerkschaften noch der Arbeiterklasse liegen, aus „prinzipiellen" Erwägungen heraus auf das Kampfmittel des betrieblich geführten Streiks zu verzichten. Denn dieser ist in solchen Situationen oft das einzige Mittel, die Interessen der Arbeiter und Angestellten zur Geltung zu bringen. Wie würde es wohl heute ohne die Septemberstreiks 1969 um das Lohnniveau der gesamten Arbeiterklasse der Bundesrepublik aussehen?

Prinzipiell antigewerkschaftlich sind betrieblich organisierte Streiks auf gar keinen Fall. Sie können eine antigewerkschaftliche Tendenz erfahrungsgemäß höchstens dann bekommen, wenn die zuständige Gewerkschaftsführung zu ihnen eine ähnlich negative Stellung bezieht, wie dies gewöhnlich die Regierung, die Unternehmer und die Massenmedien tun.

Ein im Grunde taktisches Problem liegt auch der Frage zugrunde, ob regional oder zentral geführte Tarifrunden für die Arbeiterklasse und die Gewerkschaften günstiger sind. Ein auf Bezirksebene geführter Tarifkampf hat zweifelsohne deutliche Vorteile: Einmal finanzieller Art (Streikkosten), aber vor allem auch deshalb, weil hierdurch die Möglichkeit gegeben ist, eine Tarifrunde dort zu beginnen und zu konzentrieren, wo jeweils die günstigsten Bedingungen gegeben sind — etwa in konjunktureller oder organisatorischer Hinsicht. Falsch ist jedoch eine Verabsolutierung dieser Kampfform, weil dies erfahrungsgemäß in letzter Konsequenz immer dazu führt, daß die verschiedenen regionalen Abteilungen der Arbeiterklasse isoliert voneinander kämpfen. Und hiermit geht genau jener Hauptvorteil des Tarifkampfes auf Bezirksebene — nämlich die Nutzung der besonders günstigen Bedingungen eines Bezirks auch für diejenigen Bezirke, in denen die Bedingungen weniger günstig sind — verloren.

Ein Beispiel: Obwohl sich im Februar 1974 nach dem 14-Prozent-Schiedsspruch im Unterwesergebiet für die IG Metall die Möglichkeit abzeichnete, deutlich oberhalb der von der ÖTV durchgesetzten 11-Prozent-Marke abzuschließen, ging die Mehrheit der Tarifbezirke auf 11,33 Prozent ein. Bei einer konsequenten Ausnutzung der günstigen Bremer Situation hätte das dort im März mit Hilfe eines Streiks durchgesetzte Ergebnis von 12,25 Prozent wahrscheinlich überall und nicht nur in einer Minderheit der Tarifbezirke durchgesetzt werden können.

Ähnliches ist übrigens schon öfter passiert: So 1970, als die hessische IG Metall vorzeitig auf einen 10-Prozent-Abschluß einging, und 1971, als die IG Chemie in Rheinland-Pfalz im Alleingang einen Abschluß von real 6,5 Prozent akzeptierte. Auch in diesen Fällen wirkte sich dies negativ für Hunderttausende von Arbeitern in der ganzen Bundesrepublik aus. Hier hatte sich die Bourgeoisie erfolgreich das schwächste Kettenglied innerhalb der Gewerkschaften zunutze gemacht.

Umgekehrt gibt es auch Fälle, wo versäumt wurde, das schwächste Kettenglied innerhalb des Großkapitals zu packen. Dies trifft etwa für die Stahlabschlüsse um die Jahreswende 1973/74 und Ende 1974 zu. Obwohl sich die Stahlindustrie zu beiden Zeitpunkten in einer sehr günstigen konjunkturellen Situation befand und die Stahlkonzerne daher verhältnismäßig leicht unter Druck zu setzen waren, begnügte sich die IG-Metall-Führung mit höchst mäßigen Abschlüssen. Das war nicht nur für die Stahlarbeiter selbst, sondern auch für die Beschäftigten der Metallindustrie, ja für die gesamte Arbeiterklasse nachteilig. Denn dort waren die Kampfbedingungen aufgrund der Konjunkturlage ungünstiger, sie hätten sich durch angemessene Lohnerhöhungen in der Stahlindustrie (schon wegen deren Signalwirkung) zweifellos wesentlich verbessert. Besser wurde demgegenüber das „schwächste Kettenglied" bei Beginn der Tarifrunde 1974 genutzt, als zuerst im öffentlichen Dienst, wo die Kampfbedingungen aufgrund der größeren Arbeitsplatzsicherheit günstiger waren, abgeschlossen wurde.

Voraussetzung dafür, in Zukunft die eigenen Stärken und die schwachen Stellen des Gegners besser zu nutzen, ist sicherlich eine gewisse zentrale Koordinierung der regionalen Tarifverhandlungen sowohl zwischen den verschiedenen Bezirken gerade der IG Metall als auch zwischen den verschiedenen Einzelgewerkschaften. Voraussetzung hierfür ist aber natürlich der Wille, den günstigsten Abschluß (eines Bezirks, einer Einzelgewerkschaft) möglichst weitgehend (für die anderen Bezirke, die anderen Einzelgewerkschaften) nachzuvollziehen.

Ist also die Hauptrichtung der Gewerkschaftspolitik klar, reduziert sich die Frage nach der Kampfform auf im Kern taktische Probleme. Und eine Gewerkschaft, die die Hauptrichtung ihrer Politik nach dem Klassencharakter ihrer Organisation bestimmt, wird diese taktischen Probleme ohne weiteres lösen können. Dies gilt um so mehr, als die gewerkschaftlich organisierten Arbeiter und Angestellten selbst zunehmend auf eine kämpferische Vertretung ihrer Klasseninteressen drängen. Die Streikkämpfe der jüngsten Zeit sind hierfür ein deutlicher Beweis.

Wenn die Streiks der jüngsten Vergangenheit eins gezeigt haben, so dies: Eine Überwindung von ökonomischen Krisen auf Kosten der Arbeiterklasse wird auch in Zukunft auf deren Widerstand stoßen. Und diese Tatsache steht den gegenwärtigen Akkumulations- und Investitionsbedürfnissen des staatsmonopolistischen Systems diametral entgegen.

Die herrschende Klasse wird weiterhin versuchen, in bezug auf die Aufrüstung ihre gegenwärtige internationale Position zumindest zu halten. Sie muß zugleich für Investitionen im Bereich der Infrastruktur, des Umweltschutzes, der Energieversorgung, für die Finanzierung der wissenschaftlich-technischen Revolution, für die Weiterführung der Kapitalexportoffensive ungeheure finanzielle Mittel bereitstellen. Diese Mittel sind allein auf dem Wege einer Umverteilung des Sozialprodukts zuungunsten der Arbeiterklasse zu beschaffen.

Für die Abwehr dieser sozialökonomischen Offensive der Bourgeoisie werden die in den vergangenen Jahren gewonnenen

Kampferfahrungen von großem Nutzen sein. Und allein das erfolgreiche Bestehen dieser zukünftigen Klassenkämpfe wird bei der westdeutschen Arbeiterklasse jenen komplizierten Prozeß des Umdenkens vorantreiben können, ohne den an eine wirkliche Veränderung des politischen Kräfteverhältnisses in der BRD nicht zu denken ist.

Vorrangig geht es hierbei um die Entwicklung von Klassenbewußtsein. Notwendig ist die Zurückdrängung der sozialpartnerschaftlichen Strömung, des unheilvollen Einflusses der rechten SPD-Führung in der Arbeiterklasse und in den Gewerkschaften. Die entsprechende Differenzierungsprozesse in der Arbeiter- und Gewerkschaftsbewegung werden freilich nicht unvermittelt durch ideologische Arbeit zustande kommen. Entscheidend bleibt der reale Klassenkampf gegen das Großkapital. Und hier haben Streikkämpfe als „Schule des Krieges" gegen die Bourgeoisie große Bedeutung: „Erst der Kampf erzieht die ausgebeutete Klasse, erst der Kampf gibt ihr das Maß ihrer Kräfte, erweitert ihren Horizont, steigert ihre Fähigkeit, klärt ihren Vorstand auf, stählt ihren Willen." [100]

Diese Feststellung Lenins gilt auch für die BRD: Nur aufgrund praktischer Erfahrungen — und das sind sowohl Erfolge, die das Bewußtsein von Kraft und Stärke vermitteln als auch Niederlagen, bei denen die Schwächen der Arbeiterbewegung schonungslos offenbar werden und wo sich zeigt, auf welcher Seite die verschiedenen politischen Kräfte stehen — kann die westdeutsche Arbeiterklasse ihr Klassenbewußtsein entwickeln und auf kämpferische, revolutionäre Positionen gelangen.

Hierfür ist eine wesentliche Stärkung des revolutionär-marxistischen Flügels der westdeutschen Arbeiterbewegung, der Deutschen Kommunistischen Partei, erforderlich. Eine starke DKP, die tief in den Massen der Arbeiter verwurzelt ist, ist für einen erfolgreichen Kampf der Arbeiterklasse unverzichtbar und durch nichts zu ersetzen. Gerade die jüngsten Streikkämpfe belegen, daß starke und initiativreiche Betriebsgruppen sowie informative, regelmäßig erscheinende Betriebszeitungen der DKP allen Arbeitern und Angestellten nützen.

100 W. I. Lenin, Ein Vortrag über die Revolution von 1905, in: Lenin, Werke, Bd. 23, Berlin 1968, S. 249.

Eine starke DKP ist auch die beste Gewähr für eine Festigung und Effektivierung der Aktionseinheit der Arbeiterklasse. In den konkreten betrieblichen und gewerkschaftlichen Kämpfen der jüngsten Zeit ist die Aktionseinheit von Sozialdemokraten und Kommunisten längst Realität geworden. Durch den Antikommunismus der rechten SPD-Führung und einiger Gewerkschaftsführer wird ihre Herstellung zwar immer wieder erschwert. Aber sie entspricht den Interessen der Arbeiterklasse und hat sich auch schon heute als stärker erwiesen als alle reaktionären und lebensfremden Antikommunismus-Erlasse. Ihre weitere Festigung bietet den zukünftigen Kämpfen der westdeutschen Arbeiterklasse gegen das Großkapital wachsenden Rückhalt.

Neuerscheinungen '75

N. W. Faddejew

Der Rat für gegenseitige Wirtschaftshilfe

336 Seiten, DM 12,60
ISBN 3-88012-345-4

S. I. Tjulpanow
V. L. Scheinis

Aktuelle Probleme der politischen Ökonomie des heutigen Kapitalismus

334 Seiten, DM 12,80
ISBN 3-88012-319-5

Bauermann/Geyer/Julier

Das Elend der „Marxologie"

Eine Auseinandersetzung mit Marx-Engels-Verfälschungen
279 Seiten, DM 7,50
ISBN 3-88012-320-9

Verlag Marxistische Blätter GmbH
6000 Frankfurt/Main 50
Heddernheimer Landstraße 78 a

Annelies Laschitza / Günter Radczun

Rosa Luxemburg

Ihr Wirken in der deutschen Arbeiterbewegung
1971, 582 Seiten, Leinen, Schutzumschlag
ISBN 3—88012—080—3
DM 12,50

Rosa Luxemburg

Ausgewählte politische Schriften in drei Bänden

SK 27, Bd. 1, Vorwort von Günter Radczun, 1971, 257 Seiten, DM 7,50
ISBN 3-88012-049-8
SK 28, Bd. 2, Vorwort von Josef Schleifstein, 1971, 228 Seiten, DM 7,50
ISBN 3-88012-050-1
SK 29, Bd. 3, Vorwort von Josef Schleifstein, 1971, 314 Seiten, DM 7,50
ISBN 3-88012-051-X

Karl Liebknecht

Reden und Aufsätze in zwei Bänden

Vorwort von Wilhelm Pieck, 1971/1972
SK 30, Bd. 1, 345 Seiten, DM 7,50
ISBN 3-88012-053-6
SK 31, Bd. 2, 154 Seiten, DM 7,50
ISBN 3-88012-054-4

Verlag Marxistische Blätter GmbH
6000 Frankfurt/Main 50
Heddernheimer Landstraße 78 a

Vorankündigung!

Josef Lawrezki

Salvador Allende

Etwa 432 Seiten, 54 Fotos, Ganzleinen, DM 10,50

Salvador Allende ist der ganzen Welt ein Begriff. Für alle fortschrittlichen Menschen ist er der „companero presidente", der Genosse Präsident, das Vorbild eines Revolutionärs. Gerade dies wird durch den Autor plastisch herausgearbeitet.

Das Buch ist die anschaulich erzählte, hochdramatische Geschichte der Regierung der Volkseinheit. Es stellt im einzelnen die Etappen der Entwicklung der Klassenkräfte in Chile während des revolutionären Aufschwungs dar. Sichtbar werden vor allem die Verbindungen zwischen der chilenischen Konterrevolution und dem US-Imperialismus. Dargestellt ist das Vordringen des Faschismus gegen die legale Volksmacht.

Der Autor des Buches kennt Lateinamerika aus eigenem Erleben und verfaßte bisher mehrere Bücher und viele wissenschaftliche Artikel zu dieser Thematik.

Josef Lawrezki

Ernesto Che Guevara

492 Seiten, zahlreiche Fotos, Ganzleinen, DM 13,80

Lawrezki schildert hier eindrucksvoll und voller Spannung das Leben und die revolutionäre Tätigkeit Ernesto Che Guevaras — des Commandantes der kubanischen Revolution und Partisanenführer gegen Knechtung und Ausbeutung des bolivianischen Volkes.

Der Autor gibt auf der Grundlage authentischer Materialien und der Darstellung des Weges von Che Guevara einen gründlichen Einblick in den Verlauf der kubanischen Revolution, charakterisiert plastisch die führenden Personen wie Fidel Castro und beschreibt dann ausführlich den entbehrungsreichen und schweren Kampf der bolivianischen Partisanen.

Verlag Marxistische Blätter GmbH
6000 Frankfurt/Main 50
Heddernheimer Landstraße 78 a

Illustrierte Geschichte der deutschen frühbürgerlichen Revolution

Autorenkollektiv: A. Laube, M. Steinmetz, G. Vogler (Leiter)
Etwa 420 Seiten mit etwa 700 Illustrationen
8 Farbtafeln und 8 mehrfarbigen Karten
Leinen, 45,— M

Der Bauernkrieg — Höhepunkt der deutschen frühbürgerlichen Revolution — war eine der größten Klassenschlachten in der Geschichte des deutschen Volkes. Reformation und Bauernkrieg waren der erste Akt der bürgerlichen Revolution in Europa in der Epoche des Übergangs vom Feudalismus zum Kapitalismus.

In einer wissenschaftlich-populären Darstellung behandeln die Autoren umfassend die gesellschaftlichen Prozesse dieser Zeit, vermitteln anschaulich und einprägsam ein exaktes Bild vom Charakter der revolutionären Klassenkämpfe in dieser Periode und vom deutschen Bauernkrieg als Höhepunkt der Aktivität des Volkes im Kampf um den gesellschaftlichen Fortschritt.

Und sie weisen nach, daß mit der demokratischen Bodenreform und mit der sozialistischen Umgestaltung der Landwirtschaft in unserer Republik die geschichtlichen Lehren aus dem Bauernkrieg gezogen wurden, daß ein enger innerer Zusammenhang zwischen dem 450. Jahrestag des Bauernkrieges und dem 30. Jahrestag der demokratischen Bodenreform 1975 besteht.

Die Fülle der Illustrationen — Holzschnitte, Kupferstiche, Gemäldereproduktionen und farbige Karten — trägt dazu bei, das Interesse aller zu erwecken, die sich für die Geschichte und Kulturgeschichte des deutschen Volkes interessieren.

DIETZ VERLAG BERLIN
DDR-102 Berlin, Wallstraße 76-79